# 中国食品行业追溯体系
# 发展报告
# (2021—2022)

组 编 中国副食流通协会食品安全与信息追溯分会
　　　 国家农产品现代物流工程技术研究中心
主 编 何继红
副主编 刘　谊　高海伟　斯家华　张长峰　于怀智

中国商业出版社

图书在版编目（CIP）数据

中国食品行业追溯体系发展报告.2021—2022／中国副食流通协会食品安全与信息追溯分会，国家农产品现代物流工程技术研究中心组编；何继红主编.－－北京：中国商业出版社，2022.10

ISBN 978-7-5208-2220-6

Ⅰ.①中… Ⅱ.①中… ②国… ③何… Ⅲ.①食品行业-发展-研究报告-中国-2021-2022 Ⅳ.
①F426.82

中国版本图书馆 CIP 数据核字（2022）第 168840 号

责任编辑：杨善红

中国商业出版社出版发行
（www.zgsycb.com 100053 北京广安门内报国寺1号）
总编室：010-63180647 编辑室：010-83118925
发行部：010-83120835/8286
新华书店经销
三河市天润建兴印务有限公司印刷
\*
787毫米×1092毫米 16开 16.75印张 340千字
2022年10月第1版 2022年10月第1次印刷
定价：150.00元
\* \* \*
（如有印装质量问题可更换）

# 中国食品行业追溯体系发展报告 (2021—2022) 编委会

**主任委员：**

丁俊发　中国物流与采购联合会原常务副会长，商务部现代供应链专家委员会成员、研究员

**副主任委员：**

何继红　中国副食流通协会会长

方德英　北京信息科技大学副校长

左　敏　北京工商大学副校长

王国利　国家农产品现代物流工程技术研究中心副主任

张建军　中国国际电子商务中心数字商务研究部（研究院）副院长

李锦松　泸州老窖集团有限责任公司总工程师

**编委委员（按姓名首字母排序）：**

陈　梅　内蒙古师范大学教授

董军芳　中国副食流通协会副会长

范金刚　北京量观网络科技有限公司总经理

| | |
|---|---|
| 高　昂 | 中国标准化技术研究院博士、副研究员 |
| 高　波 | 中国常驻世界贸易组织代表团二秘、博士 |
| 高海伟 | 北京交通大学机械与电子控制工程学院 |
| 顾正锁 | 艾伟玛信息科技（上海）有限公司副总经理 |
| 郭炳晖 | 北京航空航天大学研究员 |
| 郭凤军 | 国家农产品现代物流工程技术研究中心品控部主管 |
| 洪　岚 | 北京物资学院教授 |
| 黄宝生 | 国家农产品现代物流工程技术研究中心品控部主管 |
| 霍寿鹏 | 中国国际电子商务中心高级咨询师 |
| 姜同强 | 北京工商大学教授 |
| 兰　闯 | 中国副食流通协会会长助理、会员部部长 |
| 李　峰 | 国家市场监督管理总局信息中心处长 |
| 刘　利 | 重庆科技学院资产与后勤管理处 |
| 刘　涛 | 上海旺链信息科技有限公司创始人 |
| 刘　谊 | 华北电力大学经济与管理学院副教授，企业管理与信息化研究所副所长 |
| 罗宏宇 | 国家开放大学讲师 |
| 吕广宙 | 中国国际电子商务中心高级分析师 |
| 吕　雯 | 北京天成通链科技有限公司联合创始人、COO |
| 宁焕生 | 北京科技大学计算机与通信工程学院副院长 |
| 斯家华 | 中国副食流通协会食品安全与信息追溯分会常务副会长 |
| 孙传恒 | 北京农业信息技术研究中心副研究员 |
| 仝其根 | 北京农学院食品科学与工程学院教授 |

| | |
|---|---|
| 王　辉 | 北京中物联物流规划研究院副院长、博士后 |
| 王同超 | 江苏图码信息科技有限公司总经理 |
| 谢朝晖 | 北京爱创科技股份有限公司董事长兼总裁 |
| 徐昆鹏 | 北京天成通链科技有限公司董事、市场运营总监 |
| 晏庆华 | 中国物流与采购联合会网络事业部主任 |
| 杨信廷 | 农产品质量安全追溯技术及应用国家工程研究中心常务副主任 |
| 杨云勇 | 云上贵州大数据产业发展有限公司总经理 |
| 于怀智 | 国家农产品现代物流工程技术研究中心综合部副部长 |
| 战文彬 | 内蒙古师范大学招生就业处副处长 |
| 张长峰 | 国家农产品现代物流工程技术研究中心品控部部长 |
| 张　辉 | 北京慧而行专利代理事务所（普通合伙）创始合伙人 |
| 张永红 | 北京兆信信息技术股份有限公司董事长、CEO |
| 朱大洲 | 农业部食物与营养发展研究所研究员 |
| 周　庆 | 中检集团溯源技术服务有限公司苏州分公司业务总监 |
| 周　勇 | 成都点迹滤防伪科技有限公司执行董事、技术总监 |
| 禚连春 | 北京维赛思咨询有限公司 CEO |
| 左　敏 | 北京工商大学副校长 |

**其他编写人员（按姓名首字母排序）：**

刘非凡　李榛晔　田笑　赵红梅

# 序

"民以食为天,食以安为先"。我国已经进入了新发展阶段,迫切需要各级食品安全管理部门坚持用最严谨的标准、最严格的监管、最严厉的处罚、最严肃的问责维护和优化高效、有序、统一、安全的市场环境,引导带动食品产业高质量发展,推动产品供给更营养、更健康,不断增强人民群众的获得感、幸福感、安全感。

建立健全食品行业信息追溯体系,运用信息技术手段不断完善食品安全监管和信息共享机制,是贯彻落实《中华人民共和国食品安全法》、推动我国食品安全工作的重要保障。中国副食流通协会食品与信息追溯分会长期致力于食品追溯领域的技术推广、标准建设和项目合作。为了更好地展现当前的行业现状及发展态势,我们特组织专家学者共同完成了《中国食品行业追溯体系发展报告(2021—2022)》的编写工作。

全书既有对食品信息追溯领域内外部环境的分析,也有对食品追溯相关的区块链、数字经济和数字供应链等问题的专题研究;既有对食品追溯行业现状的全面阐述,也有对食品追溯企业典型案例的深入解读。整篇报告结构合理、内容丰富、数据详实,希望能够对各级政府、食品行业以及相关企业有所帮助。最后,衷心感谢编委会全体成员及参编的其他工作人员付出的辛勤劳动。感谢北京航空航天大学、北京交通大学、华北电力大学、北京工商大学、北京物资学院、中国国际电子商务中心等单位对本书给予的大力支持,并对中国商业出版社表示诚挚的谢意!

中国副食流通协会会长 何继红

2022 年 8 月

# 前　言

随着我国进入新发展阶段，人民群众对食品的需求更加多元，食品安全从数量安全、质量安全向营养、健康拓展。建立健全食品行业追溯体系，引导食品企业增强主体责任意识，加强生产经营过程质量安全控制，是维护食品安全，助力产业高质量发展，提升人民群众满意度的重要抓手。

中国副食流通协会食品与信息追溯分会自成立以来，致力于食品追溯领域的科学研究、技术开发、项目应用以及标准化建设等工作。为了进一步推动食品追溯体系建设的高质量发展，加深全社会对食品信息追溯领域热点、难点问题的关注，中国副食流通协会食品与信息追溯分会特组织高等学校、科研院所以及信息追溯企业的专家学者共同完成了《中国食品行业追溯体系发展报告（2021—2022）》的编写工作。全书共分四篇，主要内容如下：

第一篇环境分析篇，主要概述了食品行业追溯体系所处的外部环境。共四部分。第一部分主要阐述了2021—2022年食品行业追溯体系所处的宏观经济环境，第二部分论述了2021—2022年食品行业企业概况，第三部分对2021—2022年信息追溯相关企业的总体情况进行了统计分析，第四部分则主要阐述了食品行业信息追溯相关的互联网技术及其应用。

第二篇专题篇，分四个专题。第一个专题是食品安全与可追溯食品问卷调查分析。选择了食品安全与可追溯食品的相关问题，对社会公众对食品安全与可追溯食品的了解和接受程度展开了调研，并根据问卷分析结果，提出了完善食品信息追溯的相关建议。第二个专题探究区块链应用食品追溯产业的主要制约因素。本专题的研究发现，区块链投入产出低、上链信源真实度存疑、链上企业配合意愿低、食品企业对区块链认知度低是区块链落地食品追溯产业的主要障碍，对此，应当加大技术应用场景、研究、提高市场认知水平、完善政策保障机制。第三个专题是食品溯源与数字经济。基于食品溯源的发展历程，剖析了数字经济在食品溯源领域的应用以及食品溯源与数字经济的协同发展。第四个专题是数字供应链的发展现状、技术及应用案例。在总结数字供应链的国内外发展现状及其相关技术动态基础上，重点阐述了数字供应链在商业领域、金融领域、医药领域、餐饮领域、农业领域、工业领域、建筑领域等7个领域的应用。

第三篇案例篇。选取了八个案例：成都点迹滤防伪公司的点迹防伪技术方案、艾伟玛信息科技（上海）有限公司的袋类和瓶类产品赋码难点解决方案、江苏图码信息科技公司的商标图码食品追溯验证管理系统案例、北京天成通链公司的基于区块链的食品安全溯源生态服务平台案例、北京爱创科技股份有限公司的华润雪花全产业链追溯与精准营销生态系统案例、中检溯源集团的致力于打通食品生产安全监管最后一公里的食品生产过程智能化追溯服务应用案例、北京兆信信息技术股份有限公司的品品食品溯源体系案例、上海旺链信息科技有限公司的红星集团区块链溯源应用案例。

第四篇资料汇编，收集整理了2021—2022年食品行业信息追溯相关政策文件。

鉴于中国食品行业追溯体系的建设与发展有一个不断完善的过程，书中难免存在疏漏或不足，敬请读者批评指正。

编者<br>2022 年 7 月

# 目 录

## 环境分析篇

1 **2021 年食品信息追溯环境分析** ... 3
  1.1 相关宏观经济分析 ... 3
  1.2 食品行业总体分析 ... 14
  1.3 信息追溯行业调查统计分析 ... 27
    1.3.1 概述 ... 27
    1.3.2 调查统计分析结果 ... 28
    1.3.3 总结及建议 ... 41
  1.4 2020 年食品信息追溯相关互联网技术与应用 ... 41

## 专题研究篇

2 **食品安全与可追溯食品调查分析** ... 65
  2.1 概述 ... 65
  2.2 调研方法 ... 65
    2.2.1 调研设计 ... 65
    2.2.2 调查方法 ... 66
    2.2.3 统计方法 ... 66
  2.3 基本情况 ... 66
    2.3.1 性别结构 ... 66
    2.3.2 年龄结构 ... 67
    2.3.3 学历结构 ... 67
    2.3.4 职业结构 ... 68
    2.3.5 收入结构 ... 69
  2.4 调查结果及分析 ... 69

2.4.1 消费者对所消费食品是否具有追溯能力的态度 ········· 69
   2.4.2 消费者对市场上各类食品宣传的态度 ················· 70
   2.4.3 消费者购买食品时最容易遇到的食品质量安全问题 ··· 71
   2.4.4 消费者认为食品安全问题应该由谁主要负责 ··········· 72
   2.4.5 消费者对国内食品安全现状的评价 ··················· 73
   2.4.6 消费者认为"可追溯食品"对食品安全和品质升级的意义 ··· 73
   2.4.7 "可追溯食品"标识对消费者选择食品的影响 ········· 74
   2.4.8 消费者对食品安全与信息追溯的了解程度 ············· 75
   2.4.9 消费者认为可追溯食品是否比不可追溯食品更安全 ··· 76
   2.4.10 消费者是否愿意购买价格更高的可追溯食品 ········· 76
   2.4.11 消费者能接受可追溯食品的价格区间 ··············· 77
   2.4.12 消费者希望可追溯食品信息在多长时间可供查询 ····· 78
   2.4.13 消费者最喜欢的可追溯信息查询方式 ··············· 78
   2.4.14 消费者购买有"可追溯食品"标识的食品动机 ······· 79
   2.4.15 关注"可追溯食品"标识者的家庭角色 ············· 80
   2.4.16 消费者平时购买食品的场所 ······················· 81
   2.4.17 消费者购买食品时主要关注的信息 ················· 81
   2.4.18 消费者认为容易发生质量安全的食品 ··············· 82
   2.4.19 消费者担心的食品安全问题 ······················· 83
   2.4.20 提高我国食品安全水平的措施 ····················· 84
   2.4.21 消费者对"可追溯食品"标识的期望 ··············· 85
  2.5 总结及建议 ············································ 86

3 区块链落地食品追溯产业的制约因素分析 ····················· 88
  3.1 引言 ················································· 88
  3.2 基于扎根理论方法的模型设计 ···························· 89
   3.2.1 开放性编码与主轴编码 ··························· 90
   3.2.2 选择性编码 ····································· 91
  3.3 基于层次分析法的评价分析 ······························ 92
   3.3.1 模型构建 ······································· 92
   3.3.2 构造判断矩阵及一致性检验 ······················· 93
   3.3.3 综合评价 ······································· 95
  3.4 建议 ················································· 96
   3.4.1 加大技术应用场景研究,降低区块链技术进入门槛 ··· 96

3.4.2 提高市场认知水平，减轻区块链技术推广难度降低市场准入门槛 …… 96
3.4.3 完善政策保障机制，疏解区块链技术应用漏洞完善标准 …………… 96
3.5 结束语 ………………………………………………………………………… 97

# 4 食品溯源与数字经济 …………………………………………………………… 99
4.1 食品溯源的发展历程 ………………………………………………………… 99
4.2 数字经济在食品溯源的应用 ………………………………………………… 101
4.3 食品溯源与数字化供应链创新 ……………………………………………… 102
    4.3.1 食品溯源对数字化供应链的需求 ……………………………………… 102
    4.3.2 数字化供应链创新对食品溯源的推进 ………………………………… 103
4.4 食品溯源数字化创新的最新趋势和未来发展方向 ………………………… 103

# 5 数字化供应链发展现状、技术及应用案例 …………………………………… 105
5.1 数字化供应链国内外发展现状 ……………………………………………… 105
    5.1.1 数字化供应链国外发展现状 …………………………………………… 105
    5.1.2 数字化供应链国内发展现状 …………………………………………… 106
5.2 数字化供应链技术综述 ……………………………………………………… 108
    5.2.1 数字化供应链数据感知技术 …………………………………………… 108
    5.2.2 数字化供应链平台构建技术 …………………………………………… 114
    5.2.3 数字化供应链智慧应用技术 …………………………………………… 116
5.3 数字化供应链应用案例 ……………………………………………………… 118
    5.3.1 数字化供应链在商业领域的应用案例 ………………………………… 118
    5.3.2 数字化供应链在金融领域的应用案例 ………………………………… 119
    5.3.3 数字化供应链在医药领域的应用案例 ………………………………… 121
    5.3.4 数字化供应链在餐饮领域的应用案例 ………………………………… 123
    5.3.5 数字化供应链在农业领域的应用案例 ………………………………… 125
    5.3.6 数字化供应链在工业领域的应用案例 ………………………………… 126
    5.3.7 数字化供应链在建筑领域的应用案例 ………………………………… 131

## 案例分享篇

# 6 成都点迹滤防伪——点迹防伪技术方案 ……………………………………… 141
6.1 公司简介 ……………………………………………………………………… 141
6.2 商品防伪技术发展态势 ……………………………………………………… 141

  6.2.1 背景介绍 ............................................................................................. 141
  6.2.2 造假与防伪 ......................................................................................... 143
  6.2.3 追溯与防伪追溯 ................................................................................. 143
  6.2.4 商品防伪技术进展 ............................................................................. 144
 6.3 技术方案 ......................................................................................................... 144
  6.3.1 概述 ..................................................................................................... 144
  6.3.2 点迹防伪理论 ..................................................................................... 145
  6.3.3 点迹防伪技术原理 ............................................................................. 145
  6.3.4 点迹防伪技术要点 ............................................................................. 146
 6.4 应用实例——"四川高山茶"微信公众号防伪商城 ................................. 149
 6.5 总结及展望 ..................................................................................................... 154

# 7 艾伟玛——袋类和瓶类产品——赋码难点解决方案 .................................. 156
 7.1 公司简介 ......................................................................................................... 156
 7.2 项目背景 ......................................................................................................... 157
  7.2.1 项目现状 ............................................................................................. 157
  7.2.2 项目目标 ............................................................................................. 158
 7.3 赋码技术解决方案 ......................................................................................... 158
  7.3.1 袋类产线解决方案 ............................................................................. 158
  7.3.2 瓶类产线解决方案 ............................................................................. 161
 7.4 项目实施效果 ................................................................................................. 164
 7.5 技术应用拓展 ................................................................................................. 164

# 8 江苏图码——商标图码食品追溯验证管理系统 .......................................... 166
 8.1 公司简介 ......................................................................................................... 166
 8.2 项目背景 ......................................................................................................... 166
 8.3 商标图码及追溯管理系统功能 ..................................................................... 167
  8.3.1 商标图码 ............................................................................................. 167
  8.3.2 六环管理码 ......................................................................................... 169
 8.4 系统使用介绍 ................................................................................................. 172
  8.4.1 信息追溯管理 ..................................................................................... 172
  8.4.2 食品防伪验证 ..................................................................................... 173
 8.5 应用案例 ......................................................................................................... 175

## 9 北京天成通链——基于区块链的食品安全溯源生态服务平台 … 182
### 9.1 公司简介 … 182
### 9.2 项目概述 … 182
#### 9.2.1 项目背景 … 182
#### 9.2.2 项目简介 … 183
### 9.3 技术方案 … 184
#### 9.3.1 平台建设依据 … 184
#### 9.3.2 平台建设内容 … 184
#### 9.3.3 平台架构 … 185
#### 9.3.4 服务主体 … 185
### 9.4 应用案例 … 187
#### 9.4.1 系统建设目标 … 187
#### 9.4.2 业务流程分析 … 189
#### 9.4.3 业务模块设计 … 191
#### 9.4.4 应用系统构成 … 191
#### 9.4.5 系统安全设计 … 192
### 9.5 平台实施效果及推广价值 … 193
#### 9.5.1 平台应用效果 … 193
#### 9.5.2 平台推广价值 … 194

## 10 爱创科技——华润雪花全产业链追溯与精准营销生态系统 … 195
### 10.1 公司简介 … 195
### 10.2 项目概述 … 195
#### 10.2.1 项目背景 … 195
#### 10.2.2 项目简介 … 196
### 10.3 项目实施概况 … 197
#### 10.3.1 系统架构和主要内容 … 197
#### 10.3.2 具体应用场景和应用模式 … 198
### 10.4 项目创新点和实施效果 … 200
#### 10.4.1 项目先进性及创新点 … 200
#### 10.4.2 实施效果 … 201

## 11 中检溯源——食品生产过程智能化追溯服务应用案例——打通食品生产安全监管"最后一公里" ········ 202
### 11.1 公司简介 ········ 202
### 11.2 建设背景 ········ 203
### 11.3 建设目标与原则 ········ 203
#### 11.3.1 建设目标 ········ 203
#### 11.3.2 基本原则 ········ 204
### 11.4 建设内容 ········ 204
#### 11.4.1 追溯系统内容范围 ········ 205
#### 11.4.2 系统主流程设计 ········ 206
#### 11.4.3 系统功能设计 ········ 207
#### 11.4.4 追溯体系制度标准建设 ········ 208
### 11.5 建设成效 ········ 209

## 12 兆信科技——品品食品溯源体系案例 ········ 211
### 12.1 公司简介 ········ 211
#### 12.1.1 兆信科技 ········ 211
#### 12.1.2 品品食品 ········ 212
### 12.2 项目背景 ········ 212
#### 12.2.1 政策背景 ········ 212
#### 12.2.2 行业背景 ········ 213
### 12.3 项目现状及问题 ········ 214
### 12.4 项目设计方案 ········ 215
#### 12.4.1 设计原则 ········ 215
#### 12.4.2 顶层设计 ········ 217
#### 12.4.3 解决方案 ········ 218
#### 12.4.4 涉及技术 ········ 223
### 12.5 项目推广价值 ········ 226
#### 12.5.1 实施成果 ········ 226
#### 12.5.2 推广意义 ········ 227

## 13 旺链科技——红星集团区块链溯源应用案例 ········ 228
### 13.1 公司简介 ········ 228
### 13.2 项目简介 ········ 228

13.3　项目痛点和难点 ………………………………………………………… 229
　　13.4　解决方案 ………………………………………………………………… 229
　　　　13.4.1　应用模式与流程 ………………………………………………… 229
　　　　13.4.2　产品特点 ………………………………………………………… 230
　　　　13.4.3　应用优势 ………………………………………………………… 231
　　　　13.4.4　实施过程 ………………………………………………………… 231
　　13.5　取得成效 ………………………………………………………………… 233

## 资料汇编篇

**14　2021—2022 年食品行业信息追溯相关政策文件** ……………………… 237
　　14.1　山东省市场监督管理局关于应用"山东食链"开展食品追溯的通告 …… 237
　　14.2　江门市农业农村局关于全面启用广东省农产品质量安全追溯平台
　　　　　开具承诺达标合格证的通知 ………………………………………… 238
　　14.3　上海市农业农村委员会　上海市市场监督管理局关于进一步推进食用
　　　　　农产品合格证制度与食品安全信息追溯衔接工作的通知
　　　　　（沪农委〔2021〕364 号） …………………………………………… 239
　　14.4　上海市市场监督管理局：食品安全信息追溯管理有关公告 ………… 243
　　14.5　国家粮食和物资储备局关于印发优质粮食工程"六大提升行动"
　　　　　方案的通知（国粮规〔2021〕236 号） ……………………………… 243
　　14.6　上海市市场监督管理局关于增加上海市食品安全信息追溯管理
　　　　　品种的公告 ……………………………………………………………… 247

# 环境分析篇

# 1

# 2021年食品信息追溯环境分析

## 1.1 相关宏观经济分析

2021年是"十四五"的开局之年,也是我国在抗击新冠肺炎疫情中保持经济恢复和发展的重要一年。各地区各部门坚持以习近平新时代中国特色社会主义思想为指导,全面贯彻党的十九大和十九届历次全会精神,坚持稳中求进的工作总基调,全面深化改革开放,立足新发展阶段,完整、准确、全面贯彻新发展理念,构建新发展格局,推动高质量发展。这一年,我们隆重庆祝中国共产党成立一百周年,如期全面建成小康社会、实现第一个百年奋斗目标,开启全面建设社会主义现代化国家、向第二个百年奋斗目标进军的新征程。这一年,我们沉着应对百年变局和世纪疫情,经济总体保持恢复态势,顺利实现了年初制定的经济发展主要目标任务,实现了"十四五"良好开局。这一年,我国科技创新力量不断壮大,产业发展水平显著提升,民生保障持续改善,生态文明建设取得多项突破。这些成绩的取得,是以习近平同志为核心的党中央坚强领导的结果,是全党全国各族人民勠力同心、艰苦奋斗的结果。

图1-1所示,2021年国内生产总值1143670亿元,按不变价格计算,比上年实际增长8.1%。其中,第一产业增加值83086亿元,比上年实际增长7.1%;第二产业增加值450904亿元,比上年实际增长8.2%;第三产业增加值609680亿元,比上年实际增长8.2%。第一产业增加值占国内生产总值比重为7.3%,第二产业增加值比重为39.4%,第三产业增加值比重为53.3%。全年最终消费支出拉动国内生产总值增长5.3个百分点,资本形成总额拉动国内生产总值增长1.1个百分点,货物和服务净出口拉动国内生产总值增长1.7个百分点。全年人均国内生产总值80976元,比上年实际增长8.0%。国民总收入1133518亿元,比上年实际增长7.9%。

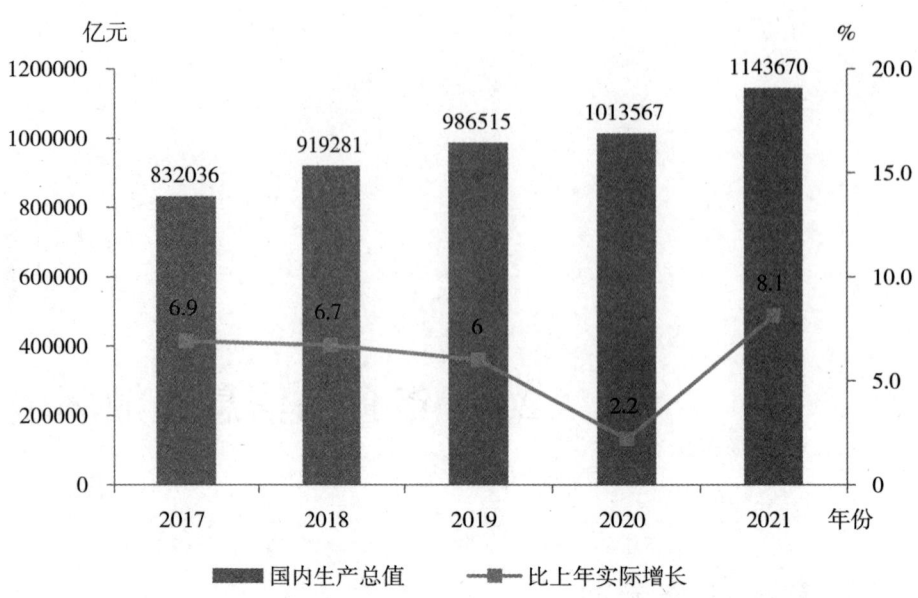

**图1-1　2017—2021年国内生产总值及实际增长**

资料来源：中华人民共和国国家统计局。

如图1-2所示，2021年全年全国居民人均可支配收入为35128元，比上年增长了9.1%，扣除价格因素，实际增长了8.1%。全国居民人均可支配收入中位数为29975元，比上年增长了8.8%。城镇居民人均可支配收入为47412元，比上年增长了8.2%，扣除价格因素，实际增长了7.1%。城镇居民人均可支配收入中位数为43504元，比上年增长了7.7%。农村居民人均可支配收入为18931元，比上年增长了10.5%，扣除价格因素，实际增长了9.7%。农村居民人均可支配收入中位数为16902元，比上年增长了11.2%。按全国居民五等份收入分组，低收入组人均可支配收入为8333元，中间偏下收入组人均可支配收入为18445元，中间收入组人均可支配收入为29053元，中间偏上收入组人均可支配收入为44949元，高收入组人均可支配收入为85836元。全国农民工人均月收入为4432元，比上年增长了8.8%。2021年全年脱贫县农村居民人均可支配收入为14051元，比上年增长了11.6%，扣除价格因素，实际增长了10.8%。

2021年全年全国居民人均消费支出24100元，比上年增长13.6%，扣除价格因素，实际增长12.6%。其中，人均服务性消费支出为10645元，比上年增长17.8%，占居民人均消费支出的比重为44.2%。按常住地分，城镇居民人均消费支出30307元，同比增长12.2%，扣除价格因素，实际增长11.1%；农村居民人均消费支出15916元，同比增长16.1%，扣除价格因素，实际增长15.3%。全国居民恩格尔系数为29.8%，其中城镇为28.6%，农村为32.7%。

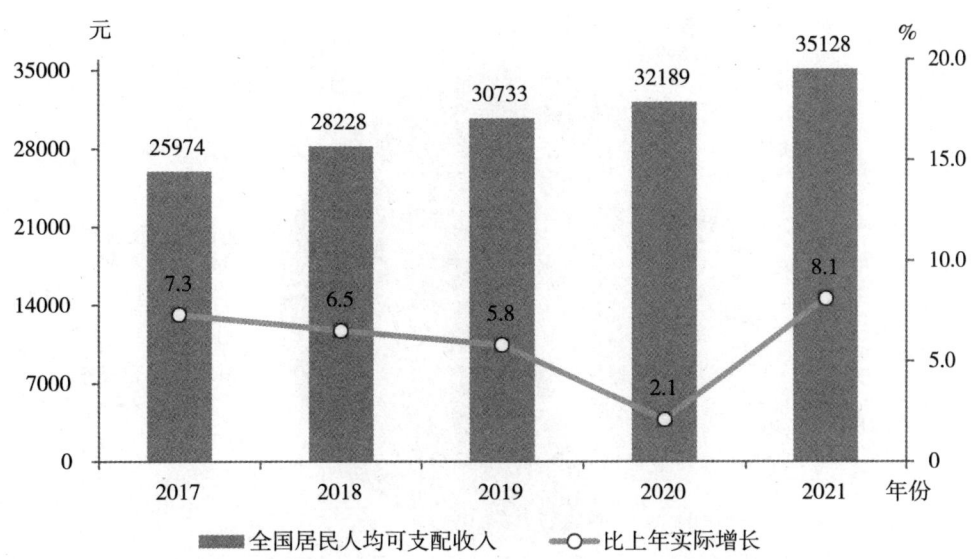

图 1-2 2017—2021 年全国居民人均可支配收入及实际增长

资料来源：中华人民共和国国家统计局。

如图 1-3 所示，2021 年人均消费支出中，居住消费支出为 5641 元，占人均消费支出的 23.4%，比上年度降低了 0.8 个百分点；食品烟酒消费支出 7178 元，占人均消费支出的 29.8%，比上年度降低了 0.4 个百分点；教育文化娱乐消费支出 2599 元，占人均消费支出的 10.8%，比上年度降低了 1.2 个百分点；医疗保健消费支出 2115 元，占人均消费支出的 8.8%，比上年度增长了 0.1 个百分点；衣着消费支出 1419 元，占人均消费支出的 5.9%，比上年度微涨了 0.1 个百分点；交通通信消费支出 3156 元，占人均消费支出的 13.1%，比上年度微涨了 0.1 个百分点；生活用品及服务消费支出 1423 元，占人均消费支出的 5.9%，与上年度持平；其他用品和服务消费支出为 569 元，占人均消费支出的 2.4%，比上年度增长了 0.2 个百分点。

从图 1-3 的数据可以看出，居民的消费主要集中在居住和食品烟酒两项，其总和占人均消费支出的比重为 53.2%，超过了人均消费支出的一半，是居民最主要的两项消费支出。其中，食品烟酒消费支出占人均消费支出的比重为 29.8%，与 2020 年的 30.2% 相比基本持平，仍占到了居民人均消费支出的近 1/3。这表明，我国现阶段居民对食品烟酒的支出占比仍然较高，体现出我国居民消费支出结构中这一比例仍然较高。随着人民生活的日益改善，对健康的要求越来越高。特别是在满足了日常生活必需的食品以外，消费者将更加关心食品的质量和安全。越来越多的消费者愿意通过购买绿色环保的食品以提升生活品质，消费者也愿意为了质量更好、安全性更高的食品支付更高的价格。

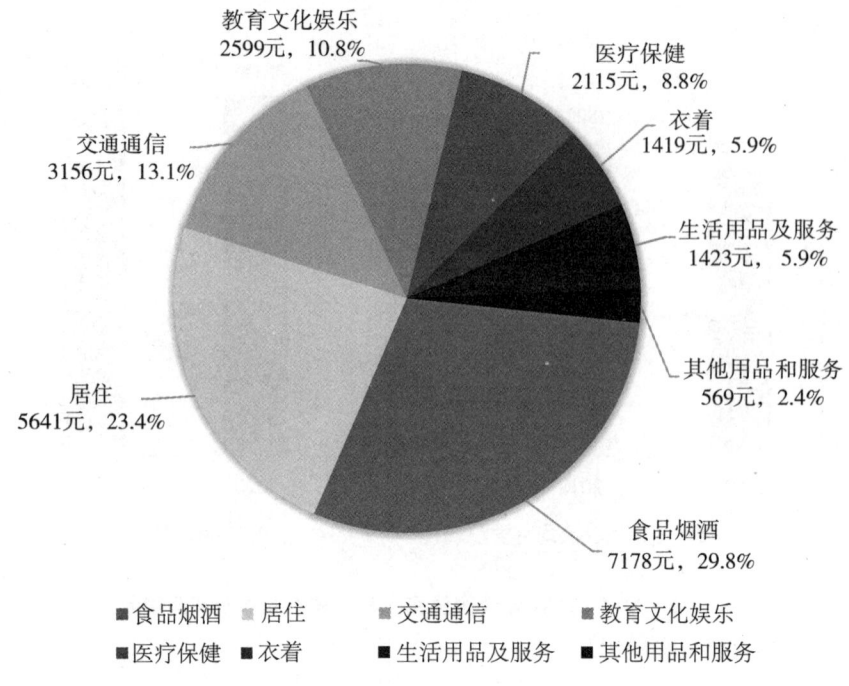

**图 1-3　2021 年全国居民人均消费支出及其构成**

资料来源：中华人民共和国国家统计局。

如图 1-4 所示，2021 年社会消费品零售总额 440823 亿元，比上一年增长 12.5%。按经营地统计，城镇消费品零售额 381558 亿元，同比增长 12.5%；乡村消费品零售额 59265 亿元，同比增长 12.1%。按消费类型统计，商品零售额 393928 亿元，同比增长 11.8%；餐饮收入额 46895 亿元，同比增长 18.6%。2017—2021 年，全国社会消费品零售总额增幅分别为 10.0%、8.8%、8.0%、-3.9%、12.5%，2021 年的增幅比 2020 年度提升了 16.4 个百分点，这主要是由于新冠肺炎疫情缓解以来，社会消费支出逐渐恢复到疫情前状态。

如图 1-5、图 1-6 所示，按经营地统计，城镇消费品零售额 381558 亿元，比上一年增加了 11.1%，占全社会消费品零售总额的 86.6%；乡村消费品零售额 59265 亿元，比上一年增加了 10.8%，占全社会消费品零售总额的 13.4%。按消费类型统计，商品零售额 393928 亿元，比上一年增加了 11.8%，占全社会消费品零售总额的 89.4%；餐饮收入额 46895 亿元，比上一年增加了 18.6%，占全社会消费品零售总额的 10.6%。

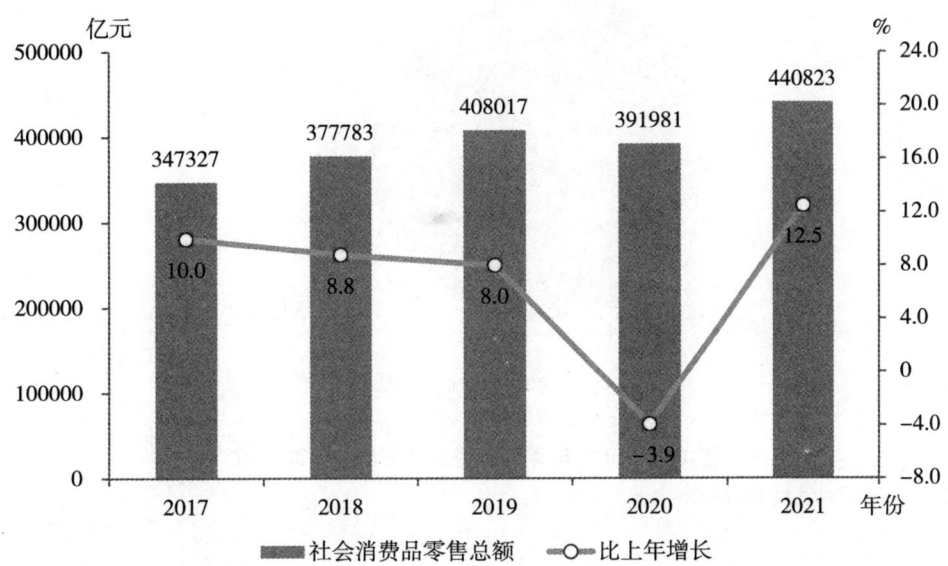

**图 1-4　2017—2021 年城乡社会消费品零售额**

资料来源：中华人民共和国国家统计局。

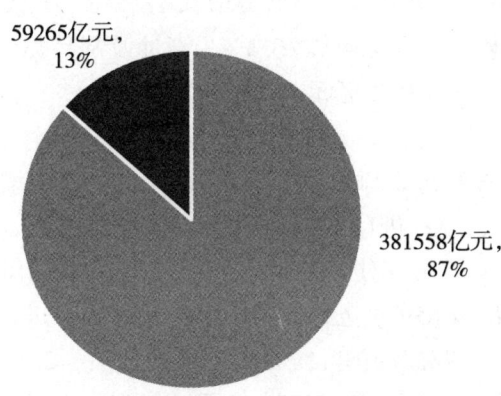

**图 1-5　2021 年城乡社会消费品零售额**

资料来源：中华人民共和国国家统计局。

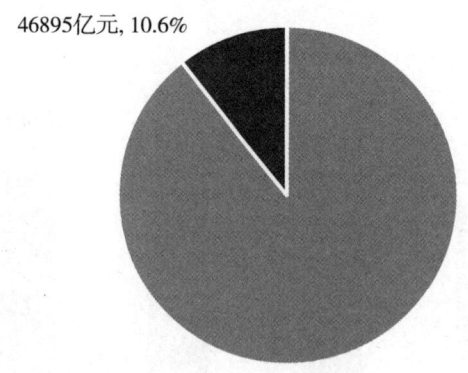

**图 1-6　2021 年商品零售额与餐饮收入额比重**

资料来源：中华人民共和国国家统计局。

在限额以上单位商品零售额中，粮油、食品类零售额比上年增长 10.8%，饮料类增长 20.4%，烟酒类增长 21.2%，服装、鞋帽、针纺织品类增长 12.7%，化妆品类增长 14.0%，金银珠宝类增长 29.8%，日用品类增长 14.4%，家用电器和音像器材类增长 10.0%，中西药品类增长 9.9%，文化办公用品类增长 18.8%，家具类增长 14.5%，通信器材类增长 14.6%，建筑及装潢材料类增长 20.4%，石油及制品类增长 21.2%，汽车类增长 7.6%。实物商品网上零售额 108042 亿元，比上年增长 12.0%，占社会消费品零售总额的比重为 24.5%。

如图 1-7 所示，2021 年货物进出口总额 391009 亿元，比上年增长 21.6%。其中，出口 217348 亿元，同比增长 21.2%；进口 173661 亿元，同比增长 22.1%。货物进出口顺差 43687 亿元，比上年增加 7344 亿元。对"一带一路"沿线国家进出口总额 115979 亿元，比上年增长 23.6%。其中，出口 65924 亿元，同比增长 21.5%；进口 50055 亿元，同比增长 26.4%。2017 年到 2021 年，我国的国际贸易得到较快发展，2017—2021 年实现了持续增长态势，进出口贸易总额从 2017 年的 278099 亿元增加到 2021 年的 391009 亿元，年均增幅达到了 8.9%。

如表 1-1 所示，2021 年货物出口额中，一般贸易额比上一年增长 24.4%，加工贸易额比上一年增加 9.9%，机电产品比上一年增长 20.4%，高新技术产品增长 17.9%。在 2021 年货物进口额中，一般贸易比上一年增加 25.0%，加工贸易比上一年增加 13.3%，机电产品比上一年增加 12.2%，高新技术产品比上一年增长 14.7%。货物进出口顺差增长了 20.2%。

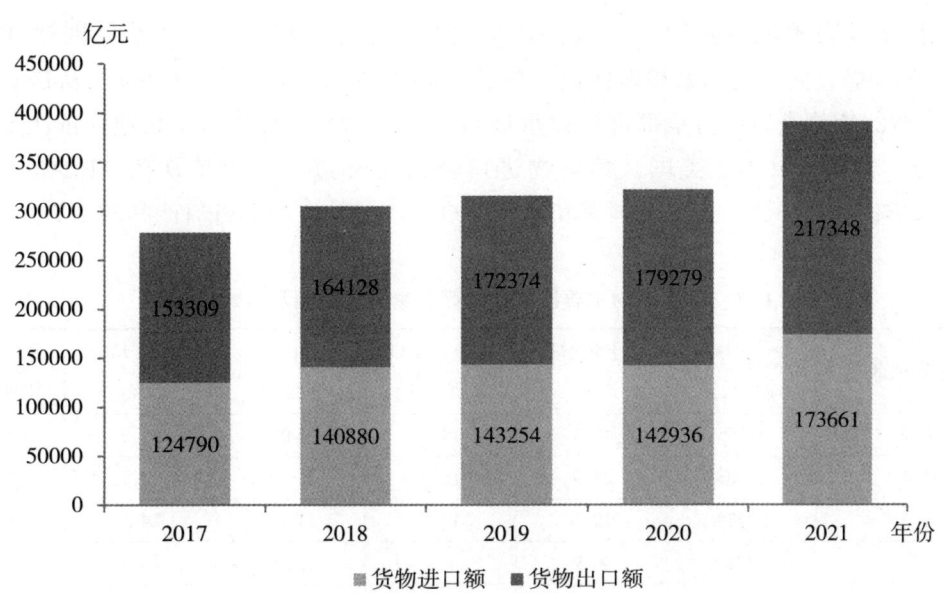

图 1-7 2017—2021 年货物进出口总额

资料来源：中华人民共和国国家统计局。

表 1-1 2021 年货物进出口总额及其增长速度

| 指 标 | 金 额（亿元） | 比上年增长（%） |
| --- | --- | --- |
| 货物进出口总额 | 391009 | 21.6 |
| 货物出口额 | 217348 | 21.2 |
| 其中：一般贸易 | 132445 | 24.4 |
| 加工贸易 | 53378 | 9.9 |
| 其中：机电产品 | 128286 | 20.4 |
| 高新技术产品 | 63266 | 17.9 |
| 货物进口额 | 173661 | 21.5 |
| 其中：一般贸易 | 108395 | 25.0 |
| 加工贸易 | 31601 | 13.3 |
| 其中：机电产品 | 73657 | 12.2 |
| 高新技术产品 | 54088 | 14.7 |
| 货物进出口顺差 | 43687 | 20.2 |

资料来源：中华人民共和国国家统计局。

如表 1-2 所示，从对主要国家和地区货物进出口额来看，2021 年与我国贸易往来频繁的国家和地区最主要的为欧盟、东盟、美国、日本、中国香港和韩国。其中，我国主要的货物出口国为美国、欧盟、东盟，其货物出口额占全部出口比重分别达17.1%、15.4%、14.4%，向上述国家和地区出口的产品占全部出口产品的46.9%。从进口来看，我国从东盟的货物进口额占全部进口比重最高，达14.7%，其他国家和地区依次是欧盟、中国台湾、韩国、日本、美国，其货物进口额占全部进口比重依次为11.5%、9.3%、7.9%、7.7%、6.7%，上述五个国家和地区的进口产品约占全部进口产品的2/5。

表1-2　2021年对主要国家和地区货物进出口额及其增长速度

| 国家和地区 | 出口额（亿元） | 比上年增长（%） | 占全部出口比重（%） | 进口额（亿元） | 比上年增长（%） | 占全部进口比重（%） |
|---|---|---|---|---|---|---|
| 东盟 | 31255 | 17.7 | 14.4 | 25489 | 22.2 | 14.7 |
| 欧盟 | 33483 | 23.7 | 15.4 | 20028 | 12.1 | 11.5 |
| 美国 | 37224 | 19.0 | 17.1 | 11603 | 24.2 | 6.7 |
| 日本 | 10722 | 8.5 | 4.9 | 13298 | 10.1 | 7.7 |
| 韩国 | 9617 | 23.5 | 4.4 | 13791 | 15.1 | 7.9 |
| 中国香港 | 22641 | 20.3 | 10.4 | 627 | 30.2 | 0.4 |
| 中国台湾 | 5063 | 21.7 | 2.3 | 16146 | 16.5 | 9.3 |
| 巴西 | 3464 | 43.4 | 1.6 | 7138 | 20.3 | 4.1 |
| 俄罗斯 | 4364 | 24.7 | 2.0 | 5122 | 28.2 | 2.9 |
| 印度 | 6302 | 36.6 | 2.9 | 1819 | 25.1 | 1.0 |
| 南非 | 1365 | 29.4 | 0.6 | 2147 | 49.4 | 1.2 |

资料来源：中华人民共和国国家统计局。

2021年全年服务进出口总额52983亿元，比上年增长16.1%。其中，服务出口25435亿元，同比增长31.4%；服务进口27548亿元，同比增长4.8%。服务进出口逆差2113亿元。

如表1-3所示，从主要出口商品金额来看，2021年出口金额最大的商品是自动数据处理设备及其零部件，达16488亿元，排第2~5位的是服装及衣着附件、集成电路、手机和纺织纱线、织物及制品。2021年与2020年相比，从出口金额增长率来看，集装箱增长率最快，增幅高达198.3%；其次增幅较快的是汽车（包括底盘）、钢材、液晶显示板、玩具、鞋靴、箱包及类似容器，其增幅分别是104.6%、67.9%、30.5%、28.6%、26.2%、26.1%；出口金额降幅较大的商品纺织纱线、织物及制品，其降幅为12.2%。

表 1-3  2021 年主要商品出口数量、金额及其增长速度

| 商品名称 | 单位 | 数量 | 比上年增长（%） | 金额（亿元） | 比上年增长（%） |
|---|---|---|---|---|---|
| 钢材 | 万吨 | 6690 | 24.6 | 5289 | 67.9 |
| 纺织纱线、织物及制品 | — | — | — | 9384 | -12.2 |
| 服装及衣着附件 | — | — | — | 11000 | 15.6 |
| 鞋靴 | 万双 | 873231 | 18.1 | 3097 | 26.2 |
| 家具及其零件 | — | — | — | 4772 | 18.2 |
| 箱包及类似容器 | 万吨 | 244 | 21.4 | 1800 | 26.1 |
| 玩具 | — | — | — | 2980 | 28.6 |
| 塑料制品 | — | — | — | 6397 | 20.5 |
| 集成电路 | 亿个 | 3107 | 19.6 | 9930 | 23.4 |
| 自动数据处理设备及其零部件 | — | — | — | 16488 | 12.9 |
| 手机 | 万台 | 95420 | -1.2 | 9447 | 9.3 |
| 集装箱 | 万个 | 484 | 144 | 1514 | 198.3 |
| 液晶显示板 | 万个 | 142439 | 12.4 | 1788 | 30.5 |
| 汽车（包括底盘） | 万辆 | 212 | 95.9 | 2227 | 104.6 |

资料来源：中华人民共和国国家统计局。

如表 1-4 所示，从主要商品进口数量及增幅来看，2021 年与 2020 年相比，大豆和食用植物油的进口数量分别减少了 3.8% 和 3.7%。天然气、集成电路、煤及褐煤数量增幅较大，分别为 19.9%、16.9% 和 6.6%，汽车（包括底盘）的进口数量与上一年基本持平，其余进口产品数量都有所降低，其中降幅较大的有钢材、未锻轧铜及铜材、初级形状的塑料。从进口金额来看，2021 年进口金额最大的商品为集成电路，达 27935 亿元，比上一年增长 15.4%，其次是原油，达 16618 亿元，比上一年增长了 34.4%。

表 1-4  2021 年主要商品进口数量、金额及增长情况

| 商品名称 | 单位 | 数量 | 比上年增长（%） | 金额（亿元） | 比上年增长（%） |
|---|---|---|---|---|---|
| 大豆 | 万吨 | 9652 | -3.8 | 3459 | 26.1 |
| 食用植物油 | 万吨 | 1039 | -3.7 | 706 | 24.0 |
| 铁矿砂及其精矿 | 万吨 | 112432 | -3.9 | 11942 | 39.6 |
| 煤及褐煤 | 万吨 | 32322 | 6.6 | 2319 | 64.1 |
| 原油 | 万吨 | 51298 | -5.4 | 16618 | 34.4 |

续表

| 商品名称 | 单位 | 数量 | 比上年增长（%） | 金额（亿元） | 比上年增长（%） |
|---|---|---|---|---|---|
| 成品油 | 万吨 | 2712 | -4.0 | 1078 | 31.6 |
| 天然气 | 万吨 | 12136 | 19.9 | 3601 | 56.3 |
| 初级形状的塑料 | 万吨 | 3397 | -16.4 | 3950 | 8.8 |
| 纸浆 | 万吨 | 2969 | -2.7 | 1296 | 19.5 |
| 钢材 | 万吨 | 1427 | -29.5 | 1210 | 3.9 |
| 未锻轧铜及铜材 | 万吨 | 553 | -17.2 | 3387 | 12.5 |
| 集成电路 | 亿个 | 6355 | 16.9 | 27935 | 15.4 |
| 汽车（包括底盘） | 万辆 | 94 | 0.6 | 3489 | 7.6 |

资料来源：中华人民共和国国家统计局。

如表1-5所示，2021年，固定资产投资比上一年增长了4.9%。在固定资产投资（不含农户）中，分区域来看，东部地区投资增长6.4%，中部地区投资增长10.2%，西部地区投资增长3.9%，东北地区投资增长5.7%。从不同行业固定资产投资（不含农户）增幅情况来看，增长速度排名前三的行业是卫生和社会工作、科学研究和技术服务业以及租赁和商务服务业，其增幅依次为19.5%、14.5%、13.6%。固定资产投资降幅位居前三的行业依次是：公共管理、社会保障和社会组织，降幅为38.2%；信息传输、软件和信息技术服务业，比上年降低12.1%；居民服务、修理和其他服务业，降幅为10.3%。

表1-5　2021年分行业固定资产投资（不含农户）增长速度　　单位:%

| 行业 | 比上年增长 | 行业 | 比上年增长 |
|---|---|---|---|
| 总计 | 4.9 | 金融业 | 1.9 |
| 农、林、牧、渔业 | 9.3 | 房地产业 | 5.0 |
| 采矿业 | 10.9 | 租赁和商务服务业 | 13.6 |
| 制造业 | 13.5 | 科学研究和技术服务业 | 14.5 |
| 电力、热力、燃气及水生产和供应业 | 1.1 | 水利、环境和公共设施管理业 | -1.2 |
| 建筑业 | 1.6 | 居民服务、修理和其他服务业 | -10.3 |
| 批发和零售业 | -5.9 | 教育 | 11.7 |
| 交通运输、仓储和邮政业 | 1.6 | 卫生和社会工作 | 19.5 |
| 住宿和餐饮业 | 6.6 | 文化、体育和娱乐业 | 1.6 |
| 信息传输、软件和信息技术服务业 | -12.1 | 公共管理、社会保障和社会组织 | -38.2 |

资料来源：中华人民共和国国家统计局。

2021年，新产业新业态新模式加速成长。全年规模以上工业中，高技术制造业增加值比上年增长18.2%，占规模以上工业增加值的比重为15.1%；装备制造业增加值增长12.9%，占规模以上工业增加值的比重为32.4%。全年规模以上服务业中，战略性新兴服务业企业营业收入比上年增长16.0%。全年高技术产业投资比上年增长17.1%。全年新能源汽车产量367.7万辆，比上年增长152.5%；集成电路产量3594.3亿块，增长37.5%。全年网上零售额130884亿元，按可比口径计算，比上年增长14.1%。全年新登记市场主体2887万户，日均新登记企业2.5万户，年末市场主体总数达1.5亿户。

2021年，我国城乡区域协调发展继续扎实推进。从区域来看，东部地区生产总值592202亿元，同比增长了8.1%；中部地区生产总值250132亿元，同比增长了8.7%；西部地区生产总值239710亿元，同比增长了7.4%；东北地区生产总值55699亿元，同比增长了6.1%。京津冀地区生产总值96356亿元，同比增长了7.3%；长江经济带地区生产总值530228亿元，同比增长8.7%；长江三角洲地区生产总值276054亿元，同比增长8.4%。

如表1-6所示，2021年固定资产投资在电力、交通运输、通信领域的新增生产与运营能力有了显著提升。电力行业基础设施方面，新增220千伏及以上变电设备24334万千伏安。交通运输行业基础设施方面，新建铁路投产里程4208公里，新改建高速公路里程9028公里，港口万吨级码头泊位新增通过能力提升25368万吨/年，新增民用运输机场7个。通信基础设施方面，新增光缆线路长度319万公里。

表1-6  2021年固定资产投资新增主要生产与运营能力

| 指标 | 单位 | 绝对数 |
| --- | --- | --- |
| 新增220千伏及以上变电设备 | 万千伏安 | 24334 |
| 新建铁路投产里程 | 公里 | 4208 |
| 其中：高速铁路 | 公里 | 2168 |
| 增、新建铁路复线投产里程 | 公里 | 2769 |
| 电气化铁路投产里程 | 公里 | 4189 |
| 新改建高速公路里程 | 公里 | 9028 |
| 港口万吨级码头泊位新增通过能力 | 万吨/年 | 25368 |
| 新增民用运输机场 | 个 | 7 |
| 新增光缆线路长度 | 万公里 | 319 |

资料来源：中华人民共和国国家统计局。

如图1-8所示，2021年，快递业务量1083.0亿件，比上年增长29.9%。2017—2021年快递业务量年均增幅达28.2%，呈现持续快速增长。快递业务收入10332亿元，比上年增长29.9%。邮政行业业务总量13698亿元，比2020年增长25.1%。邮政业全年完成邮政函件业务10.9亿件，包裹业务0.2亿件。

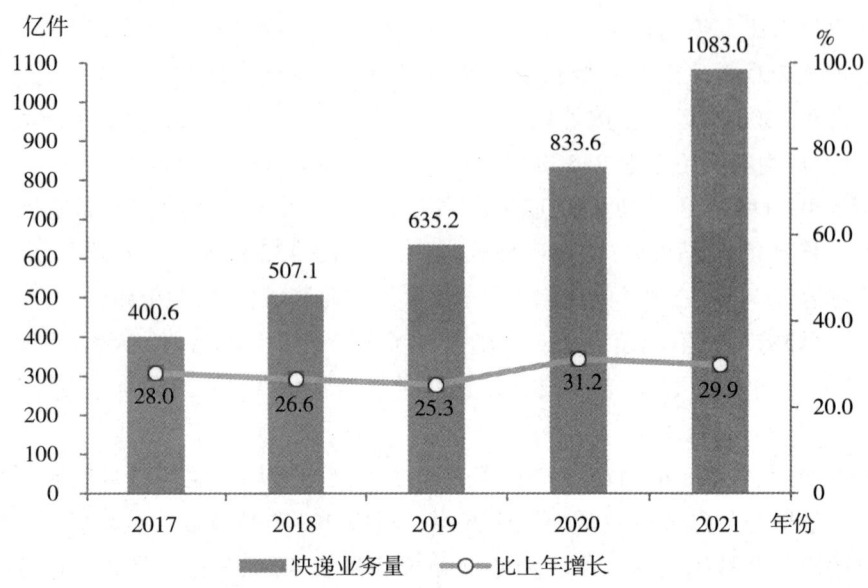

**图1-8　2017—2021年快递业务量及增长速度**

资料来源：中华人民共和国国家统计局

## 1.2 食品行业总体分析

2021年，全国粮食种植面积11763万公顷，比上年增加86万公顷。其中，稻谷种植面积2992万公顷，同比减少15万公顷；小麦种植面积2357万公顷，同比增加19万公顷；玉米种植面积4332万公顷，同比增加206万公顷；棉花种植面积303万公顷，同比减少14万公顷；油料种植面积1310万公顷，同比减少3万公顷；糖料种植面积146万公顷，同比减少11万公顷。

如图1-9所示，2021年全年粮食产量68285万吨，比上年增加1336万吨，增产2.0%。从2017—2021年来看，我国粮食产量基本保持稳定，年均增幅为0.8%，除了2018年产量略有下降以外，其余年份粮食产量都有所增加，特别是2021年，增幅达2.0%，达近五年的新高。

2021年，全国夏粮产量14596万吨，同比增产2.2%；早稻产量2802万吨，同比增产2.7%；秋粮产量50888万吨，同比增产1.9%。全年谷物产量63276万吨，比上年增产2.6%。其中，稻谷产量21284万吨，同比增产0.5%；小麦产量13695万吨，同比增产2.0%；玉米产量27255万吨，同比增产4.6%。

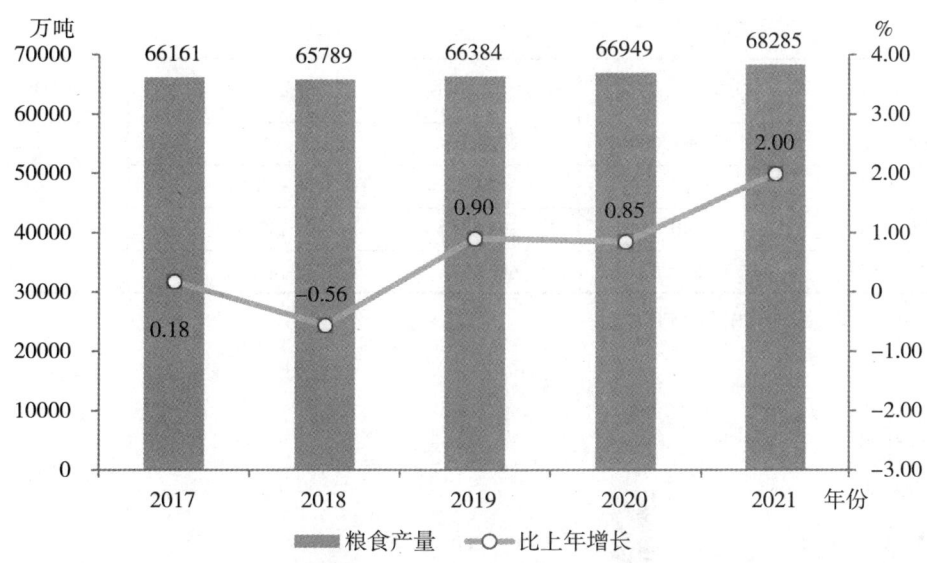

图 1-9　2017—2021 年粮食产量

资料来源：中华人民共和国国家统计局。

如表 1-7 和图 1-10 所示，2021 年油料产量 3613.00 万吨，比上一年增长 0.7%。糖料产量 11451.00 万吨，同比减产 4.7%。茶叶产量 318.00 万吨，同比增产 8.5%。猪、牛、羊、禽肉产量 8888 万吨，比上年增长 16.3%。其中，猪肉产量 5296.00 万吨，同比增长 28.8%；牛肉产量 698.00 万吨，同比增长 3.8%；羊肉产量 514.00 万吨，同比增长 4.4%；禽肉产量 2380.00 万吨，同比增长 0.8%。禽蛋产量 3409.00 万吨，同比减产 1.7%。牛奶产量 3683.00 万吨，同比增长 7.1%。2021 年末生猪存栏 44922 万头，比上年末增长 10.5%；2021 年全年生猪出栏 67128 万头，比上年增长 27.4%。水产品产量 6693.00 万吨，比上年增长 2.2%。其中，养殖水产品产量 5388 万吨，同比增长 3.1%；捕捞水产品产量 1305 万吨，同比下降 1.5%。

表 1-7　2020—2021 年农产品产量

| 农产品名称 | 2020 年（万吨） | 2021 年（万吨） | 增量（万吨） | 比上年增幅（%） |
| --- | --- | --- | --- | --- |
| 油料产量 | 3586.40 | 3613.00 | 26.60 | 0.7 |
| 茶叶产量 | 293.18 | 318.00 | 24.828.5 | |
| 糖料产量 | 12014.00 | 11451.00 | -563 | -4.7 |
| 猪肉产量 | 4113.33 | 5296.00 | 1182.67 | 28.8 |
| 牛肉产量 | 672.45 | 698.00 | 25.55 | 3.8 |
| 羊肉产量 | 492.31 | 514.00 | 21.694.4 | |

续表

| 农产品名称 | 2020年（万吨） | 2021年（万吨） | 增量（万吨） | 比上年增幅（%） |
|---|---|---|---|---|
| 禽肉产量 | 2361.00 | 2380.00 | 19.00 | 0.8 |
| 禽蛋产量 | 3467.76 | 3409.00 | -58.76 | -1.7 |
| 牛奶产量 | 3440.14 | 3683.00 | 242.86 | 7.1 |
| 水产品产量 | 6549.02 | 6693.00 | 143.98 | 2.2 |

资料来源：中华人民共和国国家统计局。

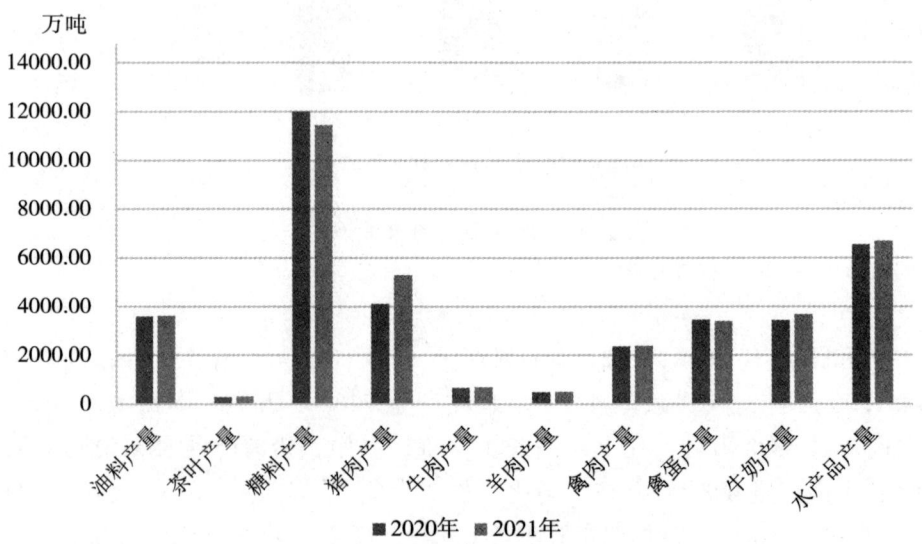

图1-10　2020—2021年农产品产量对比

资料来源：中华人民共和国国家统计局。

如表1-8所示为2020年与2021年部分食品工业重要产品对比表。根据表1-8可以发现，原盐、精制食用植物油产量有所下降，上述产品2021年的产量比上一年分别下降了3.9%、9.2%。饮料产量大幅增加，比上年增长12.2%，啤酒产量也比上年增长了4.4%，成品糖产量比上年增长3.6%。卷烟的产量维持稳定，微增1.3%。如图1-11所示，2021年，我国原盐、精制食用植物油产量分别为5154.60万吨、4973.10万吨，比2020年分别减产209.5万吨、503.12万吨。成品糖、饮料产量比上一年有所上升，分别比2020年增产51万吨和1986.5万吨。啤酒产量为3562.40万千升，卷烟产量为24182.40亿支，分别比2020年增长151.29万千升、318.67亿支。这表明，人们对原盐、食用植物油需求有所下降，但对饮料、啤酒等需求明显增长。

表 1-8　2020—2021 年部分食品工业产品产量

| 产品名称 | 2020 年 | 2021 年 | 增幅（%） |
| --- | --- | --- | --- |
| 原盐（万吨） | 5364.10 | 5154.60 | -3.9 |
| 精制食用植物油（万吨） | 5476.22 | 4973.10 | -9.2 |
| 成品糖（万吨） | 1431.30 | 1482.30 | 3.6 |
| 饮料（万吨） | 16347.30 | 18333.80 | 12.2 |
| 啤酒（万千升） | 3411.11 | 3562.40 | 4.4 |
| 卷烟（亿支） | 23863.73 | 24182.40 | 1.3 |

资料来源：中华人民共和国国家统计局、中商产业研究院。

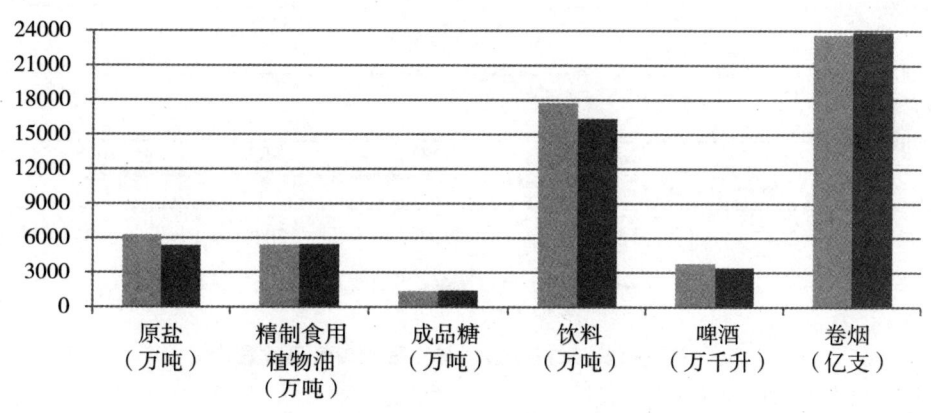

图 1-11　2020—2021 年食品工业产品产量

资料来源：中华人民共和国国家统计局、中商产业研究院。

如图 1-12 所示，从 2017—2021 年，主要进口食品包括大豆和食用植物油。进口大豆数量保持稳定，从 2017 年的 9553 万吨增长到 2021 年的 9652 万吨，年均增幅仅为 0.3%。食用植物油进口数量 2017—2021 年逐年增长，从 2017 年的 577 万吨上升到 2021 年的 1039 万吨，年均增幅为 15.8%。与 2020 年相比，2021 年进口大豆数量减少了 381 万吨，降幅为 3.8%，而进口食用植物油数量增加了 56 万吨，增幅为 5.7%。这表明，随着国内对进口食品需求的变化，进口大豆数量基本保持稳定，而进口食用植物油数量近五年保持了持续稳定的增长。

如图 1-13 所示，2012—2021 年，全国餐饮收入除 2020 年新冠肺炎疫情暴发导致的收入明显下降，其余年份都表现出持续稳定的增长。2021 年餐饮收入达 46895 亿元，比上一年度增长了 18.6%，为近十年来最大增幅。2012—2021 年，餐饮收入从 2012 年的 23283 亿元增长到 2021 年的 46895 亿元，收入额基本翻倍，年均增长率达 19.1%。这表明随着人们物质生活水平的提高，越来越多的人到外面就餐，这就对餐饮行业的食品安全提出了更高要求。特别是餐饮收入中，外卖收入的比重持续扩大，老百姓对外卖餐馆的食品安全问题也越来越关心。中国副食流通协会食品安全与信息追溯分会正积极组织相关企业，开展了追溯餐厅评级等一系列监督服务活动，大力促进了餐饮外卖市场的健康可持续发展。

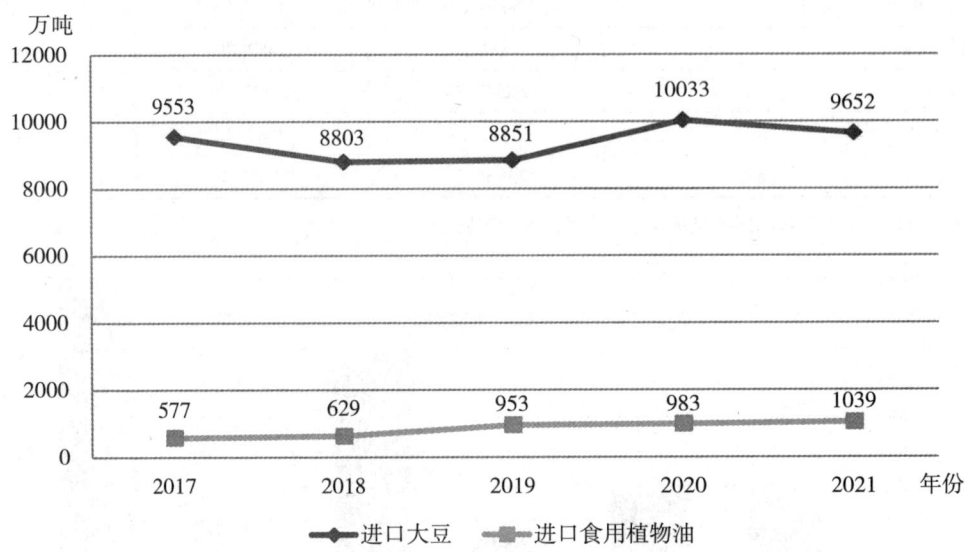

图 1-12　2017—2021 年主要进口食品数量

资料来源：中华人民共和国国家统计局。

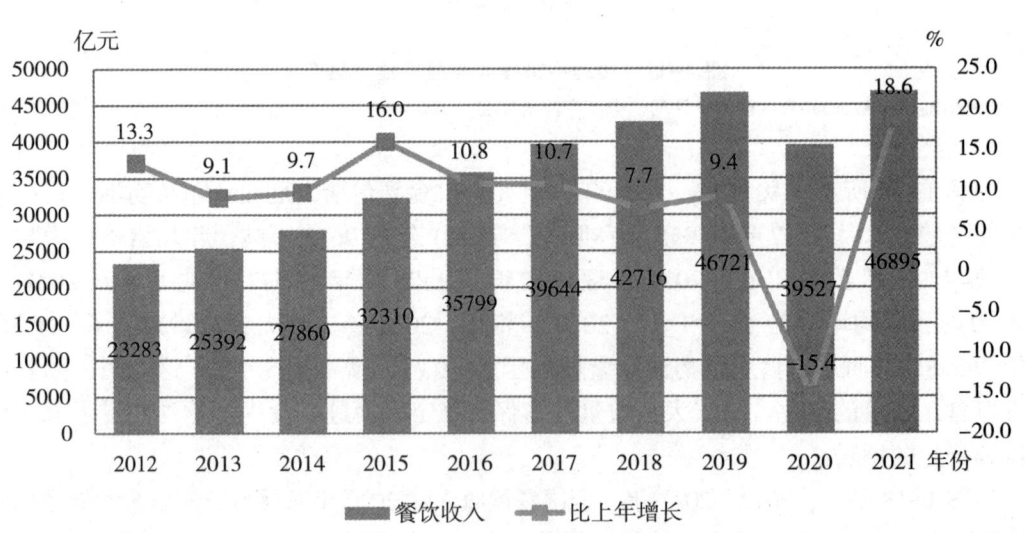

图 1-13　2012—2021 年中国餐饮收入

资料来源：中华人民共和国国家统计局。

如图 1-14 所示，2021 年农副食品加工业企业数量为 22296 个，比 2020 年增加了 843 个，增幅为 3.9%，从 2017 年到 2021 年，农副食品加工业企业数量从 26473 个减少到 22296 个，年均降幅 4.2%。这表明农副食品加工企业数量逐渐减少，行业景气度不高。2020 年受新冠肺炎疫情影响，企业数量达到近年最低，2021 年随着疫情逐渐好转，企业数量有所回升，重新回到 2019 年的规模。

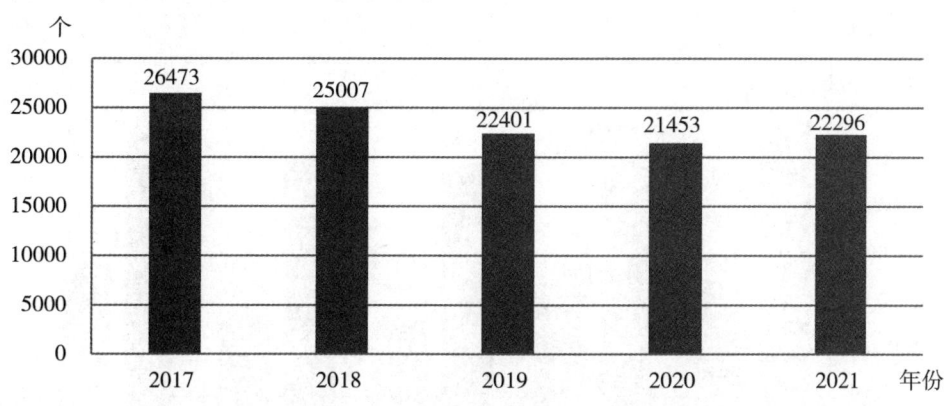

图 1-14　2017—2021 年农副食品加工业企业数量

资料来源：中商产业研究院。

如图 1-15 所示，2021 年农副食品加工业存货为 5772.6 亿元，比 2020 年增加了 351.6 亿元，增幅为 6.5%，从 2017 年到 2021 年，农副食品加工业存货从 5249.4 亿元增加到 5772.6 亿元，年均增幅 2.4%。2021 年农副食品加工业产成品为 2400.3 亿元，比 2020 年增加了 270.5 亿元，增幅为 12.7%，从 2017—2021 年，农副食品加工业产成品从 2177.4 亿元增加到 2400.3 亿元，年均增幅 2.5%。

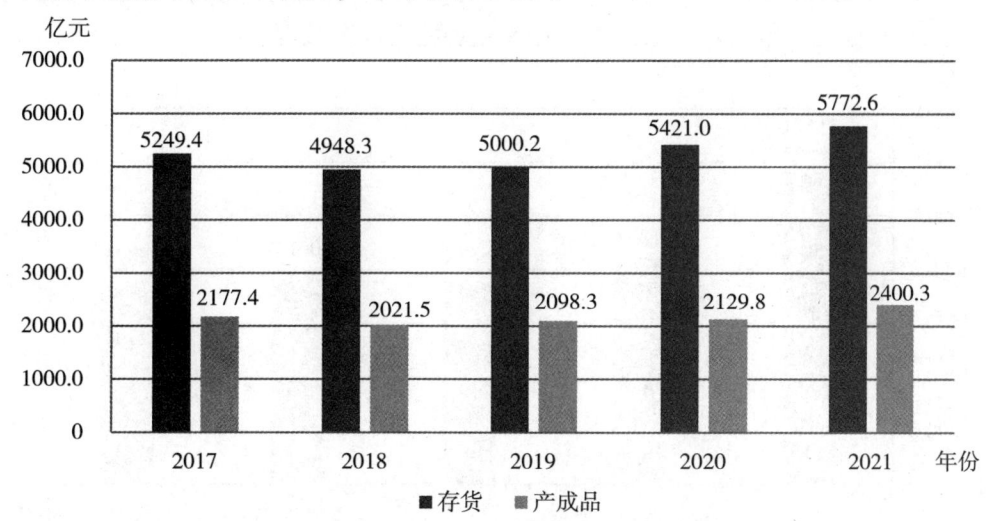

图 1-15　2017—2021 年农副食品加工业存货和产成品

资料来源：中商产业研究院。

如图1-16所示，2021年农副食品加工业资产为32721.6亿元，比2020年增加了2250.3亿元，增幅为7.4%，从2017年到2021年，农副食品加工业资产从34052.0亿元减少到32721.6亿元，年均降幅1.0%。2021年农副食品加工业负债为19064.2亿元，比2020年增加了1564亿元，增幅为8.9%，从2017年到2021年，农副食品加工业负债从17190.7亿元增加到19064.2亿元，年均增幅2.6%。

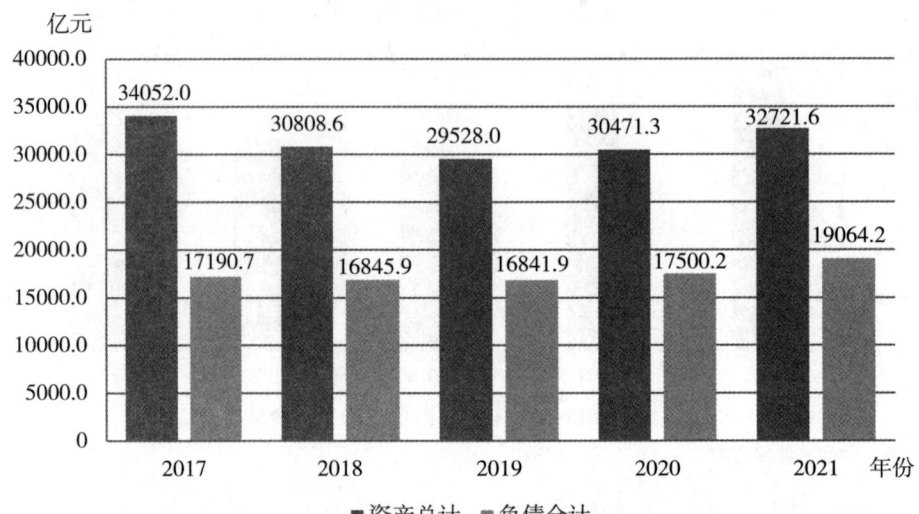

图1-16 2017—2021年农副食品加工业资产与负债

资料来源：中商产业研究院。

如图1-17所示，2021年农副食品加工业利润总额为1889.9亿元，比2020年减少了111.3亿元，降幅为5.6%，从2017年到2021年，农副食品加工业利润总额从3147.0亿元降到1889.9亿元，年均降幅12.0%。行业盈利能力逐渐减弱。

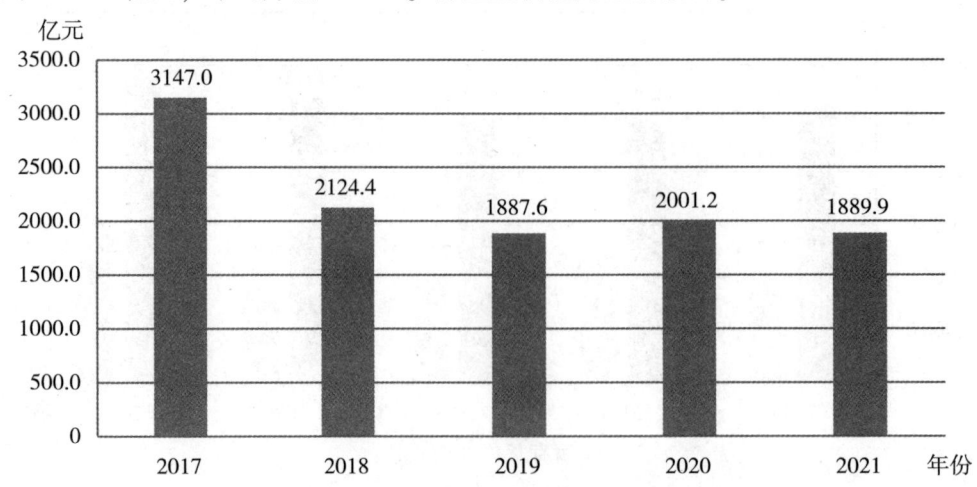

图1-17 2017—2021年农副食品加工业利润总额

资料来源：中商产业研究院。

如图1-18所示,2021年农副食品加工业销售费用为1106.0亿元,比2020年增加了49.8亿元,增幅为4.7%,从2017年到2021年,农副食品加工业销售费用从1435.1亿元降到1106.0亿元,年平均降幅6.3%;2021年农副食品加工业管理费用为1115.8亿元,比2020年增加了75.5亿元,增幅为7.3%,从2017年到2021年,农副食品加工业管理费用从1454.7亿元降到1115.8亿元,年平均降幅6.4%;2021年农副食品加工业财务费用为359.2亿元,比2020年增加了17.0亿元,增幅为5.0%,从2017年到2021年,农副食品加工业财务费用从493.8亿元降到359.2亿元,年平均降幅为7.6%。

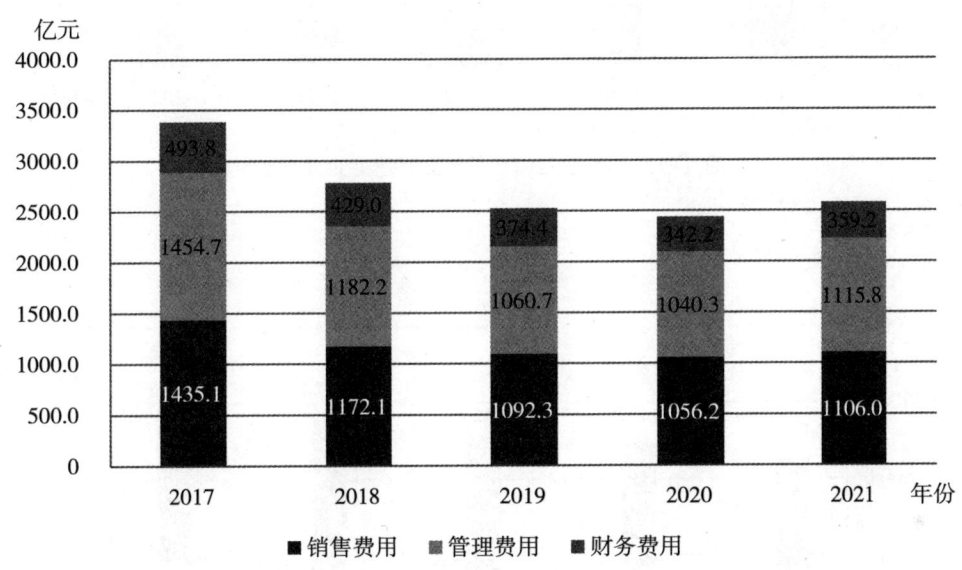

**图1-18　2017—2021年农副食品加工业销售费用、管理费用和财务费用**

资料来源:中商产业研究院。

如图1-19所示,2021年食品制造业企业数量为8496个,比2020年增加了365个,增幅为4.5%,从2017年到2021年,农副食品加工业企业数量从9235个减少到8496个,年平均降幅2.1%。

如图1-20所示,2021年食品制造业存货为2143.2亿元,比2020年增加了252.8亿元,增幅为13.4%,从2017年到2021年,食品制造业存货从1635.8亿元增加到2143.2亿元,年平均增幅为7.0%。2021年食品制造业产成品为879.6亿元,比2020年增加了78.3亿元,增幅为9.8%,从2017年到2021年,食品制造业产成品从716.1亿元增加到879.6亿元,年平均增幅为5.3%。

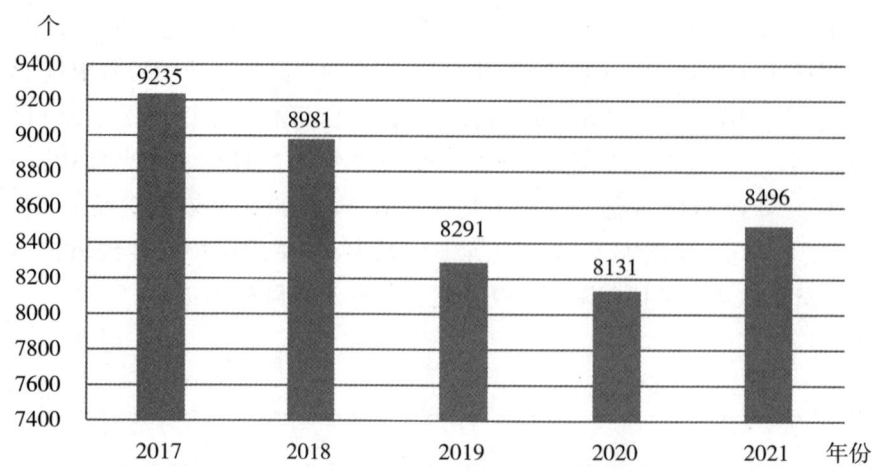

**图 1-19 2017—2021 年食品制造业企业数量**

资料来源：中商产业研究院。

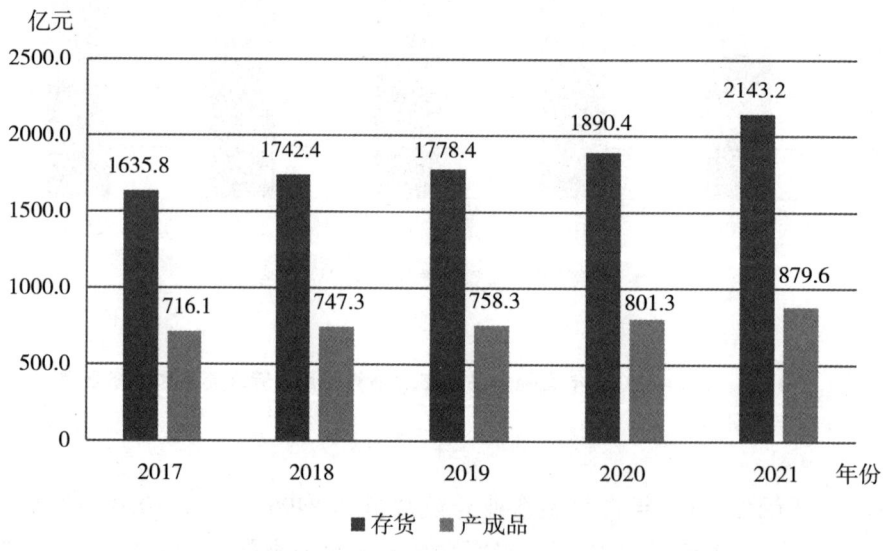

**图 1-20 2017—2021 年食品制造业存货和产成品**

资料来源：中商产业研究院。

如图 1-21 所示，2021 年食品制造业资产为 18847.8 亿元，比 2020 年增加了 1155.9 亿元，增幅为 6.5%，从 2017 年到 2021 年，食品制造业资产从 16017.8 亿元增加到 18847.8 亿元，年平均增幅为 4.2%。2021 年食品制造业负债为 9231.7 亿元，比 2020 年增加了 682.4 亿元，增幅为 8.0%，从 2017 年到 2021 年，食品制造业负债从 7157.2 亿元增加到 9231.7 亿元，年平均增幅为 6.6%。

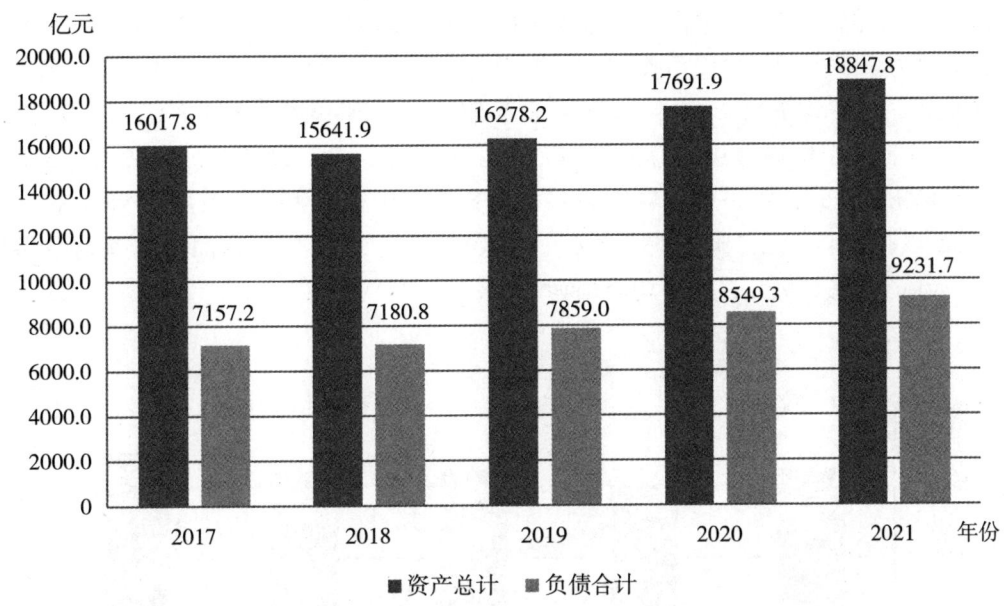

图 1-21　2017—2021 年食品制造业资产与负债

资料来源：中商产业研究院。

如图 1-22 所示，2021 年食品制造业利润总额为 1653.5 亿元，比 2020 年减少了 137.9 亿元，降幅为 7.7%，从 2017 年到 2021 年，食品制造业利润总额从 1851.1 亿元降到 1653.5 亿元，年平均降幅为 2.8%。

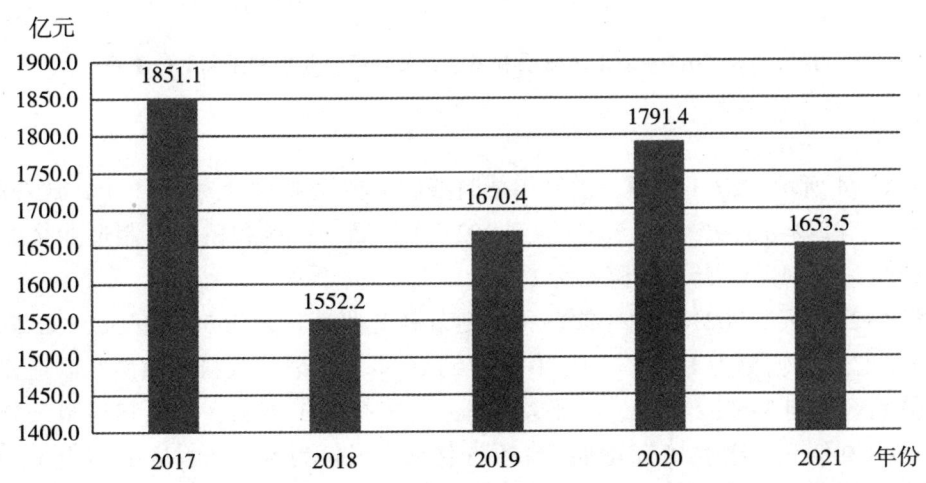

图 1-22　2017—2021 年食品制造业利润总额

资料来源：中商产业研究院。

如图1-23所示，2021年食品制造业销售费用为1768.4亿元，比2020年增加了59.4亿元，增幅为3.5%，从2017年到2021年，食品制造业销售费用从1614.5亿元增加到1768.4亿元，年平均增幅2.3%；2021年食品制造业管理费用为874.8亿元，比2020年增加了77.5亿元，增幅为9.7%，从2017年到2021年，食品制造业管理费用从858.2亿元增加到874.8亿元，年平均增幅0.5%；2021年食品制造业财务费用为98.2亿元，比2020年减少了2.4亿元，降幅为2.4%，从2017年到2021年，食品制造业财务费用从144.9亿元降到98.2亿元，年平均降幅为9.3%。

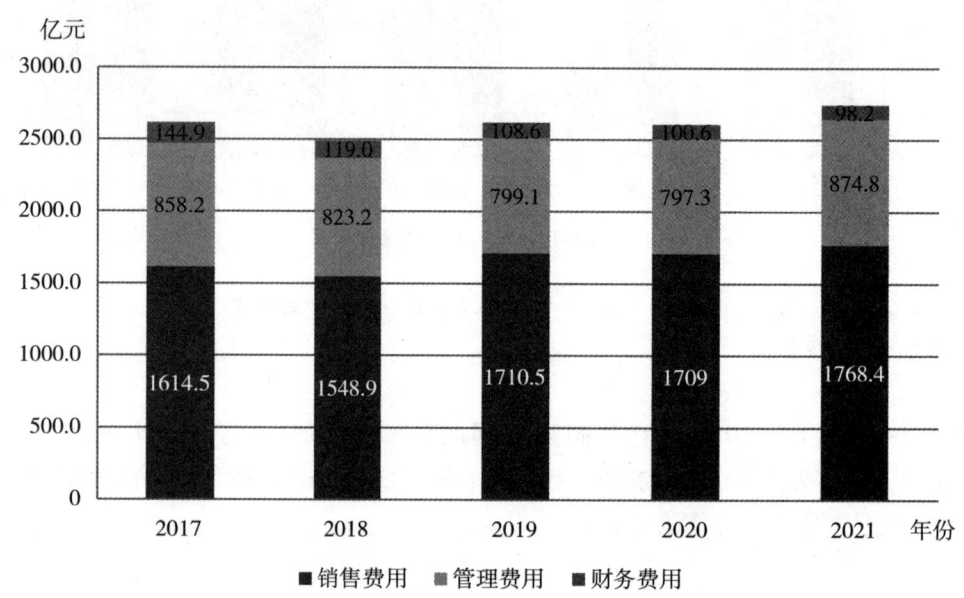

**图1-23　2017—2021年食品制造业销售费用、管理费用和财务费用**

资料来源：中商产业研究院。

如图1-24所示，2021年酒、饮料和精制茶制造业企业数量为5551个，比2020年减少了107个，降幅为1.9%，从2017年到2021年，酒、饮料和精制茶制造业企业数量从7122个减少到5551个，年平均降幅为6.0%。

如图1-25所示，2021年酒、饮料和精制茶制造业存货为3558.2亿元，比2020年增加了457.8亿元，增幅为14.8%，从2017年到2021年，酒、饮料和精制茶制造业存货从2619.0亿元增加到3558.2亿元，年平均增幅8.0%。2021年酒、饮料和精制茶制造业产成品为1108.0亿元，比2020年增加了159.5亿元，增幅为16.8%，从2017年到2021年，酒、饮料和精制茶制造业产成品从912.5亿元增加到1108.0亿元，年平均增幅5.0%。

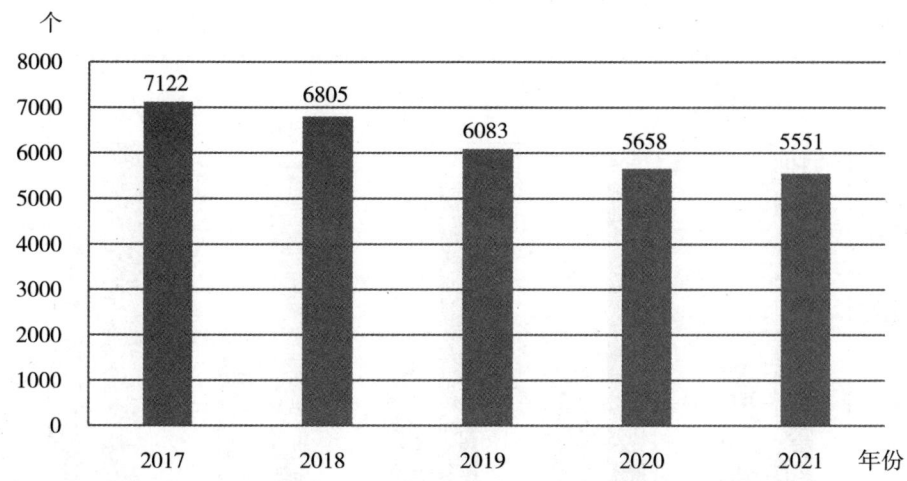

**图 1-24　2017—2021 年酒、饮料和精制茶制造业企业数量**

资料来源：中商产业研究院。

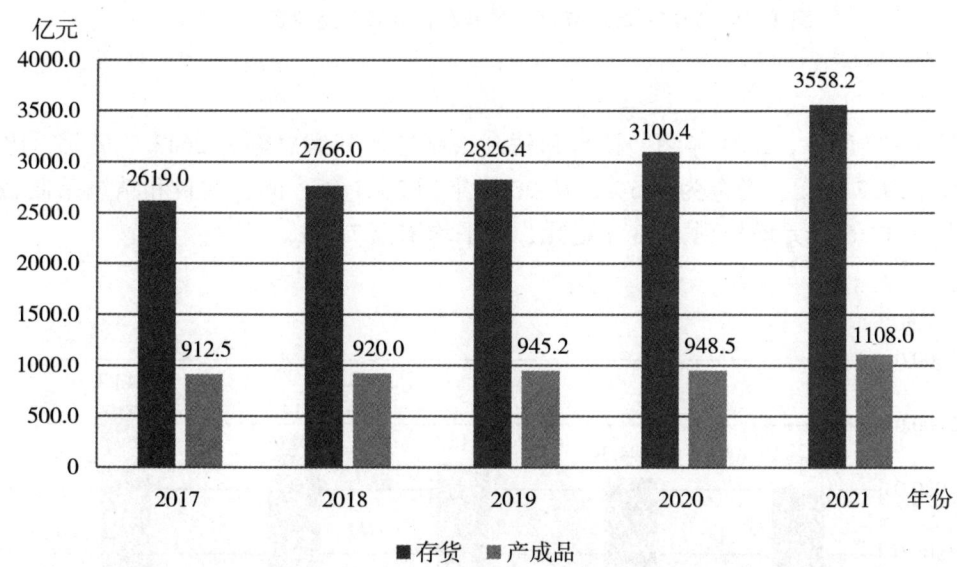

**图 1-25　2017—2021 年酒、饮料和精制茶制造业存货与产成品**

资料来源：中商产业研究院。

如图 1-26 所示，2021 年酒、饮料和精制茶制造业资产为 20058.6 亿元，比 2020 年增加了 1168.6 亿元，增幅为 6.2%，从 2017 年到 2021 年，酒、饮料和精制茶制造业资产从 17248.3 亿元增加到 20058.6 亿元，年平均增幅 3.8%。2021 年酒、饮料和精制茶制造业负债为 8674.2 亿元，比 2020 年增加了 770.8 亿元，增幅为 9.8%，从 2017 年到 2021 年，酒、饮料和精制茶制造业负债从 7338.2 亿元增加到 8674.2 亿元，年平均增幅 4.3%。

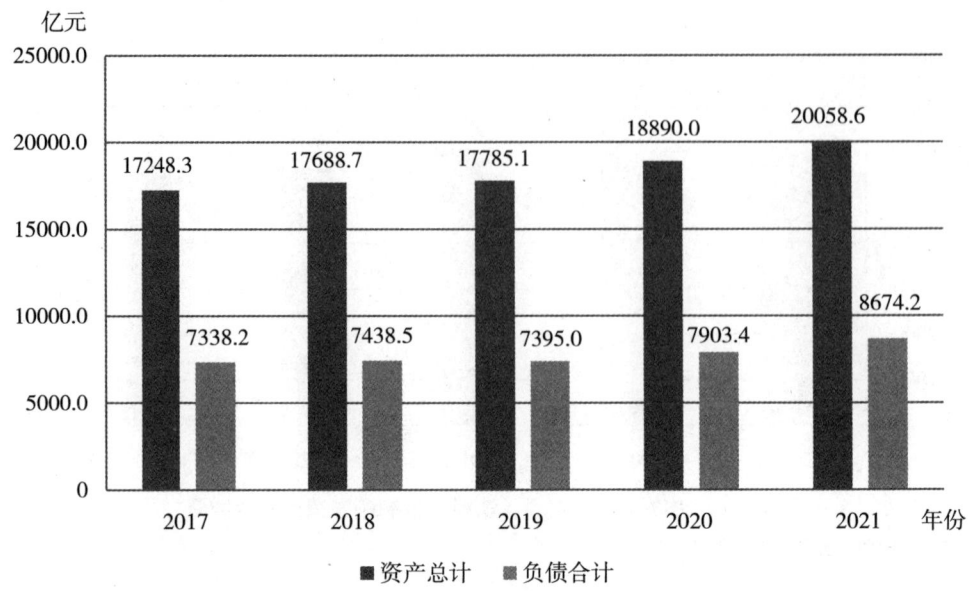

图 1-26 2017—2021 年酒、饮料和精制茶制造业资产与负债

资料来源：中商产业研究院。

如图 1-27 所示，2021 年酒、饮料和精制茶制造业利润总额为 2643.7 亿元，比 2020 年增加了 229.7 亿元，增幅为 9.5%，从 2017 年到 2021 年，酒、饮料和精制茶制造业利润总额从 2017.5 亿元增长到 2643.7 亿元，年平均增幅 7.0%。

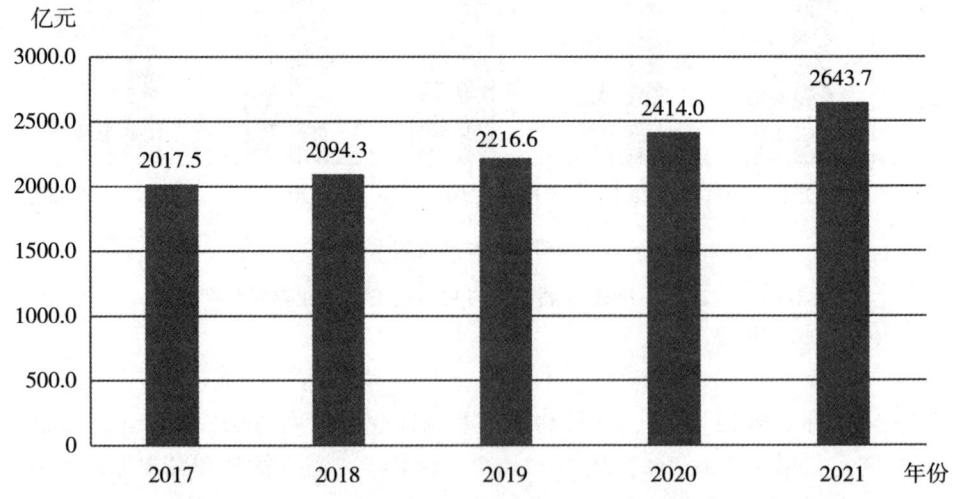

图 1-27 2017—2021 年酒、饮料和精制茶制造业利润总额

资料来源：中商产业研究院。

如图1-28所示,2021年酒、饮料和精制茶制造业销售费用为1240.4亿元,比2020年增加了55.4亿元,增幅为4.7%,从2017年到2021年,酒、饮料和精制茶制造业销售费用从1281.6亿元降到1240.4亿元,年平均降幅0.8%;2021年酒、饮料和精制茶制造业管理费用为762.8亿元,比2020年增加了83.6亿元,增幅为12.3%,从2017年到2021年,酒、饮料和精制茶制造业管理费用从761.3亿元到762.8亿元,基本上没有变;2021年酒、饮料和精制茶制造业财务费用为49.0亿元,比2020年减少了13.5亿元,降幅为21.6%,从2017年到2021年,酒、饮料和精制茶制造业财务费用从123.7亿元降到49亿元,年平均降幅为20.7%。

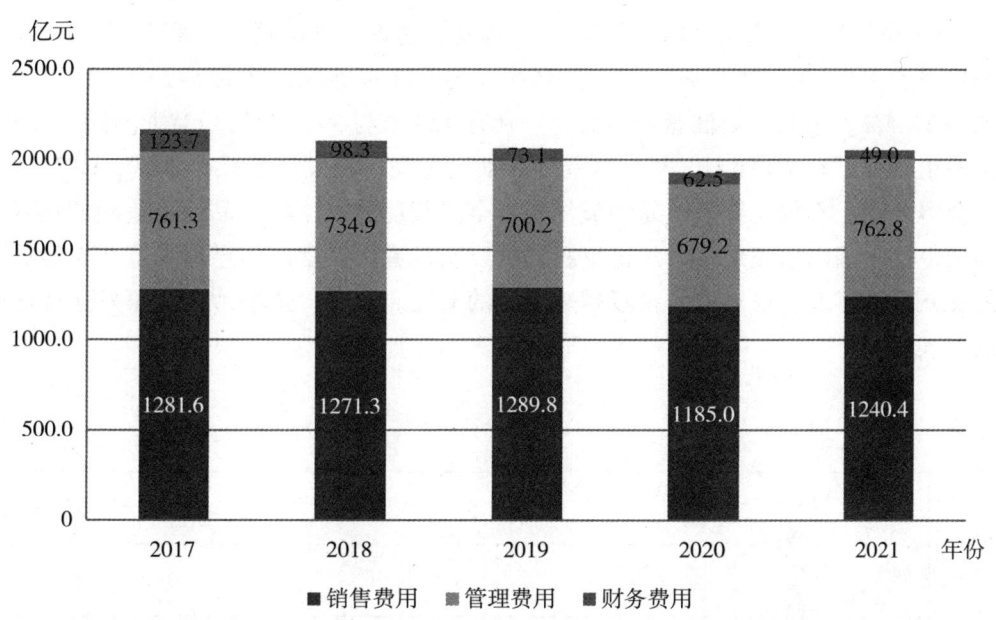

图1-28 2017—2021年酒、饮料和精制茶制造业销售费用、管理费用和财务费用
资料来源:中商产业研究院。

## 1.3 信息追溯行业调查统计分析

### 1.3.1 概述

2021年,中国食品信息追溯行业,在经济复苏和国家对信息追溯日益重视的大背景下,取得了较快发展。2022年3月,中国副食流通协会食品安全与信息追溯分会将继续收集相关数据,对本行业的现状进行分析。根据全国企业及社会组织的经营范围以及媒体上关于企业产品与服务的宣传资料和实地调研等方式,最终选择了6150个企业及社会组织作为调查的样本。这一数据比2020年3月增加了12.2%。在我们统计的这些企业和社会

组织中,既有专门从事溯源和信息追溯的企业,也有属于经营范围中包含了信息追溯相关的产品、技术和服务的企业;既有营利性质的各级各类公司,也有非营利性质的民办非企业单位;既有遍布基层的涉及食品安全与信息追溯业务的协会组织,也有遍布广大基层农村从事追溯业务的农村专业合作社;既有从事信息追溯的各类中小型企业,也有从事信息追溯的大型上市公司。本报告将根据上述企业和组织的分类以及地区等因素对其进行进一步分析统计如下。

### 1.3.2 调查统计分析结果

如图1-29所示,截至2022年3月,在6150个信息追溯企业及社会组织中,广东地区共有1048个,比上一年增加了21.2%,继续高居榜首;其次是江苏地区,共有598个,比上一年增加了9.7%,排在第二位;排名第三的是北京地区,共有542个,比上一年大幅增加了33.5%。山东和浙江紧随其后,分别有429个与391个信息追溯企业和组织,分别比上一年增加了6.7%和16.7%。这些地区都属于我国最发达的几个地区,GDP多年来也位居全国前列,不仅在经济贸易领域领先于全国其他地区,在食品信息追溯的技术及推广等领域也处国内领先地位。从这里我们可以明显看出,食品信息追溯产业在经济发达地区的发展最为迅速,也赢得了市场越来越多的关注。同时,这些地区和不发达地区的差距继续扩大。

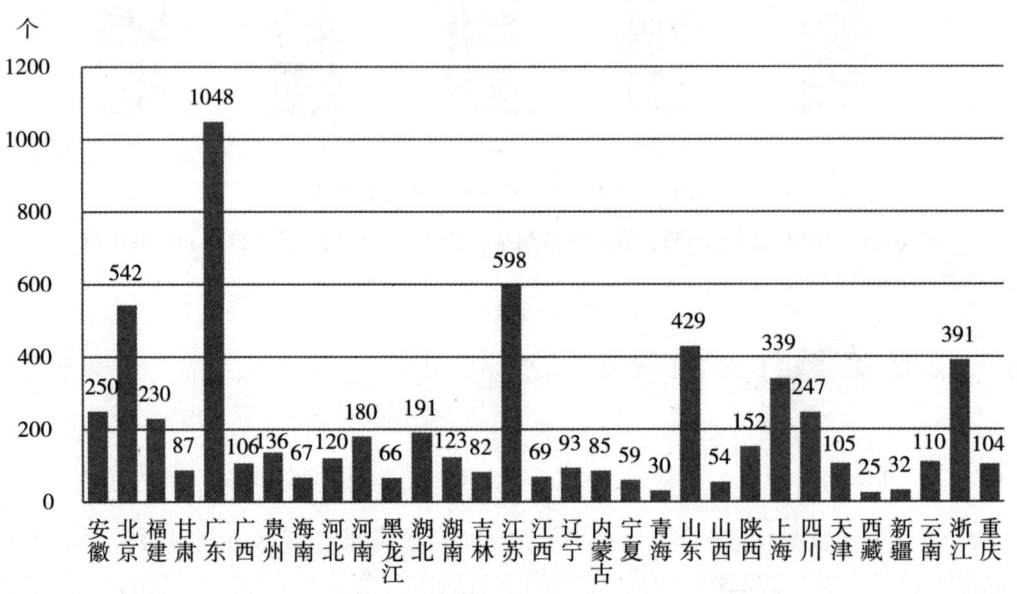

**图1-29 我国信息追溯企业和社会组织地区分布情况(截至2022年3月)**

资料来源:中国副食流通协会食品安全与信息追溯分会收集整理。

如图 1-30 所示，截至 2022 年 3 月，从区域分布来看，各地区信息追溯企业的数量排名与上一年没有变化。信息追溯企业在华东地区分布最多，达 37.50%，比上年度增加 1.86 个百分点；华南地区排名第二，占全国总数的 19.85%，比上年度增加 0.82 个百分点；华北地区排名第三，占全国总数的 14.73%，比上年度降低 0.88 个百分点。西南地区食品追溯企业占比为 10.11%，比上年度增加了 0.62 个百分点；华中地区信息追溯企业占全国比重为 8.03%；西北地区和东北地区信息追溯企业占全国比重较低，分别为 5.85% 和 3.92%。因此，从信息追溯企业的区域分布来看，信息追溯企业目前仍然主要位于经济发达区域。各地区之间的差距仍在扩大。西北和东北地区因经济发展相对较慢，高新技术人才流失比较严重，一定程度上制约了信息追溯等高新技术产业在这一地区的发展。

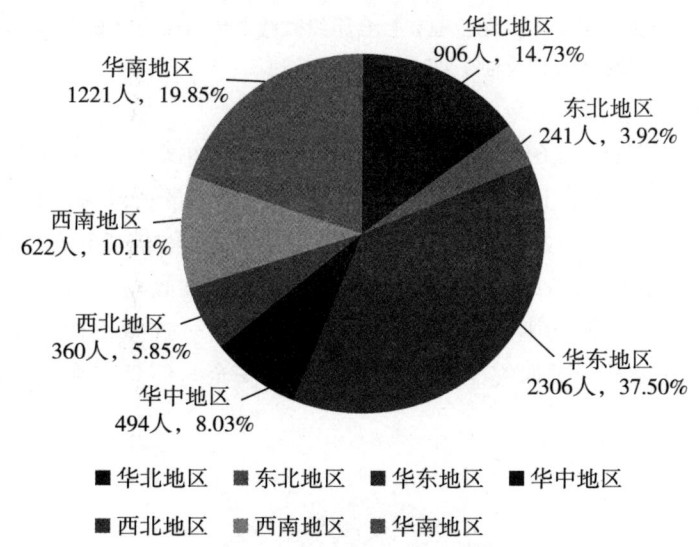

**图 1-30　信息追溯企业和社会组织区域分布情况（截至 2022 年 3 月）**

资料来源：中国副食流通协会食品安全与信息追溯分会收集整理。

如图 1-31 所示，从我国 2022 年前十大地区信息追溯企业数量比重来看，广东地区占全国的比重为 17.04%，比上一年低了 1.26 个百分点，继续高居第一，江苏排名第二，占全国的比重为 9.72%，比上年度提高了 1.55 个百分点。北京、山东、浙江、上海排在 3~6 位，其占比分别为 8.81%、6.98%、6.36% 和 5.51%。安徽、四川、福建、湖北也进入了全国前十位，其数量占全国比重分别为 4.07%、4.02%、3.74%、3.11%。该名次与 2020 年相比没有大的变化。信息追溯企业仍然集中在广东、江苏、北京、山东、浙江、上海等省或直辖市地区，这也与这些地区经济发展水平以及政府对食品安全信息追溯重要性的认识有着紧密关系。

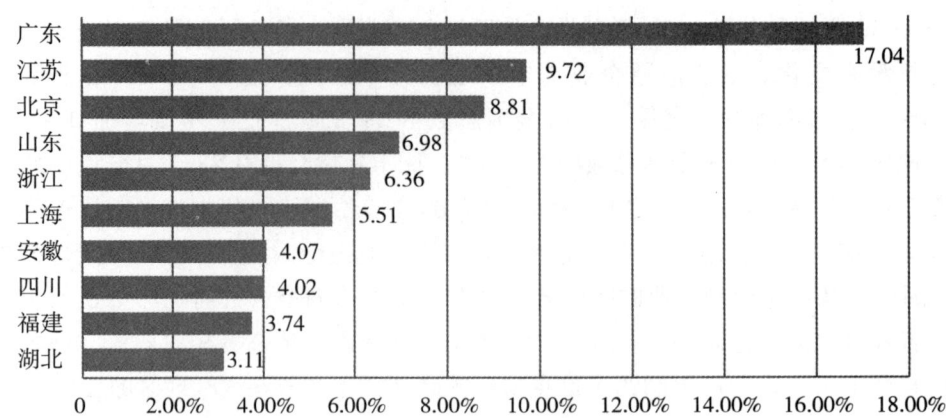

**图 1-31　前十大地区信息追溯企业和社会组织数量占全国比重（截至 2022 年 3 月）**

资料来源：中国副食流通协会食品安全与信息追溯分会收集整理。

如图 1-32 所示，在全国 6150 个信息追溯相关企业和组织中，绝大部分属于企业，达到 6052 个，比上一年增加了 12.30%，占全国总数的 98.41%；社会团体共有 73 个，比上一年增加了 5.80%，占全国总数的 1.19%；民办非企业单位 25 个，比上一年增加了 4.17%，占全国总数的 0.41%。其中，社会团体多为地方食品安全及信息追溯领域相关的协会组织，而非企业民办机构则多为非营利性的科研院所。这些机构和组织均开展了食品安全与信息追溯的宣传及相关研究工作，为我国食品安全与信息追溯事业发展发挥了重要的作用。

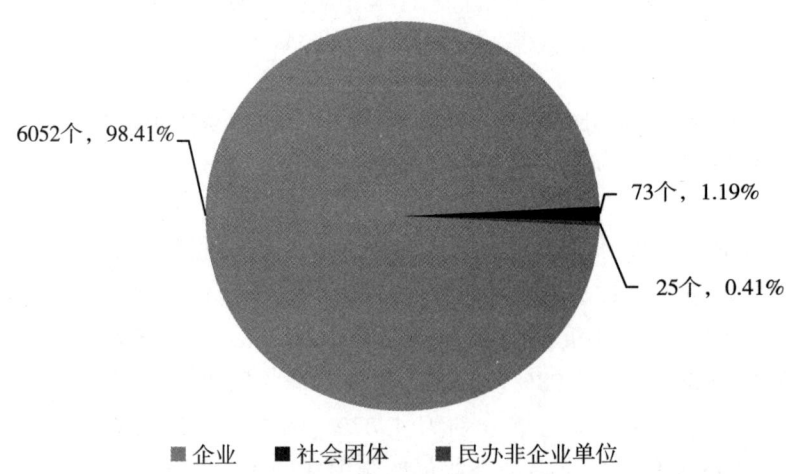

**图 1-32　信息追溯相关企业和组织类型数量及占比（截至 2022 年 3 月）**

资料来源：中国副食流通协会食品安全与信息追溯分会收集整理。

如图1-33所示，在6052个信息追溯企业中，有5545个企业属于有限责任公司，比上一年增加了12.00%，占企业总数的绝大部分，占比91.62%；有417个企业属于股份有限公司，比上一年增加16.81%，占比6.89%；其他类型的企业有90个，比上一年增加11.11%，占比1.49%，这类企业主要包括一些全民所有制、集体所有制等国有企业。这表明，追溯企业数量仍然以有限责任公司为主。但股份有限公司的增速高于有限责任公司，说明越来越多的企业采取了股份制经营模式。在股份有限公司中，还包含了上市公司。这些企业业绩较好，规模较大，综合实力在整个行业中居于前列，它们的一举一动将影响着行业的发展。这些企业不仅在科技创新中发挥着越来越重要的作用，同时对食品行业信息追溯中一些新标准的制定也将起到重要的作用。协会将利用自身的优势，吸收更多的上市公司参与到食品安全与信息追溯相关标准的制定中，为食品追溯行业的快速健康发展发挥积极作用。

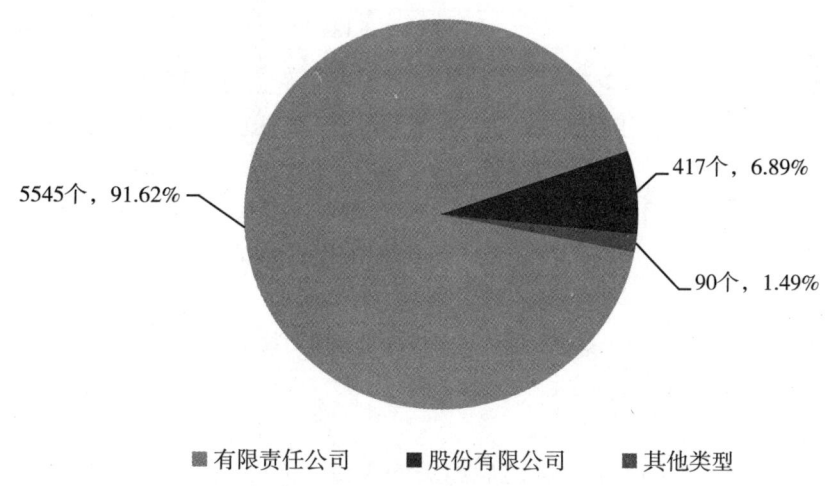

**图1-33　不同类型信息追溯企业的数量及占比（截至2022年3月）**

资料来源：中国副食流通协会食品安全与信息追溯分会收集整理。

如图1-34所示，从1981年到2019年期间，追溯企业每年成立的数量总体呈现快速上升趋势。在20世纪80年代，处于起步阶段，10年时间，成立的企业数量仅为35个。进入21世纪以来，追溯相关企业继续保持了高速增长，从2001年的55个增长到2021年的724个，企业数量逐年递增，年均增幅达13.75%。2021年成立的企业数量为2001年的13倍，呈现快速增长趋势。从2010年开始，随着我国上至各级政府、下至普通老百姓对食品安全问题的日益重视，越来越多的企业决定投身到食品安全与信息追溯行业中来，成立的企业和组织数量飞速增长，从2010年的126个快速增长到2021年的724个，年平均增幅达17.23%。每年新成立的这些企业和组织，促进了食品安全与信息追溯行业的快速发展，其年销售额也稳步增长。不少企业通过努力，成功登陆股票市场，获得了越来越多投资者的青睐。2020年，受新冠肺炎疫情影响，新成立的企业为363个，比2019年的638个减少了275个，降幅达43%。但随着疫情的持续好转以及各级政府及全社会对食品安全与信息追溯的关注度日益提升，2021年新成立的追溯相关企业达724个，比2020年增加了近一倍，越来越多的企业加入到食品信息追溯这一领域。

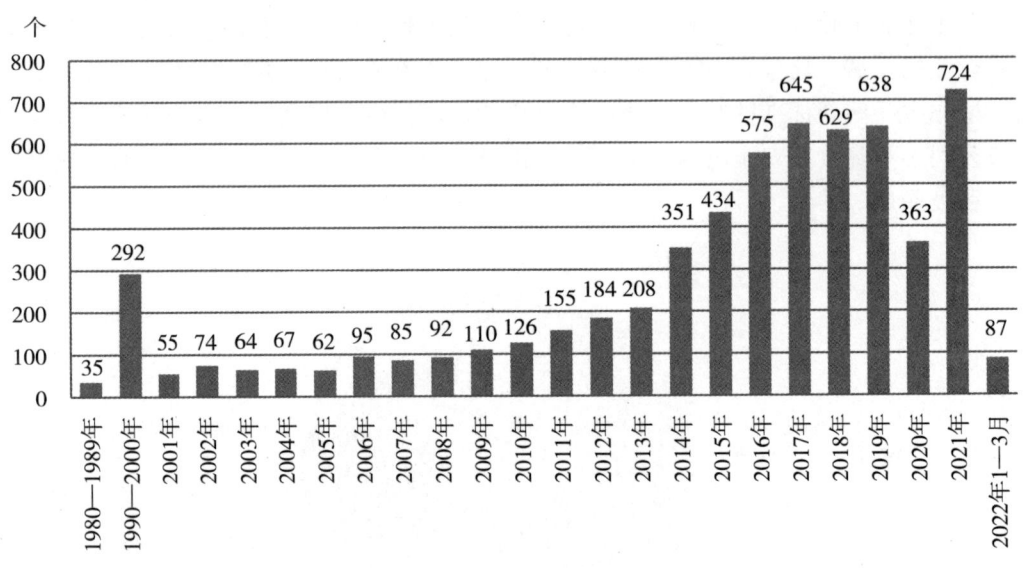

**图1-34　1980—2022年3月成立的信息追溯相关企业和组织数量（截至2022年3月）**
资料来源：中国副食流通协会食品安全与信息追溯分会收集整理。

如图1-35所示，在417个信息追溯相关的股份有限公司中，上市的股份有限公司为175个，比上一年增加9.4%，非上市的股份有限公司有242个，比上一年增加22.8%，其占比分别为41.97%和58.03%。在所有信息追溯相关的股份有限公司中，上市公司成为整个行业精英，它们在技术、市场、人才等各个领域处于行业优势地位，带领着整个行业朝前发展。信息追溯相关上市公司占本行业企业总数的2.89%。目前来看，上市公司占所有企业比重保持了稳定趋势。随着食品安全与信息追溯产业的迅猛发展以及注册制的全面实施，将会有越来越多的非上市信息追溯企业上市，在政府"有形的手"和市场"无形的手"共同推动下，成为行业典范。

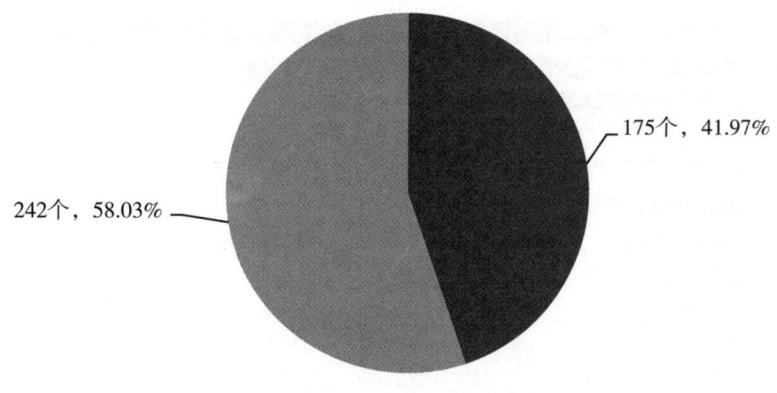

**图 1-35　不同类型信息追溯股份有限公司数量及占比（截至 2022 年 3 月）**
资料来源：中国副食流通协会食品安全与信息追溯分会收集整理。

如图 1-36 所示，在信息追溯相关的 175 家上市公司中，共有 21 个省份拥有信息追溯相关的上市公司，且各地区信息追溯上市公司的分布极不均衡，这一点与信息追溯相关企业的地区分布类似，呈现出经济发达地区上市公司较多，而中西部地区相对落后的局面。从信息追溯上市公司的城市分布来说，与上一年相比，仍然以北京、深圳、上海这三个高新科技产业集中的城市分布较多，其分别拥有 29 个、23 个和 17 个信息追溯相关上市公司。从信息追溯相关上市公司的各省份分布的情况来看，广东高居第 1 位，有 46 家信息追溯相关企业，其中有一半企业位于深圳市。而北京尾随其后，有 29 个追溯相关上市公司。排名第 3 的是江苏，有 18 个追溯相关上市公司。排在第 4 名的是上海，共有 17 个信息追溯相关上市公司。排名第 5~7 位的是浙江、山东、福建，其分别拥有 12 个、10 个、9 个信息追溯相关上市公司。河北和四川均拥有 5 个信息追溯相关上市公司。山西、安徽均拥有 4 个信息追溯相关上市公司。河南拥有 3 个信息追溯相关上市公司。重庆、天津、陕西、湖南分别拥有 2 个信息追溯相关上市公司。云南、宁夏、吉林、湖北、黑龙江仅有 1 个信息追溯相关的上市公司。从比重来看，排名前四的广东、北京、江苏、上海的信息追溯相关上市公司数量占总数的比重分别是 26.29%、16.57%、10.29%、9.71%，其总量占全国的比重为 62.86%，该比重比 2020 年增加了 2.26 个百分点，表明这四个地区与全国其他地区在上市公司数量方面的差距进一步拉大。全国还有 11 个省份没有信息追溯相关的上市公司。

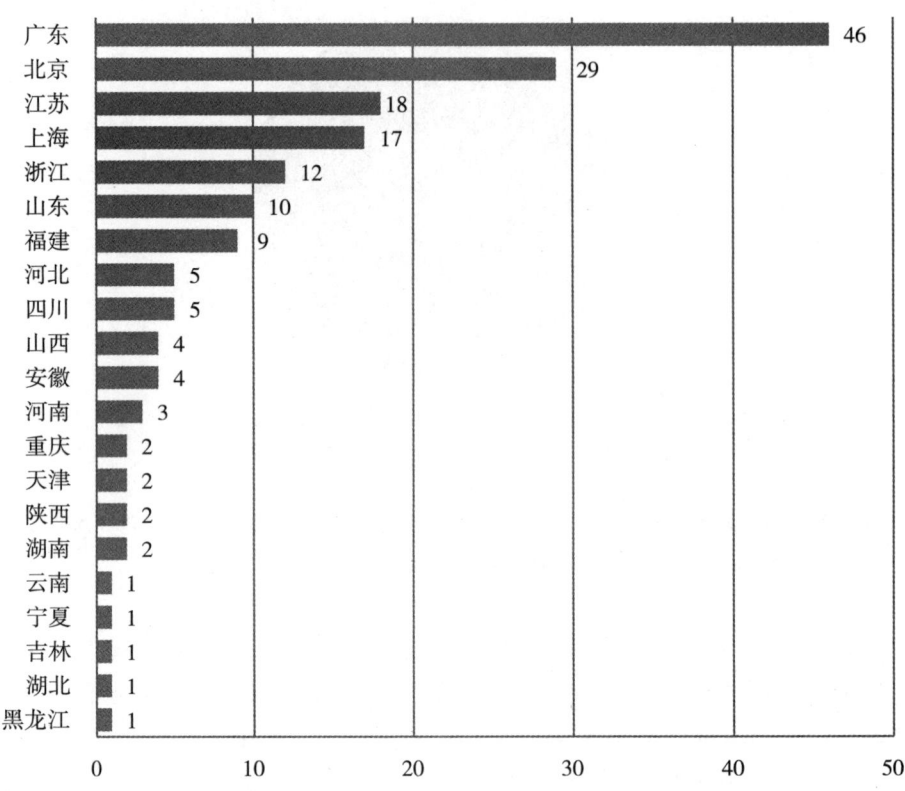

**图1-36　信息追溯上市公司数量及地区分布情况（截至2022年3月）**

资料来源：中国副食流通协会食品安全与信息追溯分会收集整理。

在2021年，随着新冠肺炎疫情的好转，高科技领域发展迅速。作为高科技行业中的一员生力军，信息追溯企业也有了施展空间。信息追溯相关的上市公司主要位于科技实力较强、科技人才较多的地区。通过分析相关的资料我们发现，一些已经上市的传统行业上市公司正积极响应国家和政府的号召，投身到食品安全与信息追溯领域，其业务领域也得到较快发展。不少企业上市以后，在资本市场上获得了更多的资金用于科技研发和创新。对于这些企业来说，不仅提升了公司的科技水平，拓宽了企业的经营范围，更是大大提升了企业经营绩效，从而提升了在投资人心目中的市场地位，公司股价在市场中也有了较好表现。另外，一些成立不久的信息追溯相关上市公司，跟上了我国互联网高速发展的步伐，借助大数据、物联网、云计算、人工智能、区块链等高新技术的迅速发展，通过食品追溯这一崭新的领域，将技术与应用场景有机结合，形成了一个个具有商业价值食品安全信息追溯项目，成为行业佼佼者。

如图1-37所示，在6052个信息追溯企业中，获得高新技术企业资格的企业有1363个，比上一年增加20.09%，占企业总数的22.52%，比上一年提高了1.46个百分点。非高新技术企业4689个，比上一年增加了10.23%，占企业总数的77.48%，比上一年下降了1.46个百分点。这表明，获得高新技术企业资格的企业在信息追溯领域的比例正逐步提高。随着我国元宇宙、区块链、物联网、元计算、人工智能等先进理念与先进技术在信息追溯领域的落地和推广，信息追溯行业必将迎来更多的机会和挑战。

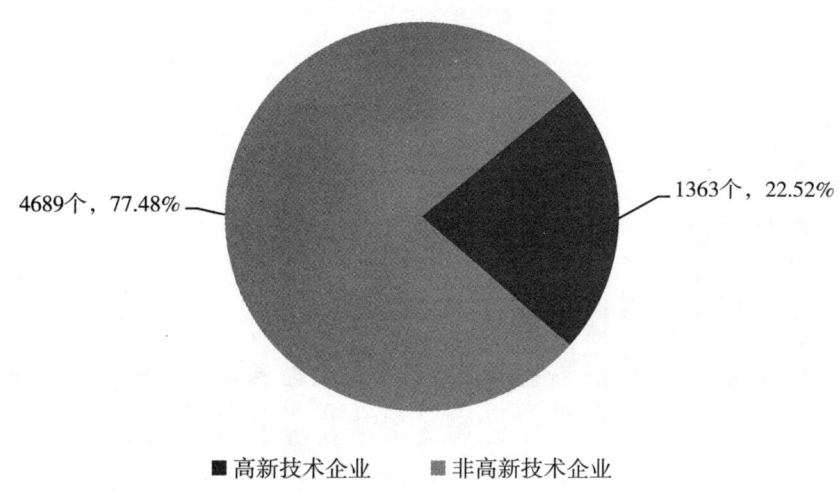

**图1-37 信息追溯企业中高新技术企业占比（截至2022年3月）**

资料来源：中国副食流通协会食品安全与信息追溯分会收集整理。

如图1-38所示，从信息追溯高新技术企业各地区分布情况来看，截至2022年3月，在1363个信息追溯高新技术企业中，广东省仍居第1位，有234个信息追溯高新技术企业，比上一年增加20%，其中，有89个位于深圳市，比上一年增加了24.7%，占比38.0%。北京排名第2，有209个信息追溯高新技术企业，比上一年增加20.81%。排名第3的是江苏，有164个信息追溯高新技术企业，比去年增加23.31%。排在第4名的是上海，共有121个信息追溯高新技术企业，比上一年增加18.63%。排第5~7位的省是安徽、浙江和山东，其分别拥有81个、76个和73个信息追溯高新技术企业。湖北、四川、福建、天津、河南、陕西、河北、湖南分别拥有45个、44个、40个、37个、27个、26个、23个、20个信息追溯高新技术企业。辽宁、重庆、黑龙江、贵州、吉林、江西、山西、广西分别有10多个信息追溯高新技术企业，而云南、甘肃、内蒙古、新疆、海南、宁夏等省份拥有的信息追溯高新技术企业数量不到10个。在排名前4的广东、北京、江苏、上海四个地区拥有的信息追溯高新技术企业达到728个，占到全国总数的53.4%，表明这四个地区在国内信息追溯高新技术领域的发展仍处于领先地位。

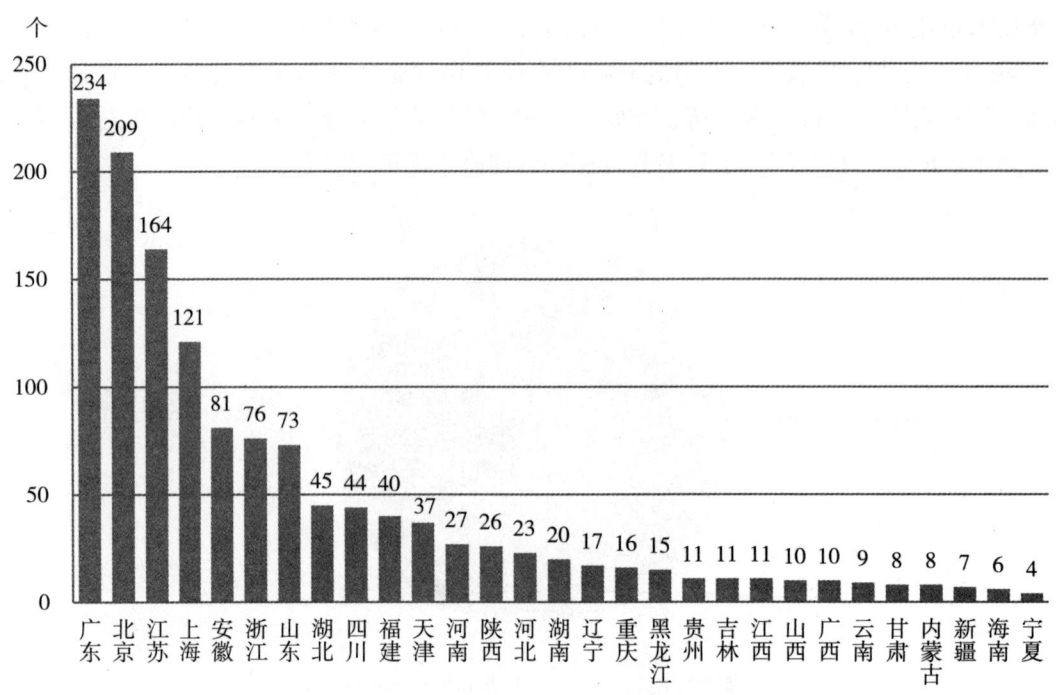

**图 1-38　信息追溯高新技术企业各地分布情况（截至 2022 年 3 月）**

资料来源：中国副食流通协会食品安全与信息追溯分会收集整理。

如图 1-39 所示，在 6052 家信息追溯相关企业中，有商标的企业有 3057 个，比上一年增加了 14.67%，占企业总数的 50.51%，比上一年增长了 1.04 个百分点；无商标企业 2995 个，占企业总数的 49.49%。商标是一种信息资源，具有传递信息的功能，能够表明产品的来源，给消费者传递产品信息，起到刺激消费、引导需求的作用。商标是企业的无形资产，是一项重要的知识产权。通过分析，可以看到有一半的信息追溯企业注册了商标，具有商标权的信息追溯企业比例比上一年提升了 1.04 个百分点。这表明，越来越多的信息追溯企业更为关注依靠商标知名度，不断提高质量，增加附加值，巩固市场份额，在竞争中处于优势地位。

如图 1-40 所示，从具有商标的信息追溯企业地区分布情况来看，截至 2022 年 3 月，在 3057 个具有商标的信息追溯企业中，广东省仍然高居第 1 位，有 584 个具有商标的信息追溯企业，比上一年增加了 22.18%。其中，有 221 个位于深圳，比上一年增加了 14.9%，占广东省的 37.8%。北京排名第 2，有 321 个具有商标的信息追溯企业，比上一年增加了 13.43%。排名第 3 的是江苏，有 255 个具有商标的信息追溯企业，比上一年增加了 14.35%。排在第 4 名的是上海，共有 201 个具有商标的信息追溯企业，比上一年增加了 10.44%。排第 5~7 位的省是山东、浙江、福建，分别拥有 186 个、171 个、132 个具有商标的信息追溯企业。排第 8~16 位的是安徽、四川、湖北、陕西、河南、重庆、天津、贵州、云南，分别有 114 个、106 个、80 个、79 个、78 个、66 个、59 个、55 个、52 个具有商标的信息追溯企业。其余省份具有商标的信息追溯企业个数均为 50 个以下。在排前四位的广东、北京、江苏、上海四个地区拥有的具有商标的信息追溯企业达到 1361 个，比上一年增加 16.72%，占全国总数的 44.52%，从一个侧面反映了这四个地区在信息追溯高新技术领域的发展仍然处于明显优势。

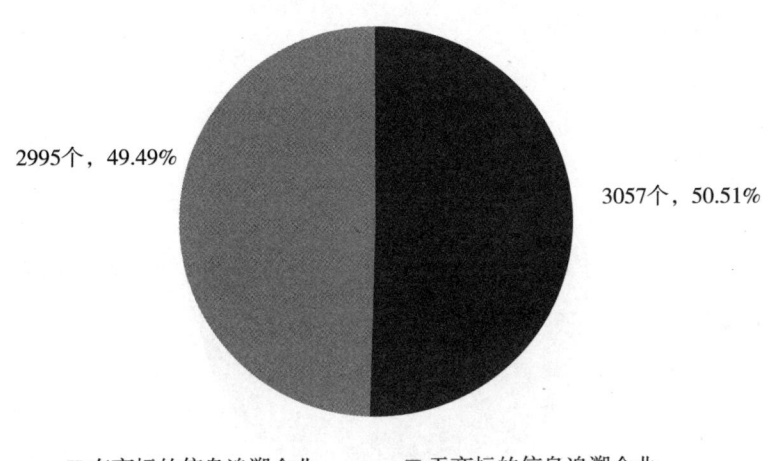

**图 1-39　有无商标的信息追溯企业占比（截至 2022 年 3 月）**

资料来源：中国副食流通协会食品安全与信息追溯分会收集整理。

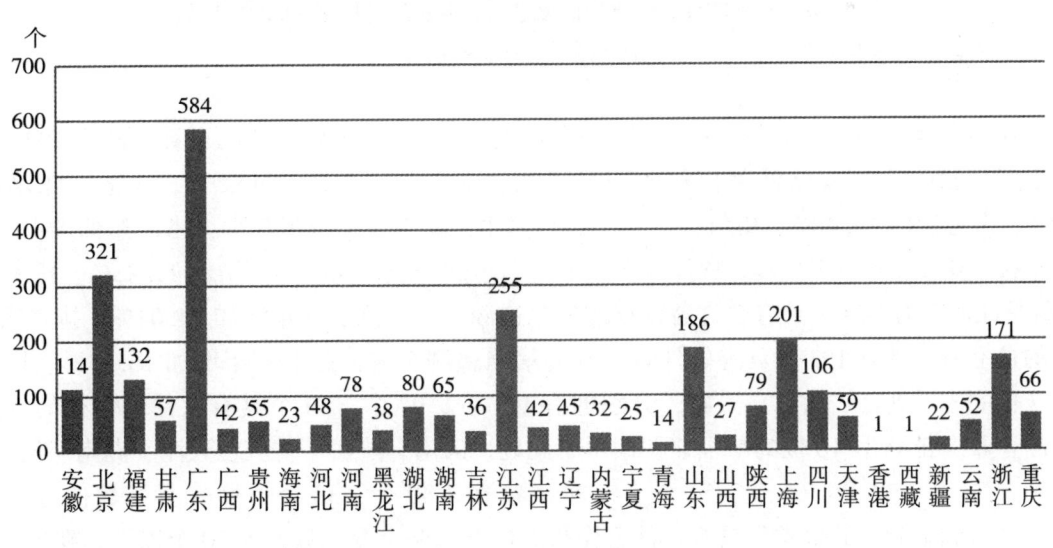

**图 1-40　具有商标的信息追溯企业地区分布情况（截至 2022 年 3 月）**

资料来源：中国副食流通协会食品安全与信息追溯分会收集整理。

如图1-41所示，截至2022年3月，在6052个信息追溯相关企业中，具有软件著作权的企业有2218个，比上一年增加18.74%，占企业总数的36.65%，比上一年增加了2个百分点；无软件著作权的企业有3834个，占总数的63.35%。软件著作权是指软件的开发者或者其他权利人依据有关著作权法律的规定，对于软件作品所享有的各项专有权利。企业软件著作权一定程度上体现出企业的软实力和人才的水平。总体来看，2021年具有软件著作权的信息追溯企业数量较大增长，这主要是因为新冠肺炎疫情好转、经济向好，企业申请软件著作权积极性有所提升。

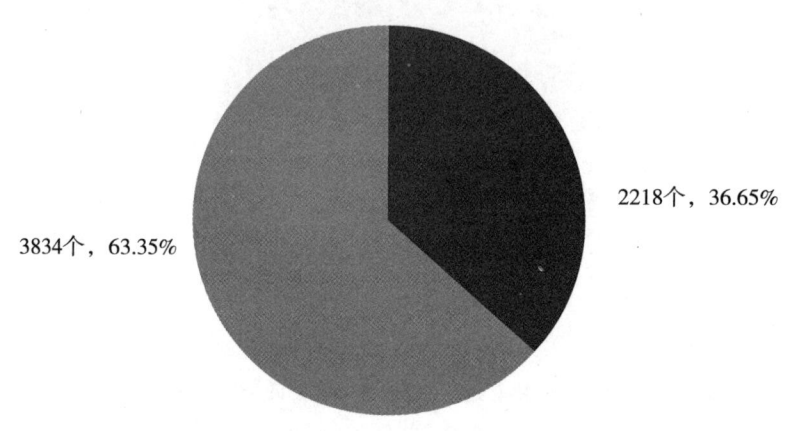

图1-41　有无软件著作权的信息追溯企业占比（截至2022年3月）

资料来源：中国副食流通协会食品安全与信息追溯分会收集整理。

如图1-42所示，从具有软件著作权的信息追溯企业地区分布情况来看，截至2022年3月，在2218个具有软件著作权的信息追溯企业中，广东拥有432个，比上一年增加20%，占总数的19.48%，继续高居第1位。其中，有243个位于深圳，占广东的56.3%。北京排名第2，有307个具有软件著作权的信息追溯企业，比上一年增加21.83%。排名第3的是江苏，有258个具有软件著作权的信息追溯企业，比上一年增加24.04%。排在第4名的是上海，共有193个具有软件著作权的信息追溯企业，比上一年增加16.81%。排第5~7位的省是浙江、山东、安徽，分别拥有121个、97个、86个具有软件著作权的信息追溯企业。排第8~16位的是福建、四川、湖北、河南、陕西、重庆、天津、湖南、河北，分别有73个、72个、65个、54个、49个、42个、40个、38个、33个具有软件著作权的信息追溯企业。其余省份具有软件著作权的信息追溯企业个数均为30个以下。在排前4位的广东、北京、江苏、上海四个地区拥有的具有软件著作权的信息追溯企业数量达1190个，占全国总数的53.65%，反映出这四个地区在信息追溯软件著作权方面具有明显优势。

环境分析篇

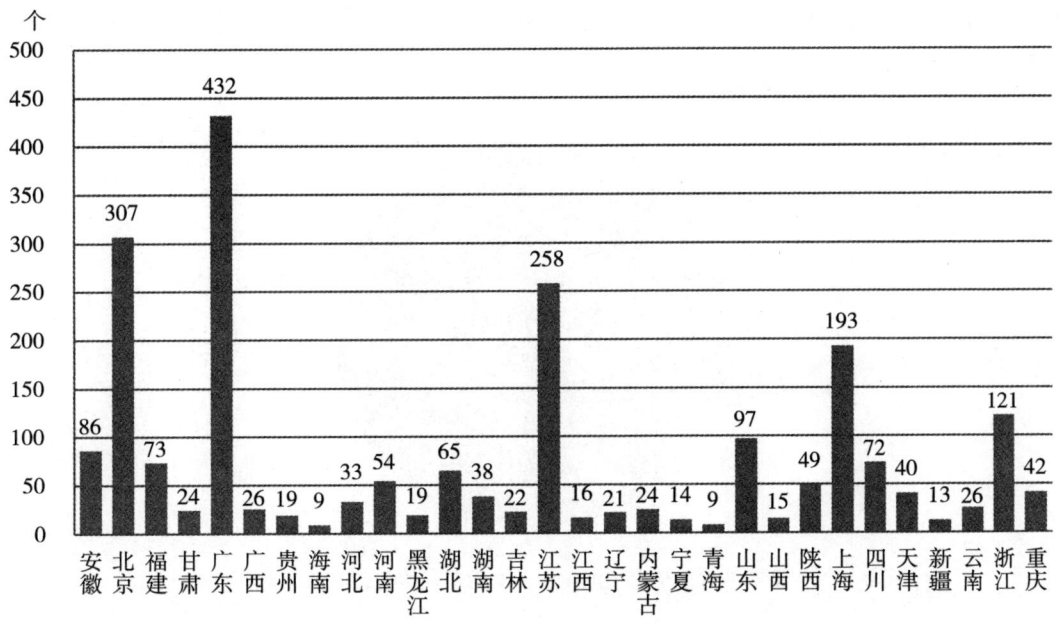

**图 1-42　具有软件著作权的信息追溯企业地区分布情况（截至 2022 年 3 月）**

资料来源：中国副食流通协会食品安全与信息追溯分会收集整理。

如图 1-43 所示，在 6052 个信息追溯相关企业中，具有专利的企业有 2351 个，比上年增加 7.7%，占总数的 38.85%，比上年减小 1.11 个百分点；无专利的企业有 3701 个，占总数的 61.15%。专利是发明创造人或其权利受让人对特定的发明创造在一定期限内依法享有的独占实施权，是知识产权的一种。企业拥有专利将使得企业在激烈的市场竞争中具有一定优势。总体来看，2021 年食品行业追溯企业获得专利的企业数量增幅激增。随着国内经济的进一步复苏，越来越多的企业申请专利，体现企业自身的过硬的科技实力和良好的品牌形象。

如图 1-44 所示，从具有专利的信息追溯企业地区分布情况来看，截至 2022 年 3 月，在 2351 个具有专利的信息追溯企业中，广东继续保持第一，有 415 个具有专利的信息追溯企业，比上一年增加了 4.53%，其中有 176 个位于深圳，占广东的 42.4%。江苏排名第 2，有 292 个具有专利的信息追溯企业，比一年增加 7.75%。排名第 3 的是北京，有 281 个具有专利的信息追溯企业，比上一年增加 8.91%。排在第 4 名的是上海，共有 193 个具有专利的信息追溯企业，比上一年增长 9.04%。排第 5~7 位的是浙江、山东、安徽，分别拥有 147 个、121 个、105 个具有专利的信息追溯企业。排第 8~15 位的是四川、福建、湖北、天津、湖南、陕西、重庆、河南，分别有 95 个、83 个、70 个、68 个、54 个、45 个、44 个、43 个具有专利的信息追溯企业。其余省份具有专利的信息追溯企业个数均为 40 个以下。在排前四位的广东、江苏、北京、上海四个地区拥有的具有专利的信息追溯企

39

业达到1181个，占全国总数的50.23%，反映出这四个地区在信息追溯专利方面具有明显优势。

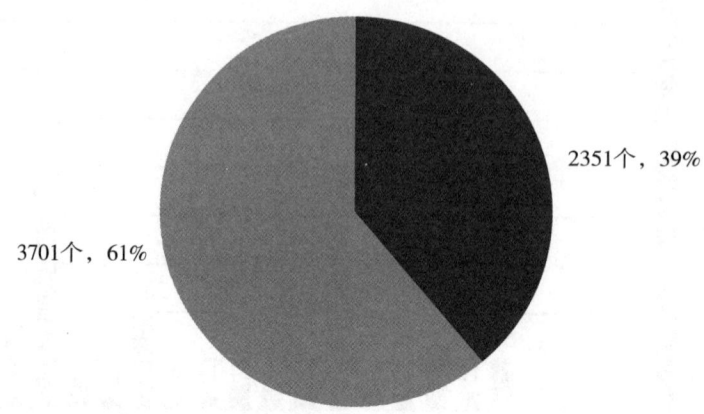

**图 1-43 有无专利的信息追溯企业占比（截至2022年3月）**

资料来源：中国副食流通协会食品安全与信息追溯分会收集整理。

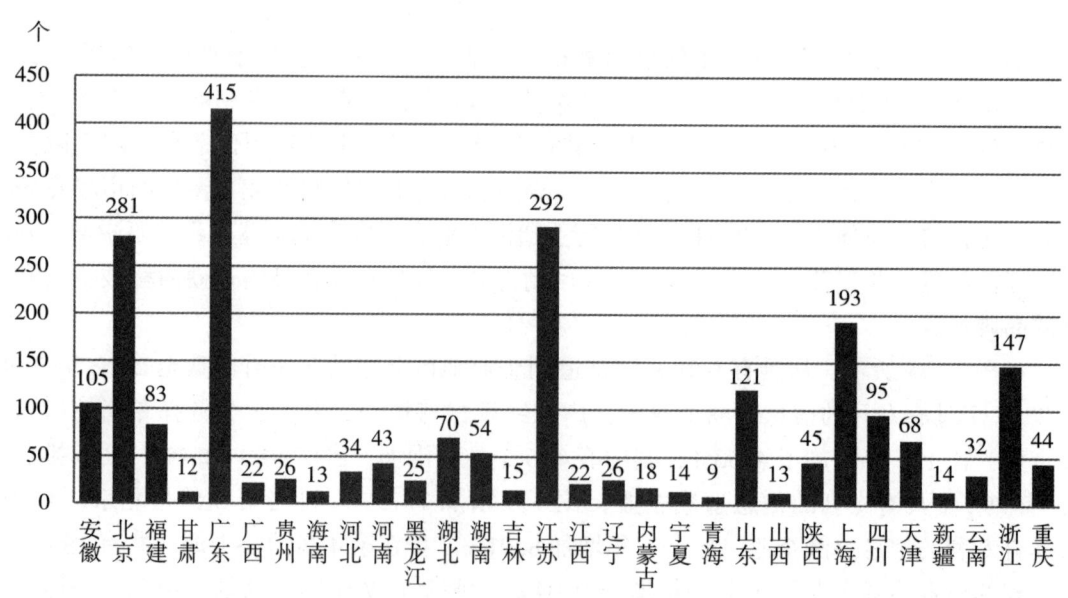

**图 1-44 具有专利的信息追溯企业地区分布情况（截至2022年3月）**

资料来源：中国副食流通协会食品安全与信息追溯分会收集整理。

### 1.3.3 总结及建议

通过对6052个信息追溯企业及社会组织的调查统计分析，我们可以看出，随着2021年新冠肺炎疫情好转，经济复苏，食品安全与信息追溯领域整个产业也比上年有了明显增长。无论是从企业数量还是质量上都有了明显的进步。在整个产业链条上，既有信息追溯溯源相关的农产品加工企业、印刷制造企业，也有为信息追溯提供软硬件及网络服务的高科技企业，不少企业通过高速发展顺利上市。总体来看，产业仍处于快速成长阶段，市场容量巨大，等待着越来越多的各种类型的企业加入其中。

在我们调查统计的这些企业中，很多企业具有食品加工、信息安全、物流与供应链、通信技术等背景，不少企业在物联网、大数据、人工智能、云计算等技术领域都有突出表现，行业发展既满足了全社会对安全营养食品的迫切要求，也满足了国家在经济转型过程中对高科技企业的内在需求。与此同时，随着国家对食品安全信息追溯领域重视程度的日益加深，随着公众对食品安全与信息追溯认识程度的日益提高与普及，相信各级政府将会有更多的激励措施与优惠政策出台，鼓励更多的企业投身到信息追溯这一新兴产业中，行业必将迎来一波快速的成长。

为了更好地推动食品安全与信息追溯产业健康有序的发展，中国副食流通协会食品安全与信息追溯分会仍在继续推动着行业相关标准的建设工作，这也是协会的应尽之责。从历史上各行业发展的轨迹来看，任何行业的健康有序发展，都离不开标准化建设及其推广。食品信息追溯涉及领域非常复杂，很多现实中的新需求和新问题都迫使标准化建设的出台和落地。

此外，本报告是第三次对全行业的企业和组织的现状的调查结果。从我们对2020年和2021年的相关数据对比的情况来看，很多数据非常亮眼，增幅都超过20%甚至更多。这一方面来自行业的高速增长，另一方面是因为2020年数据受新冠肺炎疫情影响行业数据处于近期的低位。随着我们数据的逐渐增多，未来还将运用更多的方法和工具分析行业发展趋势，收集整理行业现状及存在的问题。我们也期待着更多的企业加入到协会中，与同行分享发展中的先进经验和亟待解决的问题。让我们共同携手，做大做强食品安全与信息追溯产业，为全社会的食品安全尽到自己的应尽之责。

## 1.4 2020年食品信息追溯相关互联网技术与应用

如表1-9、表1-10和图1-45所示，截至2021年12月，我国IPv4地址数量为392486656个，比2020年12月增长0.84%；IPv6地址数量为63052块/32，比2020年12月增长了9.40%。IPv6活跃用户数6.08亿户，比2020年增加了31.60%。我国域名总数为35931063个，比2020年12月减少了14.40%。其中，".cn"域名总数为20410139个，比2020年12月减少了7.59%，占我国域名总数的56.80%。其他占比较高的域名有.COM（占比29.6%）、NewgTLD（占比10.1%）、.NET（占比2.4%）、.中国（占比0.6%），其他域名如.ORG、.INFO、.BIZ的占比均小于0.2%。移动电话基站996万个，比2020年12月增加了6.98%；互联网宽带接入端口10.18亿个，比2020年12月增加了7.61%；光缆线路长度5488万公里，比2020年12月增加了6.17%。

表1-9　2020—2021年互联网基础资源对比

| 资源名称 | 2020年12月 | 2021年12月 | 增长量 | 增长率（%） |
| --- | --- | --- | --- | --- |
| IPv4（个） | 389231616 | 392486656 | 3255040 | 0.84 |
| IPv6（块/32） | 57634 | 63052 | 5418 | 9.40 |
| IPv6活跃用户数（亿户） | 4.62 | 6.08 | 1.46 | 31.60 |
| 域名（个） | 41977611 | 35931063 | -6046548 | -14.40 |
| 其中.cn域名（个） | 18970054 | 20410139 | 1440085 | 7.59 |
| 移动电话基站（万个） | 931 | 996 | 65 | 6.98 |
| 互联网宽带接入端口（亿个） | 9.46 | 10.18 | 0.72 | 7.61 |
| 光缆线路长度（万公里） | 5169 | 5488 | 319 | 6.17 |

资料来源：2022年3月第49次《中国互联网络发展状况统计报告》。

表1-10　2020—2021年中国互联网分类域名数

| 域名 | 截至2020年12月 | | 截至2021年12月 | |
| --- | --- | --- | --- | --- |
| | 数量（个） | 占比（%） | 数量（个） | 占比（%） |
| .cn | 18970054 | 45.2 | 20410139 | 56.8 |
| .COM | 12630968 | 30.1 | 10649851 | 29.6 |
| .中国 | 1703082 | 4.1 | 207771 | 0.6 |
| .NET | 938792 | 2.2 | 869686 | 2.4 |
| .ORG | 145656 | 0.3 | 61489 | 0.2 |
| .INFO | 31445 | 0.1 | 30220 | 0.1 |
| .BIZ | 21583 | 0.1 | 20722 | 0.1 |
| NewgTLD | 7446046 | 17.7 | 3615751 | 10.1 |
| 其他 | 89985 | 0.2 | 65434 | 0.2 |
| 合计 | 41977611 | 100.0 | 35931063 | 100.0 |

资料来源：2022年3月第49次《中国互联网络发展状况统计报告》。

如图1-46、图1-47所示，近年来我国IPv6地址数量呈现快速增长，从2017年12月的26160块/32增长到2021年12月的63052块/32，年平均增幅达到了24.6%。相比之下，IPv4地址数量保持了稳定，从2017年12月到2021年12月，仅增加了608万个，年均增长率仅为0.39%。

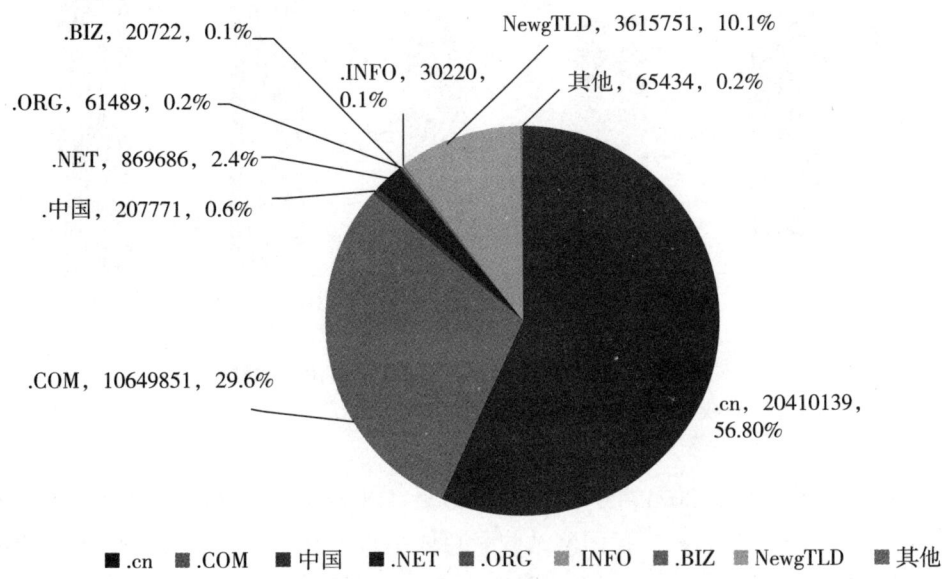

**图1-45 截至2021年12月中国互联网分类域名结构**

资料来源：2022年3月第49次《中国互联网络发展状况统计报告》。

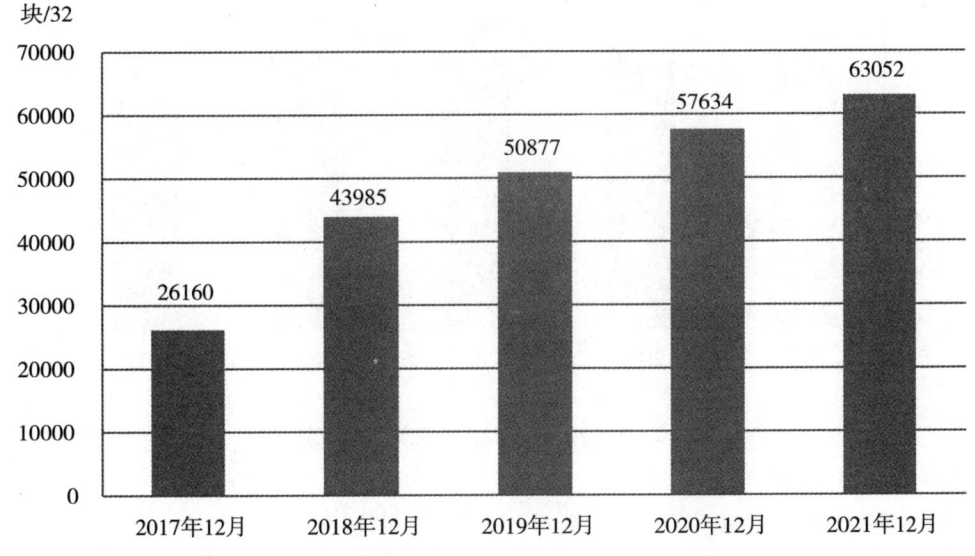

**图1-46 截至2021年12月我国IPv6地址数量**

资料来源：2022年3月第49次《中国互联网络发展状况统计报告》。

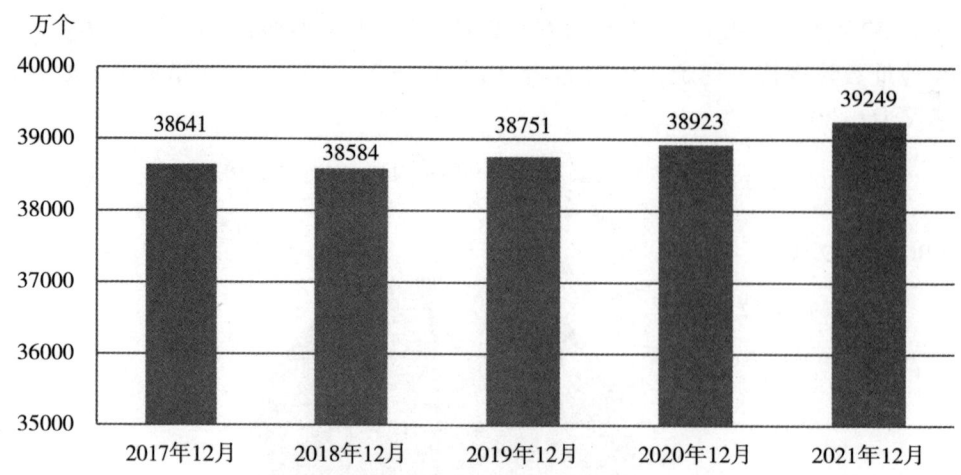

**图 1-47　截至 2021 年 12 月我国 IPv4 地址数量**

资料来源：2022 年 3 月第 49 次《中国互联网络发展状况统计报告》。

如图 1-48 所示，截至 2021 年，我国网站数量 418 万个，较 2020 年减少 25 万个，降幅为 5.6%。从 2016—2020 年，我国网站数量总体呈现先涨后降的趋势，从 2017 年的 533 万个降低到 2021 年的 418 万个，年平均降幅为 5.9%，呈逐渐下降趋势。

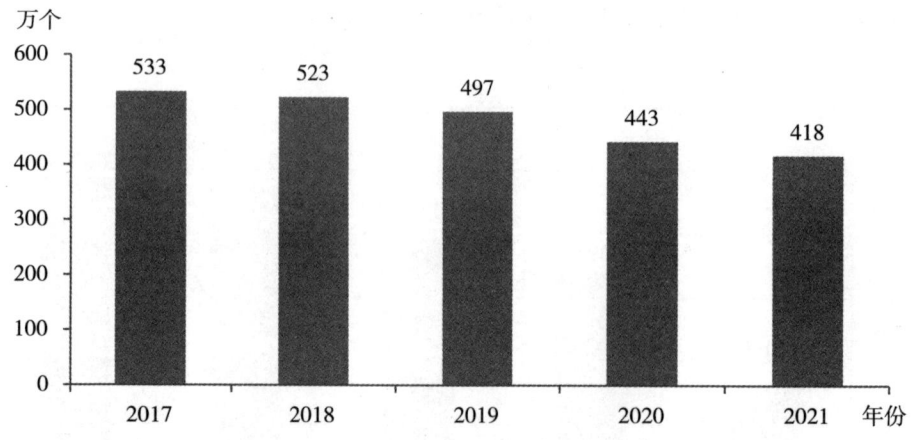

**图 1-48　2017—2021 年我国网站数量**

注：数据中不包含 .cn.EDU 网站。

资料来源：2022 年 3 月第 49 次《中国互联网络发展状况统计报告》。

如图 1-49 所示，截至 2021 年，我国 .cn 下网站数量为 272 万个，较 2020 年降低 23 万个，降幅达 7.8%。从 2017—2021 年，我国 .cn 下网站数量呈现先涨后降的态势，到

2019年达到最高值341万个。从2017年的315万个下降到2021年的272万个，年平均降低3.6%。这表明随着我国互联网从快速增长逐渐向稳定阶段过渡，网站数量也趋于稳定。随着国内互联网行业竞争的日益加剧，许多中文域名网站诞生的同时部分中文域名网站也在退出市场，中文域名网站数量呈现减少趋势。

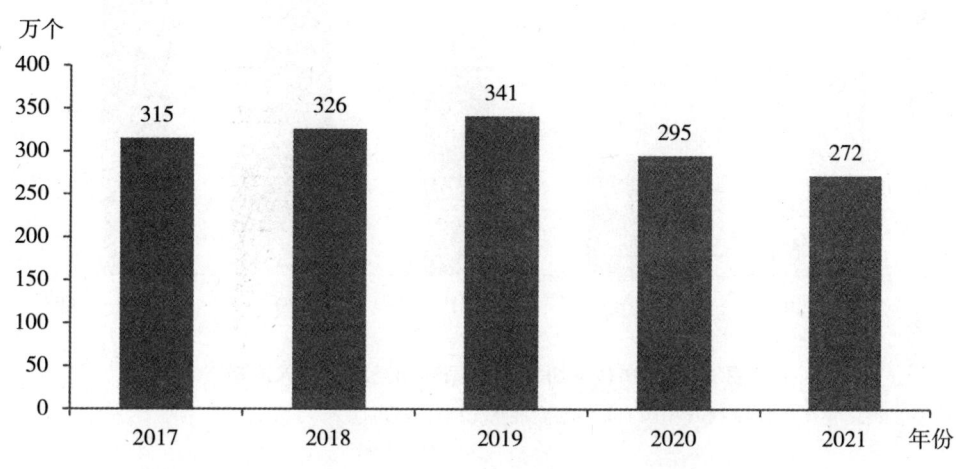

图1-49　2017—2021年我国.cn网站数量

资料来源：2022年3月第49次《中国互联网络发展状况统计报告》。

如图1-50所示，2021年，我国移动互联网接入流量为2216.0亿GB，同比2020年增长33.8%。从2017—2021年，我国移动互联网接入流量呈现快速上涨趋势，从2017年245.9亿GB增长到2021年的2216.0亿GB，年平均增幅达73.3%。2021年移动互联网接入流量是2017年的9倍。移动互联网接入流量的快速增长，其应用场景遍布工业和民用领域，产生了大量新兴的应用场景，有力推动了我国移动互联网的发展。

如图1-51所示，截至2021年12月，我国国内市场上监测到的App数量为252万款，较2020年减少93万款，降幅为27.0%。从App数量来看，呈下降趋势。

如图1-52所示，截至2021年12月，App数量排在前四位的占比合计达61.0%。其中，游戏类App数量达70.9万款，占全部App数量的比例为28.1%。日常工具类、电子商务类和社交通信类App数量分别达37.0万款、24.8万款和21.1万款，分列第二、第三、第四位，占全部App比重分别为14.7%、9.8%和8.4%。

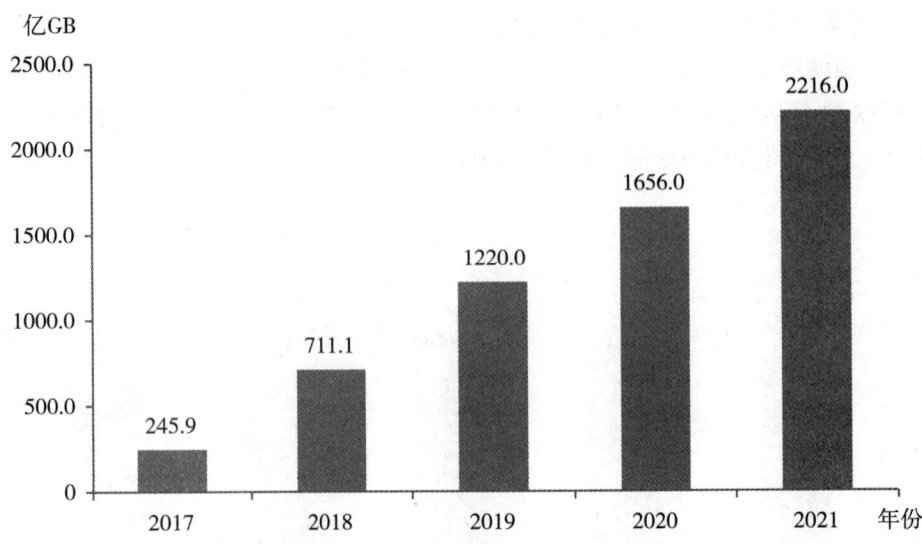

**图 1-50　2017—2021 年我国移动互联网接入流量**

资料来源：2022 年 3 月第 49 次《中国互联网络发展状况统计报告》。

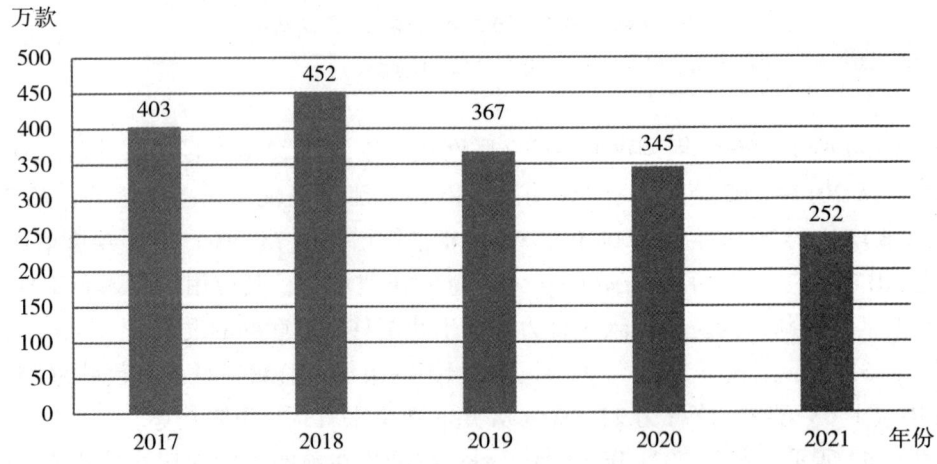

**图 1-51　2017—2021 年我国 App 在架数量**

资料来源：2022 年 3 月第 49 次《中国互联网络发展状况统计报告》。

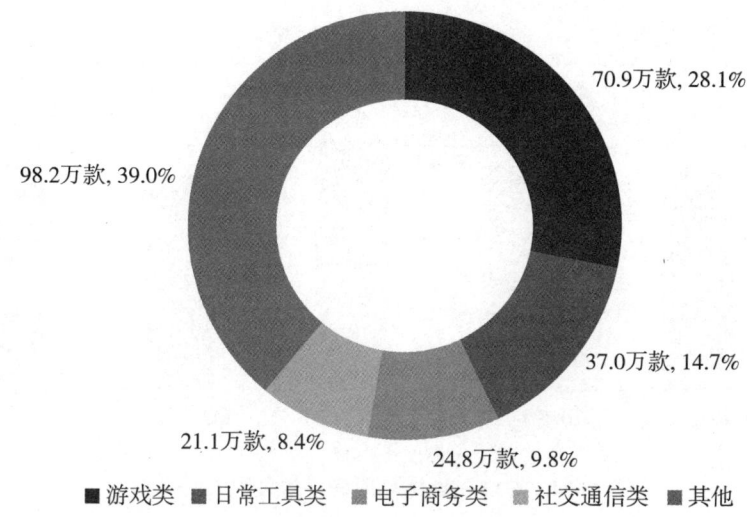

**图 1-52 截至 2021 年 12 月 App 分类占比**

资料来源：2022 年 3 月第 49 次《中国互联网络发展状况统计报告》。

如图 1-53 所示，截至 2021 年 12 月，我国网民使用手机上网的比例达 99.7%。网民使用台式电脑、笔记本电脑、电视和平板电脑上网的比例分别为 35.0%、33.0%、28.1% 和 27.4%，较 2020 年 12 月分别增加了 2.2 个、4.8 个、0 个、4.1 个、4.5 个百分点。

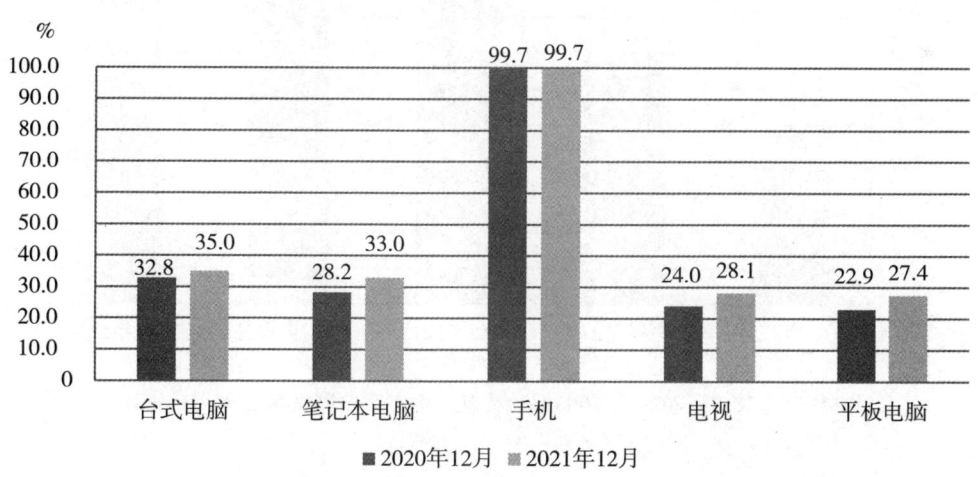

**图 1-53 互联网络接入设备使用情况**

资料来源：2022 年 3 月第 49 次《中国互联网络发展状况统计报告》。

如图 1-54 所示，截至 2021 年 12 月，我国网民的人均每周上网时长为 28.5 小时，较 2020 年 12 月增加了 2.3 个小时，增幅为 8.8%。

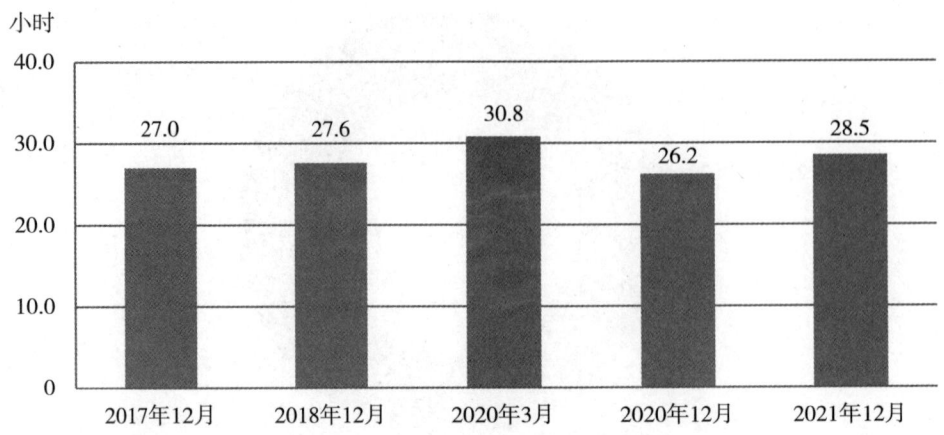

**图 1-54　2017—2021 年网民平均每周上网时长**

资料来源：2022 年 3 月第 49 次《中国互联网络发展状况统计报告》。

如图 1-55 所示，截至 2021 年 12 月，100Mbps 及以上接入速率的固定互联网宽带接入用户数占固定宽带用户总数的 93.0%，比上一年同期提高了 3.1 个百分点。

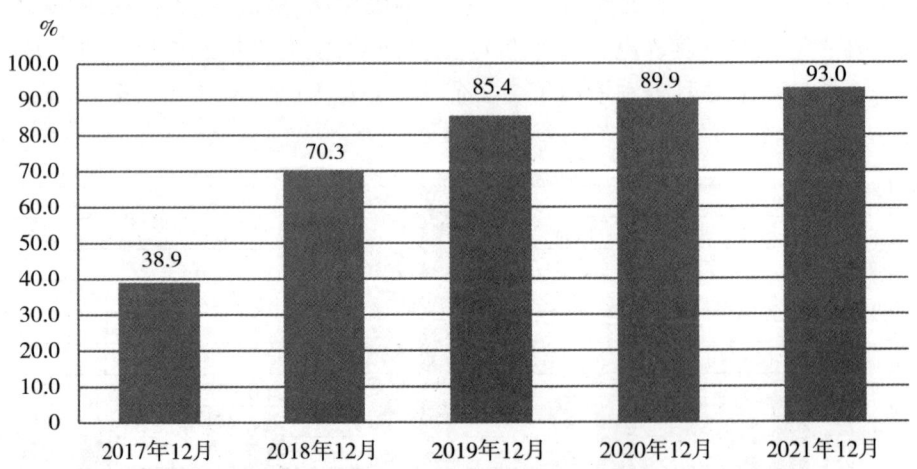

**图 1-55　2017—2021 年 100Mbps 及以上固定互联网宽带接入用户占比**

资料来源：2022 年 3 月第 49 次《中国互联网络发展状况统计报告》。

如图 1-56 所示，截至 2021 年 12 月，光纤接入用户规模达 50551 万户，占固定互联网宽带接入用户总数的 94.3%，比 2020 年 12 月提升 0.4 个百分点。截至 2021 年年底，光纤用户数量是 2017 年的 1.72 倍，年均增幅达 14.5%。光纤宽带用户占互联网宽带接入用户的比例也持续增长，从 2017 年的 84.3% 稳步增长到 2021 年的 94.3%，年平均增幅达 2.8%。这表明，绝大部分互联网宽带用户均已经使用光纤方式接入网络，不仅仅大大提升了网络速度,网络稳定性也显著增强,为用户长时间地使用各种智能手机的 App 提供了技术保障。

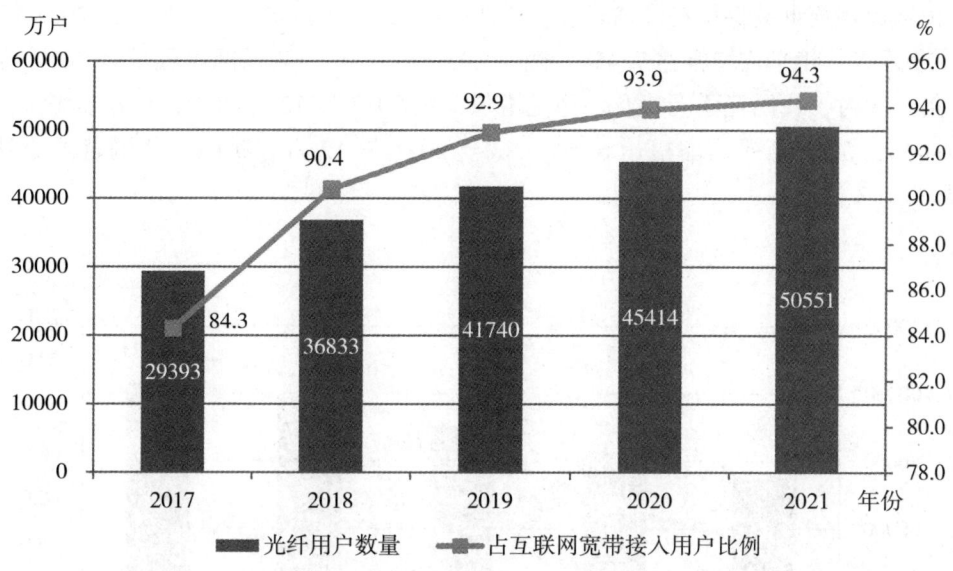

**图 1-56　2017—2021 年光纤宽带用户规模及占比**

资料来源:2022 年 3 月第 49 次《中国互联网络发展状况统计报告》。

如图 1-57 所示,截至 2021 年 12 月,三家基础电信企业发展蜂窝物联网终端用户 13.99 亿户,较 2020 年年底增加 2.63 亿户,增幅为 23.2%。其中,应用于智能制造、智慧交通、智慧公共事业的终端用户占比分别达 18.1%、15.6%、22.4%。

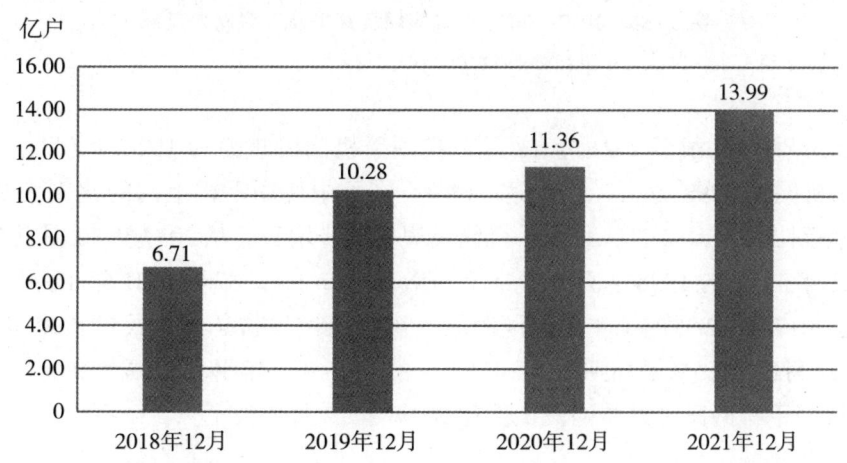

**图 1-57　2017—2021 年蜂窝物联网终端用户**

资料来源:2022 年 3 月第 49 次《中国互联网络发展状况统计报告》。

如图 1-58 所示，截至 2021 年 12 月，我国网民规模为 103195 万人，较 2020 年 12 月新增网民 4296 万，增幅 4.3%，互联网普及率达 73.0%，较 2020 年 12 月提升 2.6 个百分点。我国网民规模继续保持稳步增长，从 2017 年 12 月的 77198 万人增长到 2021 年 12 月的 103195 万人，年平均增幅达 7.4%。截至 2021 年 12 月，我国网民数量是 2017 年 12 月的 1.3 倍。同时，我国互联网普及率稳定增长，从 2017 年 12 月的 55.8% 稳步增加到 2021 年 12 月的 73.0%，年平均增幅达 6.9%。截至 2021 年 12 月，我国互联网普及率达 2017 年 12 月的 1.3 倍。

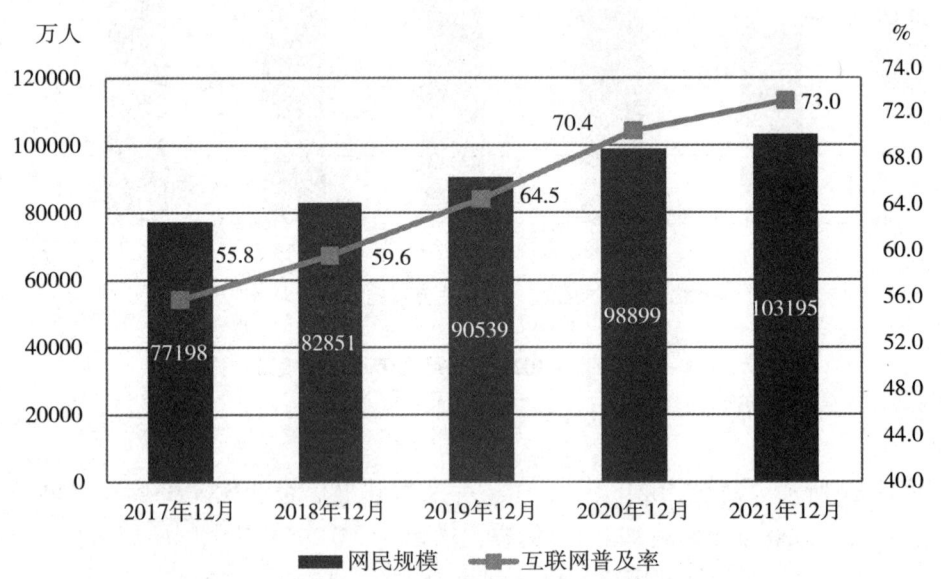

**图 1-58  2017—2021 年我国网民规模及互联网普及率**

资料来源：2022 年 3 月第 49 次《中国互联网络发展状况统计报告》。

如图 1-59 所示，截至 2021 年 12 月，我国手机网民规模为 102874 万人，较 2021 年 12 月新增手机网民 4298 万人，增幅达 4.4%。网民中使用手机上网的比例为 99.7%。从 2017 年 12 月到 2021 年 12 月，我国手机网民规模稳步增长，从 2017 年 12 月的 75265 万人增长到 2021 年 12 月的 102874 万人，年平均增幅达 8.1%。截至 2021 年 12 月，我国手机网民规模是 2017 年 12 月的 1.4 倍。同时，我国手机网民占总体网民的比重也缓慢增长，从 2017 年 12 月的 97.5% 增加到 2021 年 12 月的 99.7%，年平均增幅达 0.6%。截至 2021 年 12 月，我国手机网民占总体网民比例比 2017 年 12 月增长了 2.2 个百分点。

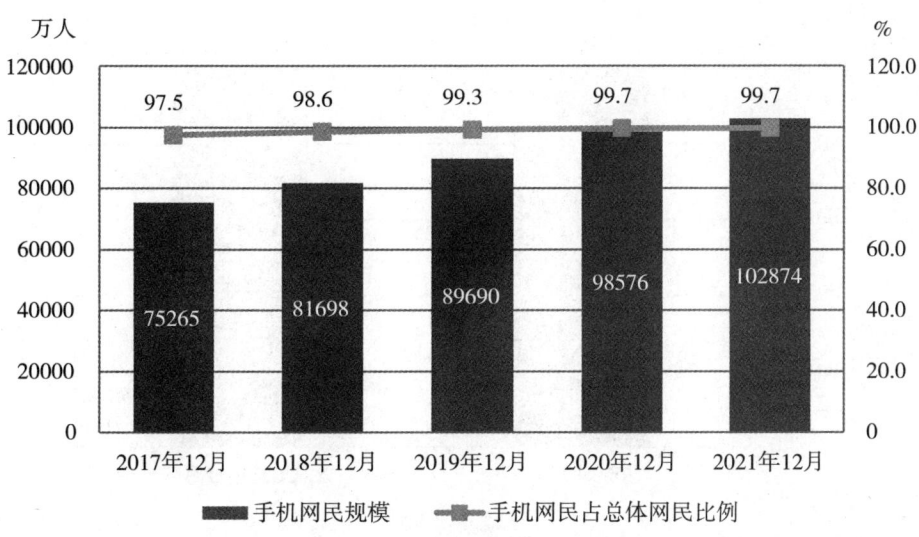

**图 1-59  2017—2021 年我国手机网民规模及占总体网民比例**

资料来源：2022 年 3 月第 49 次《中国互联网络发展状况统计报告》。

2021 年，新冠疫情缓解后的中国经济逐渐复苏。高科技领域也有了快速发展。互联网相关的大数据、云计算、人工智能等技术加速创新，更快、更好融入网民生活中，数字经济正在成为重组生产生活要素资源、重塑社会经济结构、改变全球竞争格局的关键力量，进一步推进网民增长。一是我国网络能力持续提升。2021 年，我国信息基础设施持续优化，供给能力显著增强，已建成全球规模最大的光纤和移动宽带网络，光纤化改造全面完成，5G 网络加快发展。二是互联网持续释放普惠效应。2021 年，我国互联网产业持续展现发展活力和韧性，远程办公、在线医疗、社区团购等网上业务持续发展，有效缓解了疫情对经济的影响，让人们不断从网络经济、社会和文化中获得利益与满足。三是加快推进互联网技术对老年群体的帮扶工作，继续围绕老年群体特点和需求，聚焦老年人日常生活涉及的出行、就医、消费、文娱、办事等八大类高频事项和服务场景，及时制定落实举措，为老年人融入智能生活提供多途径、多维度、多功能便利化服务。

如图 1-60 所示，我国互联网在城乡地区的普及率同步提升。截至 2021 年 12 月，我国农村网民规模为 2.84 亿，占网民整体的 27.52%；城镇网民规模为 7.48 亿，占网民整体的 72.48%。农村地区人群上网比例仍然较低，网络基础设施落后、使用技能缺乏和文化程度限制是农村地区网络普及率不高的主要原因。

如图 1-61 所示，截至 2021 年 12 月，我国城镇地区互联网普及率为 81.3%，较 2020 年 12 月提升了 1.5 个百分点；农村地区互联网普及率为 57.6%，较 2020 年 12 月提升 1.7 个百分点。城乡地区互联网普及率差异较 2020 年 12 月缩小 0.2 个百分点。

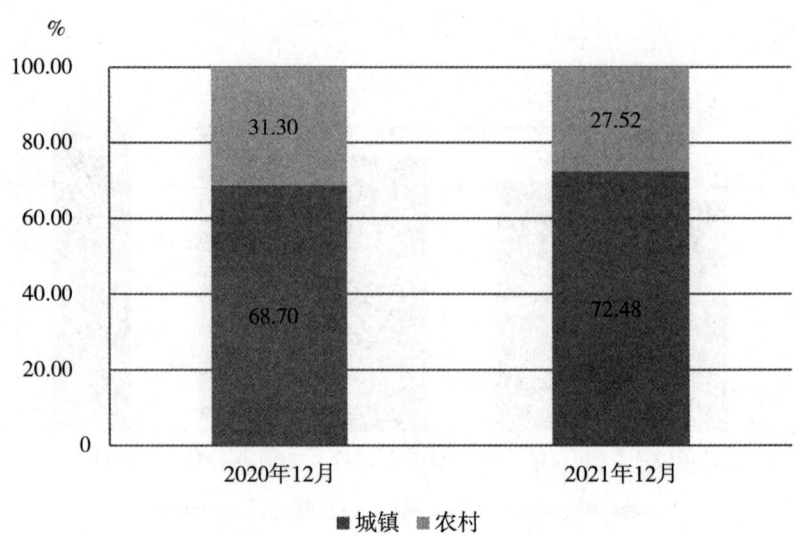

图1-60　2020—2021年网民城乡结构

资料来源：2022年3月第49次《中国互联网络发展状况统计报告》。

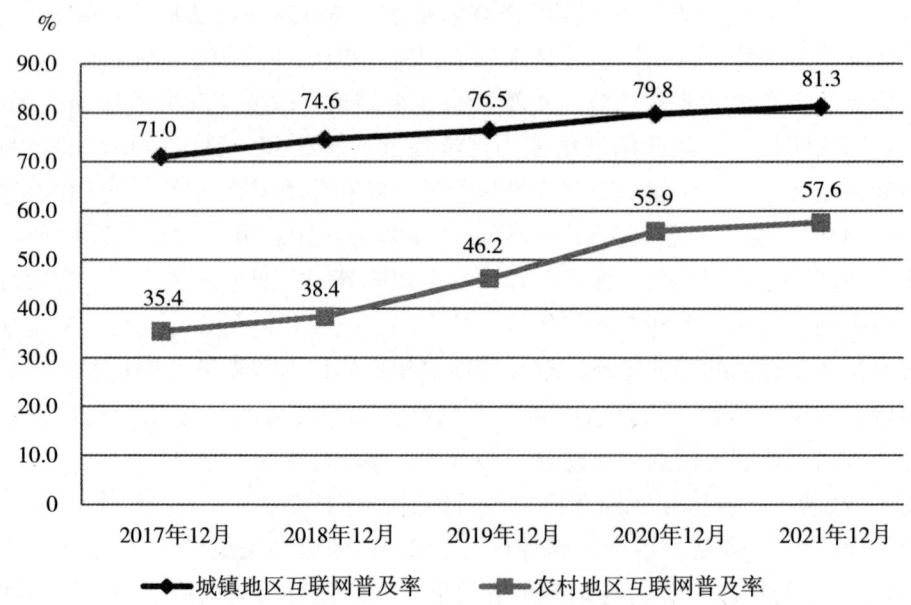

图1-61　2017—2021年城乡互联网普及率

资料来源：2022年3月第49次《中国互联网络发展状况统计报告》。

互联网的新模式增强了农村地区的"造血"功能，数字乡村建设取得良好进展。首先，数字化促进城乡融合发展。截至2021年11月，我国现有行政村已全面实现"村村通宽带"，贫困地区通信难等问题得到历史性解决。在产业数字化方面，数字经济与实体产业正加速融合，智能制造水平稳步提升，农村数字化转型不断推进，催生了一大批新型业态和新的商业模式，现代农业信息化水平和生产能力得到提高；在数字产业化方面，关键核心技术得到新突破，数据成为推动经济发展的关键要素，5G、人工智能、物联网、电子商务等数字产业对城乡发展的贡献日益增加。其次，智慧绿色乡村建设稳步推进。农业农村大数据系统应用领域不断增加，通过数据整合共享，互联网等数字化技术在智慧绿色乡村中的作用日益凸显，通过信息化手段，涉及农村生态环境建设的智慧绿色信息化体系进一步完善。最后，乡村科技创新迈上新台阶。通过促进农业农村建设和数字化发展深度融合，吸引、凝聚、培养了一大批优秀农业科技人才，有效构筑支撑产业和学科发展的人才梯队与创新团队，提高了我国农业科技创新能力。中国副食流通协会大力推动的食品安全与信息追溯也属于农村科技创新的范畴，互联网等高新技术的不断创新对信息追溯发展发挥了重要作用，食品追溯行业的发展未来可期。

非网民群体无法接入网络，在出行、消费、就医、办事等日常生活中遇到不便，无法充分享受智能化服务带来的便利。如图1-62所示，非网民认为不上网带来的各类生活不便中，"没有'健康码'无法出入一些公共场所"列首位，占非网民的28.4%；其次是"线下服务网点减少，办事难"，占非网民的25.6%；再次是"无法及时获取信息，比如各类新闻资讯"，占非网民的23.9%；最后是"无法现金支付"和"买不到票，挂不上号"，分别占非网民的23.1%。

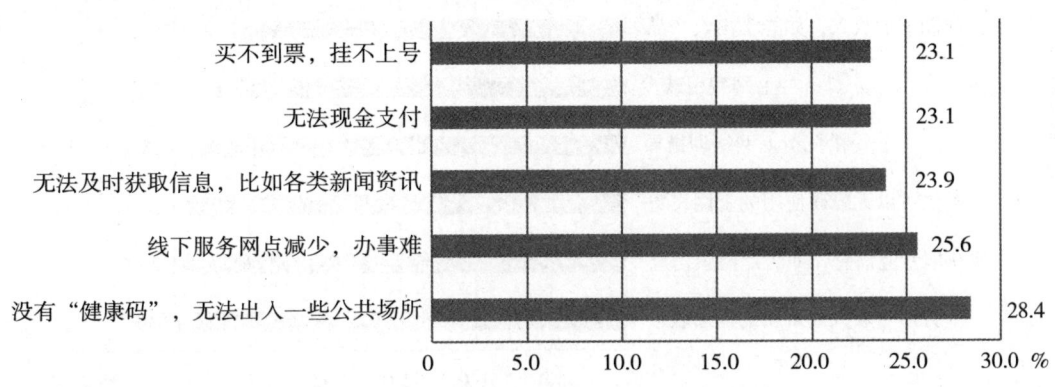

**图1-62 非网民不上网带来的生活不便**

资料来源：2022年3月第49次《中国互联网络发展状况统计报告》。

如图1-63所示，因为不懂电脑/网络技能和不懂拼音等文化程度限制而不上网的非网民占比分别为48.4%和25.7%；因为没有电脑等上网设备而不上网的非网民占比为17.5%；年龄因素是导致非网民不上网的另一个原因，因为年龄太小/太大而不上网的非网民占比为15.5%；因为不需要或不感兴趣和没时间上网的比例分别为10.0%和7.2%。

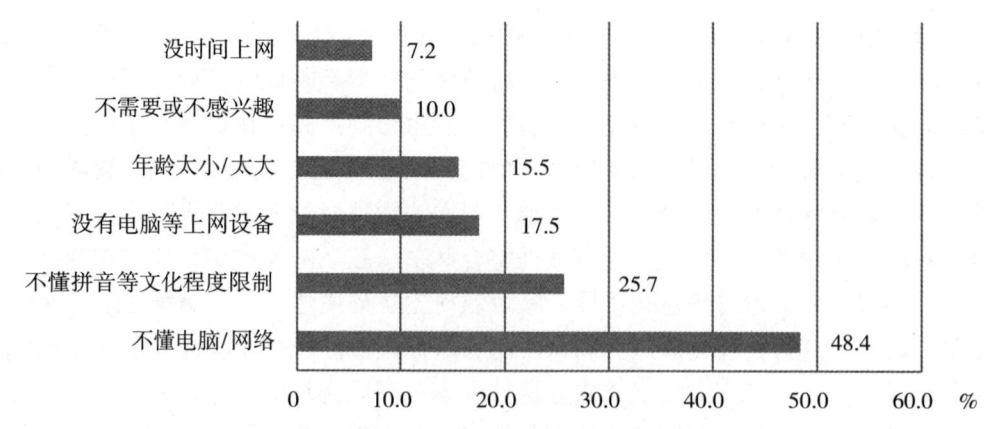

图 1-63 非网民不上网的原因

资料来源：2022 年 3 月第 49 次《中国互联网络发展状况统计报告》。

如图 1-64 所示，促进非网民上网的首要因素是方便与家人或亲属沟通联系，占比为 30.7%；二是方便获取专业信息，如医疗健康信息，占比为 29.4%；三是提供可以无障碍使用的上网设备，占比为 29.3%。

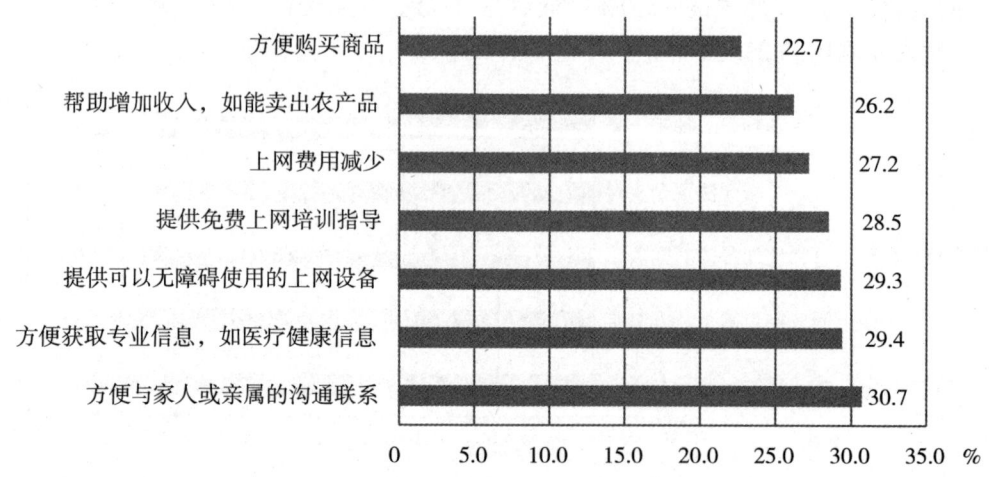

图 1-64 非网民上网促进因素

资料来源：2022 年 3 月第 49 次《中国互联网络发展状况统计报告》。

综合分析上述非网民群体画像以及不上网影响、原因和转化因素，可以发现，我国网民增长仍具有较大的发展空间，但也面临着巨大的转化挑战。未来，要通过进一步提升互联网基础设施水平，提升非网民的文化教育水平和数字技术的使用技能，开发更多智能化、人性化适老产品和服务，提升网络服务的便利化水平等多种方式，助力非网民群体共享数字时代的巨大红利。

如图1-65所示,截至2021年12月,我国即时通信用户规模达100666万人,较2020年12月增长2555万人,占网民整体的97.5%。从2017年12月到2021年12月,即时通信用户规模稳步增长,从2017年12月的72023万人增长到2021年12月的100666万人。使用率也从2017年12月的93.3%稳步增长到2021年12月的97.5%,增长了4.2个百分点。

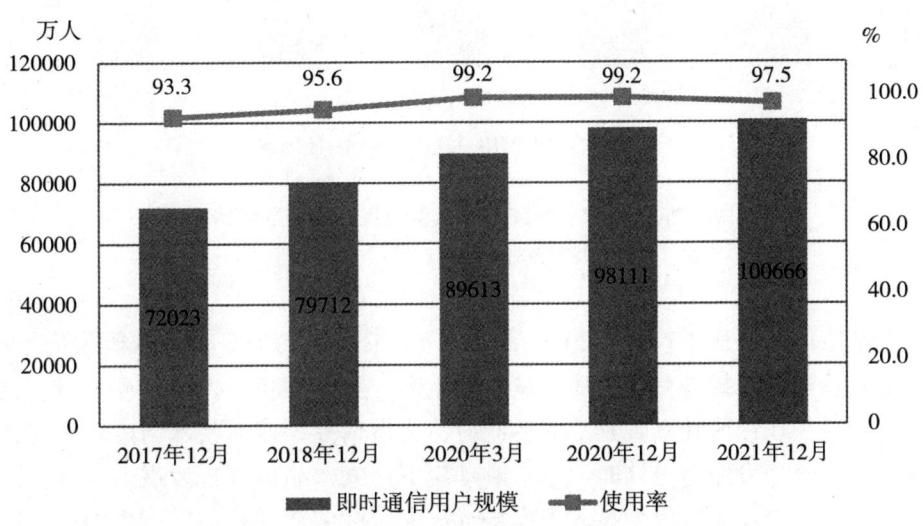

**图1-65 2017—2021年及时通信用户规模及使用率**

资料来源:2022年3月第49次《中国互联网络发展状况统计报告》。

即时通信用户规模在2021年持续稳定增长。2021年7月,工信部组织开展互联网行业专项整治行动,集中整治即时通信软件屏蔽网址链接等群众反应强烈的热点难点问题,提升互联网用户体验。在小程序方面,即时通信平台为中小企业提供多种多样的开发工具,降低了开发门槛,从而将越来越多的企业纳入小程序生态内。微信小程序日活跃用户突破4.5亿。零售、旅游和餐饮行业小程序交易额同比增长超过100%。即时通信企业进一步加强对内容创作者的吸纳和培育,通过定制化的入驻服务与运营支持,以及智能模板、增强现实技术、自动视频编辑等工具帮助用户制作更多优质的视频内容。钉钉、企业微信、飞书等企业端的用户取得快速增长。

如图1-66所示,截至2021年12月,我国搜索引擎用户规模达82884万人,较2020年12月增长5907万人,占网民整体的80.3%。从2016年12月到2020年12月,搜索引擎用户规模稳步增长,从2016年12月的60238万人增长到2020年12月的76977万人。使用率基本稳定,从2017年12月的82.8%小幅降为2021年12月的80.3%,降低2.5个百分点。

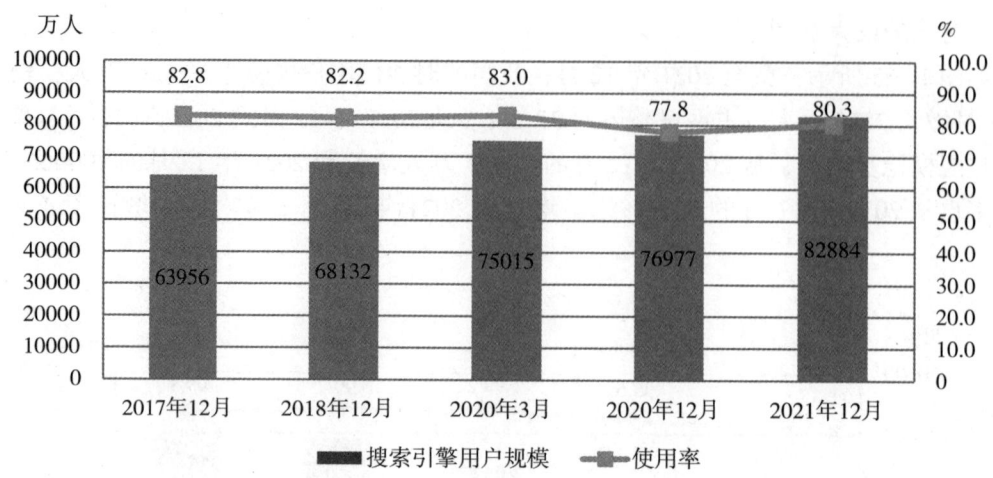

**图 1-66　2017—2021 年搜索引擎用户规模及使用率**

资料来源：2022 年 3 月第 49 次《中国互联网络发展状况统计报告》。

搜索引擎市场发展稳中有变。2021 年百度完成港交所二次上市，将募集资金净额用于持续开展科技投资，包括进一步发展百度移动生态、智能驾驶等。2021 年 9 月，搜狗宣布完成私有化交易，在保留独立搜索品牌的同时，为微信提供搜索技术与内容支持，可进一步提升微信的内容分发能力。同时，字节跳动旗下搜索产品进一步发展，其抖音视频搜索月活跃用户已超过 5.5 亿，搜索投入力度持续加大。微信"搜一搜"的电脑端应用对搜索方式进行升级，用户选中聊天信息即可直接实现搜索；在内容方面，微信电脑端"搜一搜"新增公众号、小程序、新闻、视频等内容，进一步丰富了微信搜索生态，提高了竞争力。在未成年人保护方面，百度内容安全中心联合百度搜索建立"百度搜索少儿语音绿色项目"，实时巡查线上情况、全程监控页面内容、过滤有害信息、确保内容安全，同时，相关部门加大对违规投放虚假医疗广告行为的处罚力度，多个应用市场下架相关应用，北京市市场监督管理局对个别搜索引擎做出行政处罚。

如图 1-67 所示，截至 2021 年 12 月，我国网络新闻用户规模达 77109 万人，较 2020 年 12 月增加 2835 万人，占网民的 74.7%。从 2017 年 12 月到 2021 年 12 月，网络新闻用户规模有所提高，从 2017 年 12 月的 64689 万人增加到 2021 年 12 月的 77109 万人。但使用率逐渐下降，从 2017 年 12 月的 83.8%降低到 2021 年 12 月的 74.7%，降低了 9.1 个百分点。

2021 年，新闻媒体与互联网平台加速融合，持续推进技术突破，进一步增强用户体验，提升传播效果。新闻媒体通过入驻哔哩哔哩、百度、微博等社交娱乐类、信息资讯类平台，并持续引导平台用户参与对热点议题的讨论，进一步提升平台用户对相关议题的认知，达到良好的传播效果。网络新闻媒体持续推进新技术应用落地，进一步增强用户体验。通过数字虚拟应用落地、制播技术更新换代，实现了制播超清化、移动化和智能化。

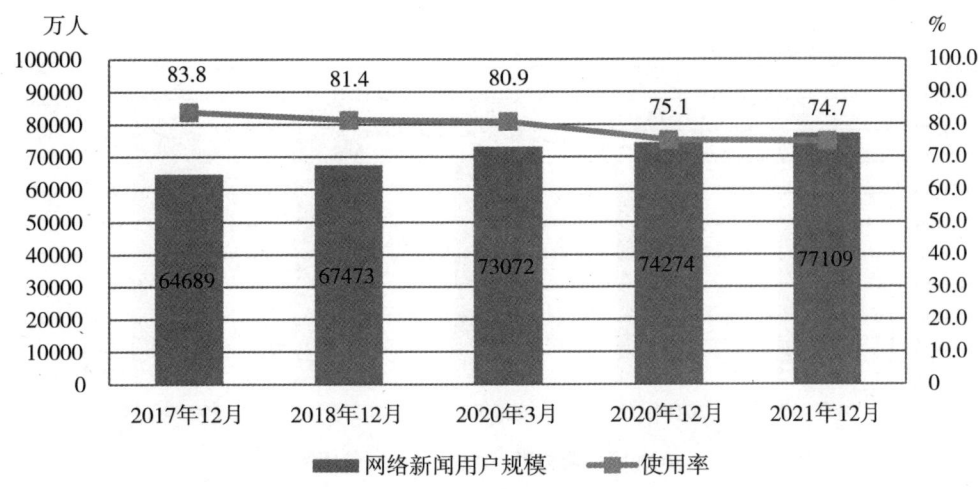

图 1-67　2017—2021 年网络新闻用户规模及使用率

资料来源：2022 年 3 月第 49 次《中国互联网络发展状况统计报告》。

2021 年，在线办公技术得到快速发展。一是支撑在线办公发展的基础技术服务加速跟进。如云计算、互联网数据中心等基础技术服务的发展支撑了在线办公的发展，多家运营商提出 SD-WAN 解决方案，通过优化传输技术，解决企业邮箱、视频会议等系统的加速难题。二是面向用户的低代码开发服务进一步发展，云服务厂商纷纷推出低代码开发服务。三是人工智能技术与在线办公深入融合。如利用 AI 技术解析文档内容，将文档和员工、项目进行关联，基于对工作场景的理解将文档精准分发给有需求的员工，帮助企业进行知识管理。四是 VR 技术将推动线上办公。2021 年 8 月，Facebook 推出 VR 远程会议测试应用，随着"元宇宙"概念的提出，未来在线办公图景有了更多的想象空间，如全息影像跨时空交互的实现，将使在线办公形式产生更多创新。五是数字化协同办公理念成为发展趋势。在线办公逐步实现组织沟通、业务协作、生态建设等方面的时空多维协同。数据显示，在线文档协作编辑、在线任务管理与流程审批的使用率上升较为显著。

如图 1-68 所示，截至 2021 年 12 月，我国网络购物用户规模达 84210 万人，较 2020 年 12 月增长 5969 万人，占网民的 81.6%。从 2017 年 12 月到 2021 年 12 月，网络购物用户规模稳步增长，从 2017 年 12 月的 53332 万人增长到 2021 年 12 月的 84210 万人。使用率也稳步增长，从 2017 年 12 月的 69.1%增长到 2021 年 12 月的 81.6%，提高 12.5 个百分点。

2021 年，网络零售继续保持较快增长，成为推动消费扩容的重要力量。2021 年，网上零售额达 13.1 万亿元，同比增长 14.1%，其中实物商品网上零售额占社会消费品零售总额比重达 24.5%。网络零售作为打通生产和消费、线上和线下、城市和乡村、国内和国际的关键环节，在构建新发展格局中不断发挥积极作用。

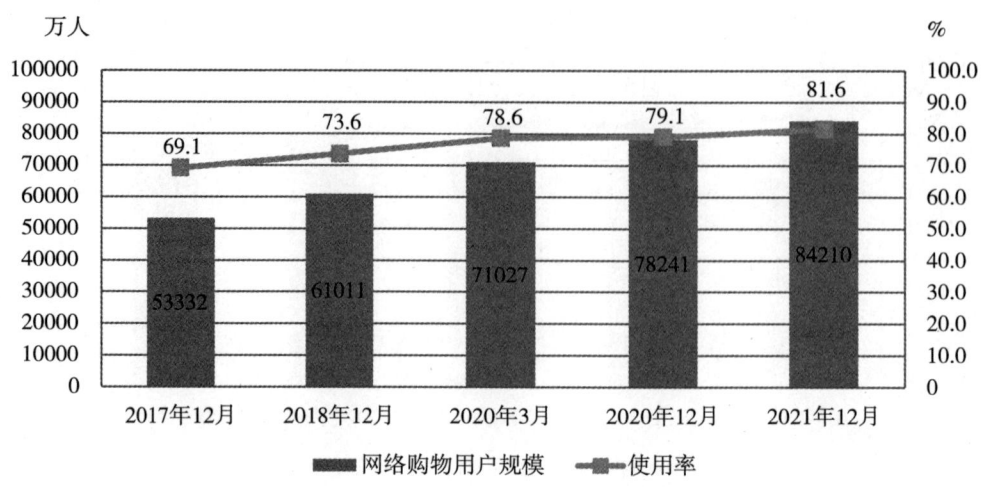

**图 1-68　2017—2021 年网络购物用户规模及使用率**

资料来源：2022 年 3 月第 49 次《中国互联网络发展状况统计报告》。

如图 1-69 所示，截至 2021 年 12 月，我国网络外卖用户规模达 54416 万人，比 2020 年 12 月增长了 12533 万人，占网民的 52.7%。从 2017 年 12 月到 2021 年 12 月，网络外卖用户规模快速增长，从 2017 年 12 月的 34338 万人增长到 2021 年 12 月的 54416 万人，增加了 20078 万人，年平均增幅达到 12.2%。使用率稳步增长，从 2017 年 12 月的 44.5% 增长到 2021 年 12 月的 52.7%，提高 8.2 个百分点，年平均增幅达到 4.3%。从 2020—2021 年的数据来看，网络外卖快速增长，在新冠肺炎疫情背景下，更多的消费者选择网络外卖解决日常就餐问题。

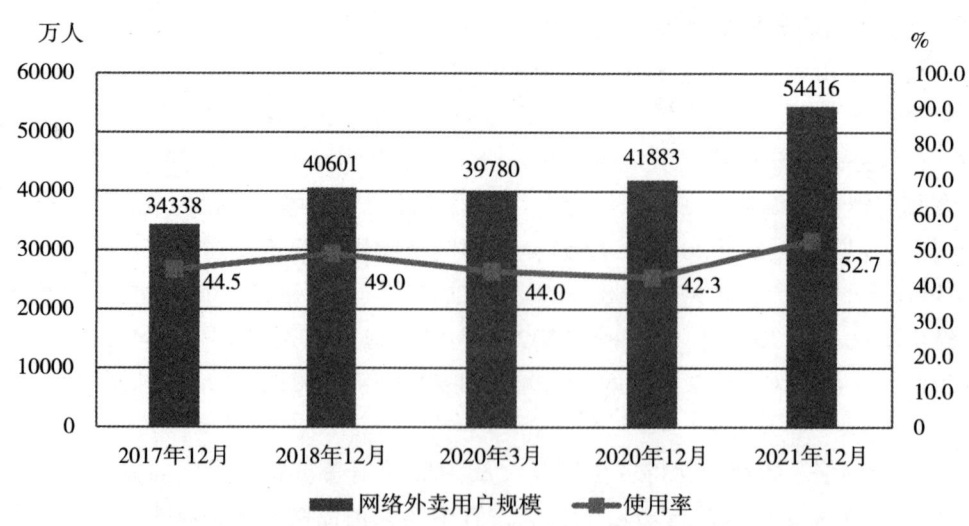

**图 1-69　2017—2021 年网络外卖用户规模及使用率**

资料来源：2022 年 3 月第 49 次《中国互联网络发展状况统计报告》。

2021年，外卖市场规模持续扩大、竞争格局出现变化，平台拓展"即时零售"业务、配送技术创新应用不断推进。企业探索无人配送场景，阿里巴巴、京东、美团的无人配送车相继落地；美团无人机配送正在探索建设城市低空配送网络，进一步减轻外卖送餐员负担、提高配送效率，截至2021年6月，美团无人机已经完成超过22万架次的飞行测试。

如图1-70所示，截至2021年12月，我国网络支付用户规模达90363万人，比2020年12月增长了4929万人，占网民的87.6%。从2017年12月到2021年12月，网络支付用户规模稳步增长，从2017年12月的53110万人增长到2021年12月的90363万人，增加了37253万人，年平均增幅14.2%。网络支付的使用率也稳步增长，从2017年12月的68.8%增长到2021年12月的87.6%，提高18.8个百分点，年平均增幅达到6.2%。

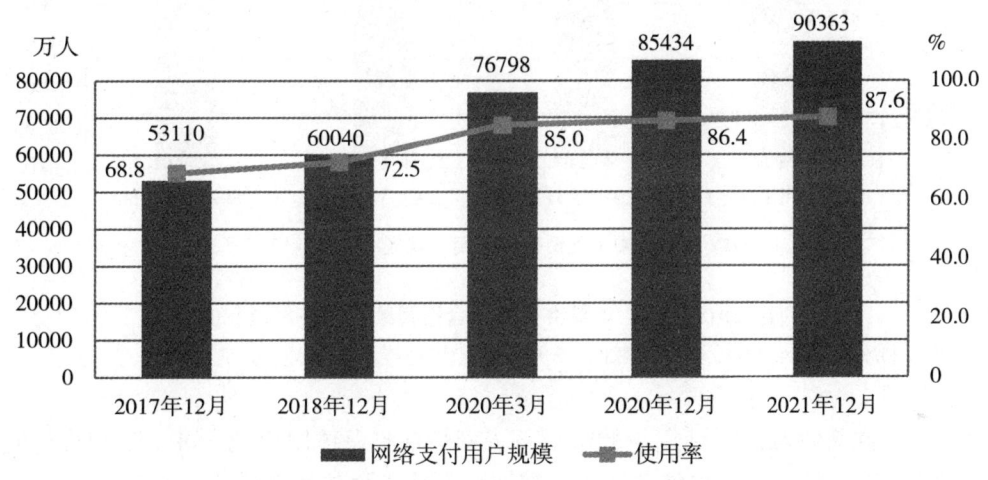

**图1-70　2017—2021年网络支付用户规模及使用率**

资料来源：2022年3月第49次《中国互联网络发展状况统计报告》。

2021年，我国网络支付业务规模稳步增长，为促进消费扩容提质、支持经济发展提供了有力支撑。以支付宝、微信支付为代表的第三方平台率先向云闪付等支付机构开放，在线上、线下场景，支付、服务两个层面推进更深入的互联互通。在线下场景中，支付宝、微信支付均和银联云闪付在全国多个城市实现了收款码扫码互认。在线上场景中，美团、拼多多等互联网平台已支持众多主流支付渠道。数字人民币推广提速，北京冬奥场景试点稳妥推进。截至2021年12月31日，数字人民币试点场景已超过808.51万个，累计开立个人钱包2.61亿个，交易金额875.65亿元，试点有效验证了数字人民币业务技术设计及系统稳定性、产品易用性和场景适用性，增进了社会公众对数字人民币设计理念的理解。

如图1-71所示，截至2021年12月，我国在网络视频（含短视频）用户规模达97471万人，占网民的94.5%，比2020年12月增加了4794万人。从2018年12月到2021

年12月,在线教育用户规模较快增长,从2018年12月的72486万人增长到2021年12月的97471万人,增加了24985万人,年平均增幅10.4%。网络视频的使用率也稳步增长,从2018年12月的87.5%增长到2021年12月的94.5%,提高了7.0个百分点,年平均增幅达到2.6%。

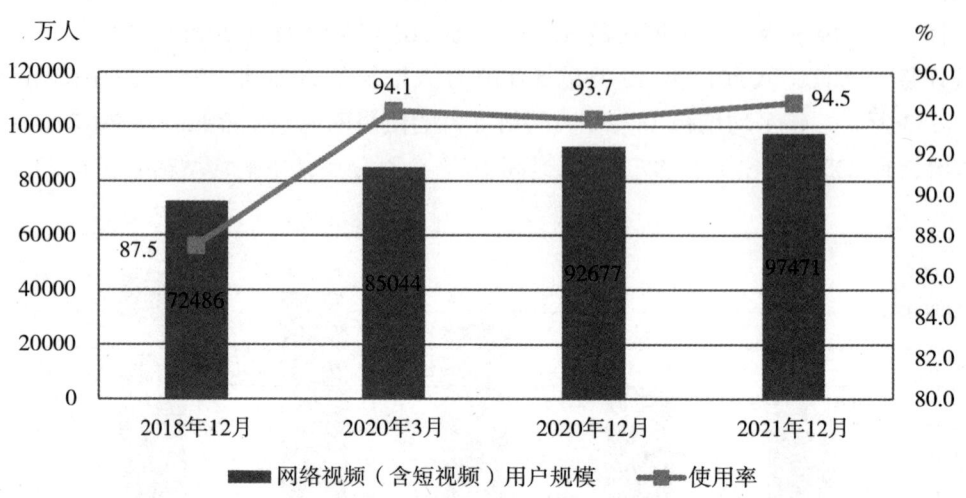

**图1-71　2018—2021年网络视频(含短视频)用户规模及使用率**

资料来源:2022年3月第49次《中国互联网络发展状况统计报告》。

2021年,在短视频应用新用户的带动下,网络视频总体用户规模进一步增长,但增速持续放缓。网络视频市场呈现精品迭出、新业务与技术加速探索应用、环境日益清朗的态势。"云业务"、新技术不断探索与应用,促进网络视频文化产业不断创新与发展。一是"云演出""云影院"等业务不断探索。二是3D化实景、虚拟偶像等技术不断应用。3D化实景正替代屏幕,成为视频网站自制剧集的拍摄场景,在视觉感受和特效呈现上,让观众有身临其境的沉浸体验。三是短视频推动知识传播,成为信息传播的重要渠道,通过积极开发出诸如视频合集的新功能和直播课等新形式,打造多层次、立体化的知识图谱。四是通过宣传和推介优质农产品助力农产品销售。五是通过加强流量扶持、提高变现能力、打造开放平台及开展城市合作等方式,通过吸引文旅项目、旅游景点入驻宣传,助力城市形象传播和推广,带动旅游业发展。

如图1-72所示,2021年中国网上零售额再创历史新高,达到130884亿元,比上年增加11.3%。从2017年到2021年,我国网上零售额规模持续增长,从2017年的71751亿元增长到2021年的130884亿元,年平均增幅达16.2%。2021年我国网上零售额是2017年的1.8倍。

环境分析篇

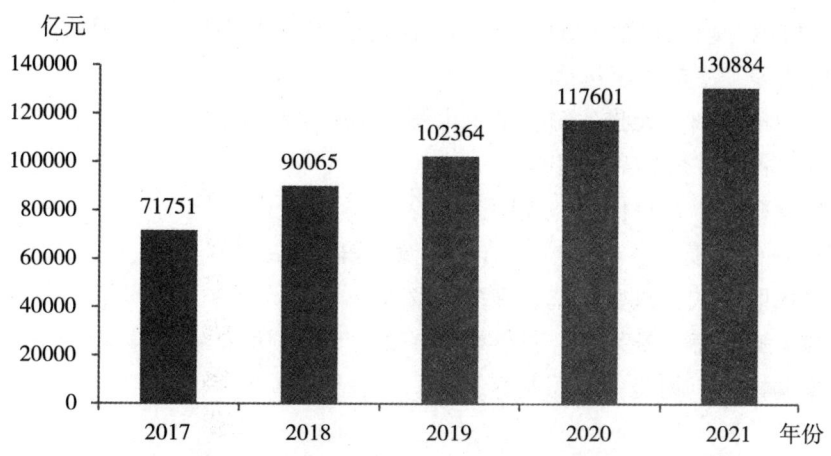

图 1-72　2017—2021 年中国网上零售额

资料来源：中华人民共和国国家统计局。

生鲜电商是网上零售电商这一大赛道下的分支，是以蔬菜、水果、肉禽蛋类等生鲜品作为核心商品，利用互联网将生鲜品通过电商仓库等传统快递方式配送，或是通过到店、到家、社区团购、周期购等模式到达消费者手中。如图 1-73 所示，2021 年生鲜电商交易额达到 4658.1 亿元，比上年增加 27.92%。从 2017 年到 2021 年，我国网上零售额规模持续增长，从 2017 年的 1402.8 亿元增长到 2021 年的 4658.1 亿元，年平均增幅达 34.99%。2021 年生鲜电商交易额是 2017 年的 3.3 倍。这表明，生鲜电商领域实现了快速增长。由于生鲜食品对质量安全的要求高，这就对其食品信息追溯提出了更高要求。将食品追溯体系覆盖生鲜电商交易的各个环节，是促进生鲜电商市场的健康、快速、可持续发展的重要保障。

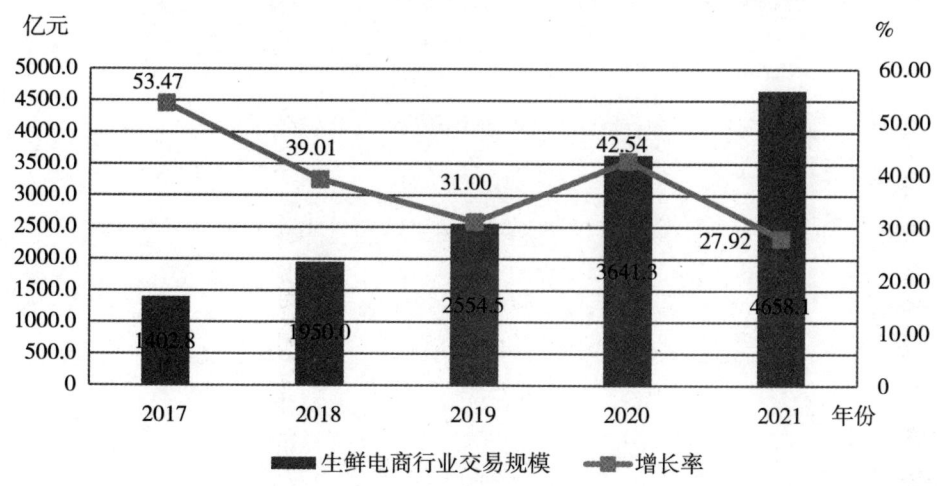

图 1-73　2017—2021 年中国生鲜电商交易额

资料来源：网经社电子商务研究中心。

61

目前,生鲜电商模式包括O2O模式、前置仓模式、"到店+到家模式"、社区团购模式、周期购模式等。主要商家包括以下七种。

(1) 传统生鲜电商:天猫生鲜、京东生鲜、本来生活等。
(2) O2O:京东到家、美团闪购等。
(3) 前置仓模式:每日优鲜、美团买菜等。
(4) "到店+到家模式"(店仓一体化):盒马鲜生等。
(5) 社区团购模式:兴盛优选、多多买菜等。
(6) B端生鲜电商:美菜网、宋小菜、链菜、飞熊领鲜、食务链等。
(7) 周期购模式:物美、麦德龙等。

(本篇编写人员:刘 谊、何继红)

# 专题研究篇

# 2 食品安全与可追溯食品调查分析

## 2.1 概述

建立和完善食品可追溯体系是应对食品安全问题的重要基础。从宏观层面来看,食品体系的建设是非常复杂的系统工程,政府、食品生产及流通领域的厂商以及消费者是食品可追溯体系建设中的主要参与主体。特别是社会大众对于食品安全和可追溯食品及其标识的了解与认可度是影响食品可追溯体系建设重要因素。调查研究当前社会公众对于食品安全与信息追溯的认知情况和接受程度,不仅能够为政府推动食品可追溯行为提供决策支持,还能帮助食品生产企业和追溯产品生产企业了解市场上对食品追溯的需求。为此,中国副食流通协会食品安全与信息追溯分会第二次就相关问题发起了问卷调查。中国副食流通协会发挥行业优势,在企业、科研机构、高校以及各行各业人士中展开了调查。通过调查统计分析,旨在为政府、厂商以及消费者提供食品安全与可追溯食品的有用信息,提高政府、企业和消费者在食品追溯领域决策的科学性,从而助力我国食品行业追溯体系的快速高质量发展。

## 2.2 调研方法

### 2.2.1 调研设计

本调查主要是了解公众对于食品安全与信息追溯的认识和态度。本次调查时间从2021年11月1日到2022年1月31日。调查问卷分为被访者基本情况和公众对食品安全与可追溯食品的了解程度两部分。其中,被访者基本情况包括性别、年龄、学历、职业、月收入五项。公众对食品安全与可追溯食品的题目全部为选择题,包括了15道单选题和6道多选题。具体分析结果见本章第 4 节。

### 2.2.2 调查方法

本次调查问卷采取在线回答方式。网上问卷调查采用第二人称方法提问。问题的设计采用先易后难的排列方法。首先列被调查者较熟悉的问题，其次列较生疏的问题。

为了保障本次调查的真实有效，我们采取了如下技术手段。首先，采取 IP 地址检测等方法保证问卷填写的唯一性。其次，问卷中隐含逻辑关联选题，程序自动筛除存在矛盾的样本。再次，自动对回收的合格问卷按比例进行问卷复核工作。最后，自动剔除无效样本后，还设置了人工审核，保证问卷的真实性。

### 2.2.3 统计方法

因网络调查不受地理位置的限制，因此被调查人群所属地区遍布全国。本次调查的数据采用频数分析方法进行分析。

## 2.3 基本情况

本次网络抽样调查共收到问卷 5537 份，有效问卷 5001 份，有效比例为 90%。被调查者基本概况如 2.3.1～2.3.5。

### 2.3.1 性别结构

如图 2-1 所示，从被调查者性别结构来看，在 5001 名被调查者中，男性为 2605 人，女性为 2396 人，男女比例为 52.1∶47.9，统计显示，截至 2022 年，中国男女比例为 51.2∶48.8。本次问卷被调查者的男女比例与该比例比较接近，表明被调查者性别结构较为合理。

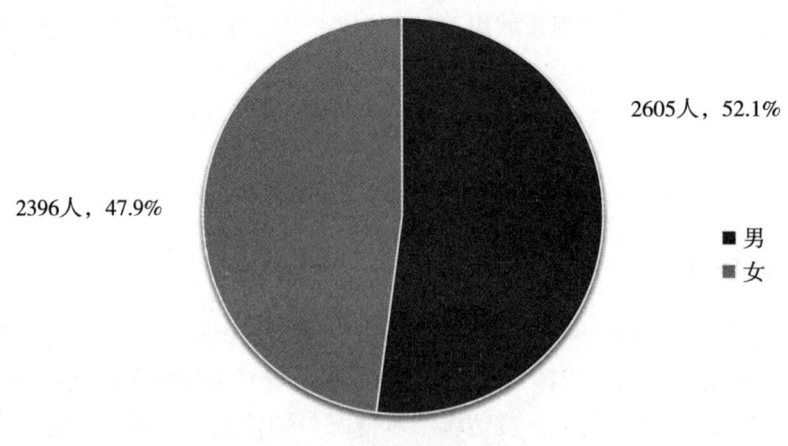

图 2-1 被调查者性别结构

### 2.3.2 年龄结构

如图2-2所示，在5001名被调查者中，年龄在0~19岁的有124人，占比2.5%；年龄在20~39岁的有2852人，占比57.0%；年龄在40~59的有1946人，占比38.9%；年龄在60岁及以上的有79人，占比1.6%。

本调查中20岁以下被调查者占比为2.5%，主要因为这个年龄段的多为高中以下学生，对食品安全与可追溯食品关注度不高。在被调查者中，年龄在20~39岁的比例为57.0%，占比最高，这一年龄段为大学生、研究生或企事业单位的中青年人，他们对食品安全问题比较重视，回答问题积极性高。被调查者中年龄在40~59岁的比重也较高，达到了38.9%，这个阶段的中年人通常生活已经稳定，对健康生活要求越来越高，对食品安全问题考虑也较多。60岁及以上被调查者占比仅为1.6%，主要原因是这个阶段的人群上网频率不高，因此收集到的样本较少。

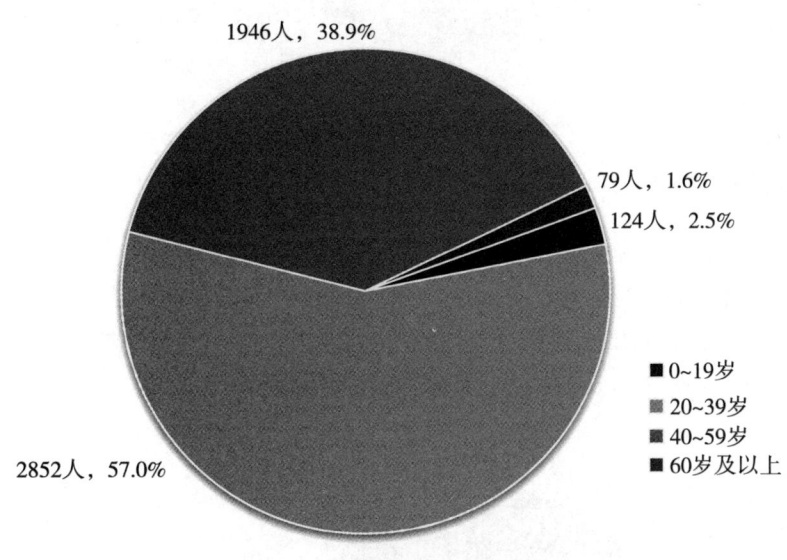

**图2-2 被调查者年龄结构**

### 2.3.3 学历结构

如图2-3所示，在5001名被调查者中，高中以下学历的占比17.3%，大专学历占比40.1%，比重最高，本科学历占比37.0%，研究生学历占比5.6%。从学历结构来看，除了研究生学历占比较低以外，高中以下学历、大专学历和本科学历人数差别不大。其中大专和本科学历加起来占总人数比重达到了77.1%，占被调查者的绝大多数。这表明被调查人员学历都达到了大专以上学历，高中以下学历占比17.3%，这表明本次被调查人员受教育程度较高。

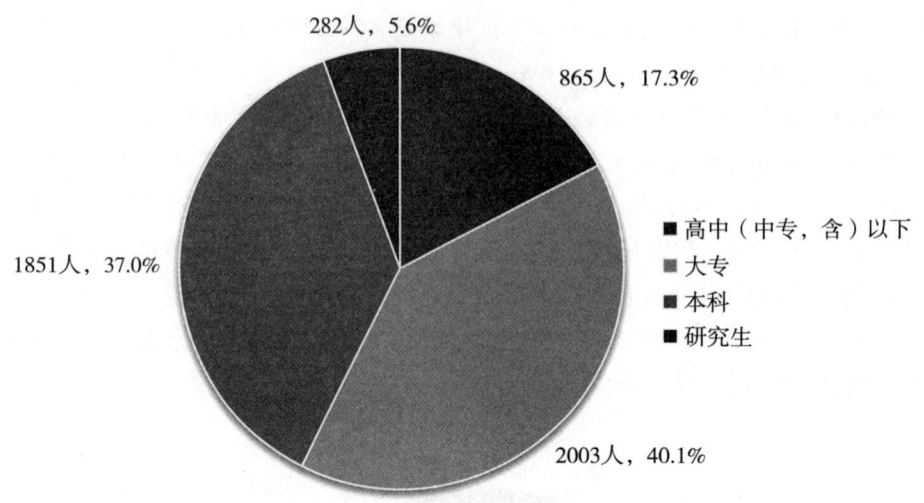

图2-3　被调查者学历结构

### 2.3.4　职业结构

如图2-4所示，在被调查者的职业中，公务员人数占比10.4%；职业为企事业单位职工比重最高，达到了48.1%；自由职业者占比12.5%；离退休人员占比8.4%，占比最低；学生占比20.6%。总体来看，企事业单位职工占比最高，学生占比排在第2位，自由职业者占比排在第3位，这三类人员总数占被调查者的比重为81.2%。

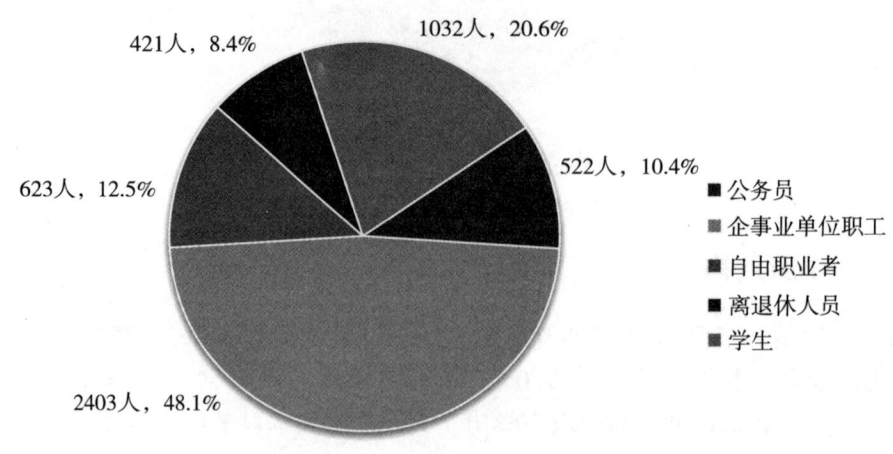

图2-4　被调查者职业结构

### 2.3.5 收入结构

如图 2-5 所示,在 5001 名被调查者中,月收入 2000 元以下的占比 30.2%;月收入在 2000~5000 元的占比最高,达到了 39.2%;月收入 5001~8000 元的占比 25.8%;月收入在 8000 元以上的人数较少,仅为 4.9%。整体来看,被调查者月收入水平与网民收入结构比较一致,呈现中低收入人数占比较大的特征,占总人数比重为 65.0%。

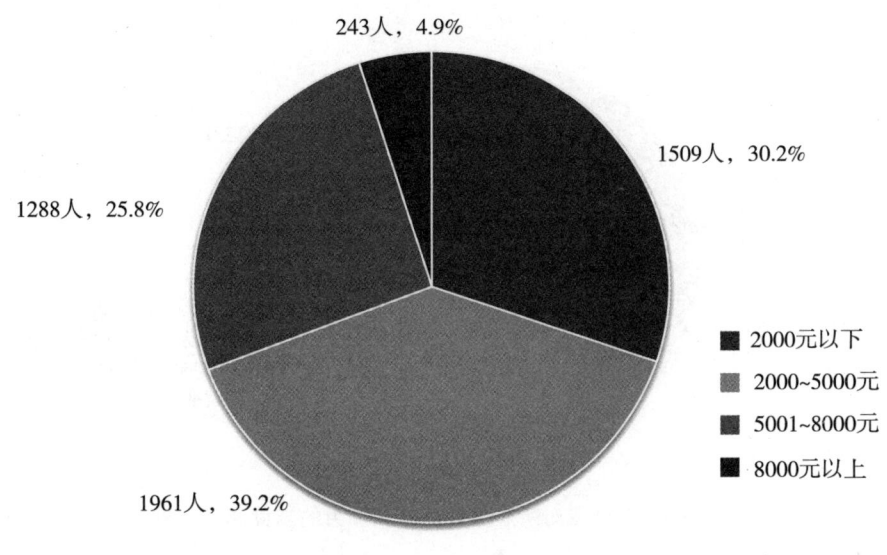

图 2-5 被调查者收入情况

## 2.4 调查结果及分析

通过回收的问卷调查,我们对问卷中的 15 道单项选择题和 6 道多项选择题进行了统计,具体的分析结果详细叙述如下。其中,2.4.1~2.4.15 是单项选择题调查结果,2.4.16~2.4.21 是多项选择题调查结果。

### 2.4.1 消费者对所消费食品是否具有追溯能力的态度

如图 2-6 所示,当消费者被问到对所消费食品是否具有追溯能力的态度时,大部分人选择了"关注,非常期待",占有效问卷比重为 84.7%,这表明大部分消费者对食品安全和原产地信息的关注程度都在逐步提升,大部分消费者对于了解食品追溯能力的态度比较积极;而选择"一般,有比没有好点"选项的消费者占总人数的 12.0%,这表明消费者在日常食品选择中,部分消费者对于食品追溯能力并不是非常重视,原因可能是消费者较少接触一些关于食品追溯、食品安全的宣传，因此对待食品宣称时的态度较为模糊。此外，选择"无所谓，可有可无"以及"不关注"的被调查者分别有73人和91人，分别占总人数的1.5%和1.8%，这表明大部分消费者还是比较关注食品追溯能力，只有极少部分人认为食品追溯并不重要。随着这几年食品质量安全问题的宣传在社会推广，加之目前国内食品质量安全频频出现问题，使得公众对食品追溯的关注程度非常高，因此，公众对食品追溯问题的期待程度也较高。食品追溯能力问题能否过关，将直接影响到公众的幸福指数，因此政府需要花大力气，采取各种手段，保证食品质量安全问题得到妥善解决。

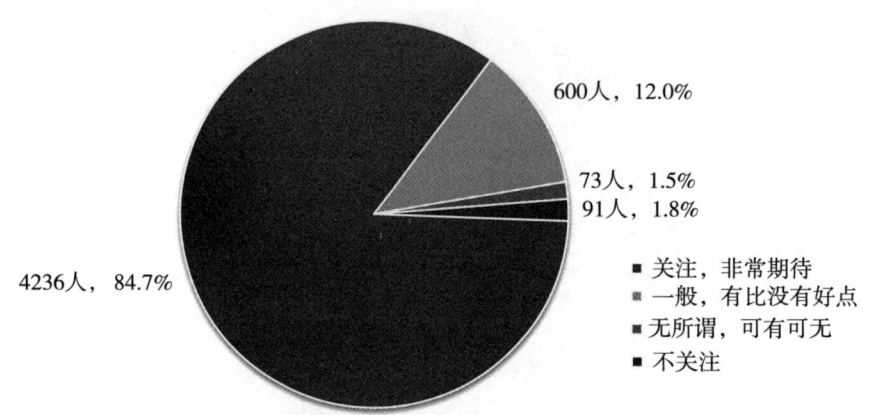

图 2-6 消费者对所消费食品追溯能力的态度调查结果

### 2.4.2 消费者对市场上各类食品宣传的态度

如图 2-7 所示，有 54.2% 的消费者"相信大品牌的宣传"，从这个数据可以看出，品牌的声誉以及规模在消费者购买食品时还是有较大的影响力，在进行食品宣传的同时企业需要考虑其社会影响力、企业形象等多方面因素，才能达到最好的效果。除此以外，有 1037 人觉得"基本不太相信，但是没有更好的选择"，占比达到了 20.7%，同时 1255 人认为"企业自己宣传的可信度不高"，占比 25.1%，这说明在食品宣传方面，企业宣传做得还不够，公众对食品信息追溯真实有效性存疑，应当努力将食品安全和宣传内容做到匹配一致，提升消费者对于食品宣传的信任度。食品供应链中信息不对称是食品安全问题产生的主要原因，而实施食品追溯体系是消除信息不对称的有效途径。如何通过激励并约束食品供应链的参与主体共享追溯信息，消除信息不对称也是社会面临的重大课题。

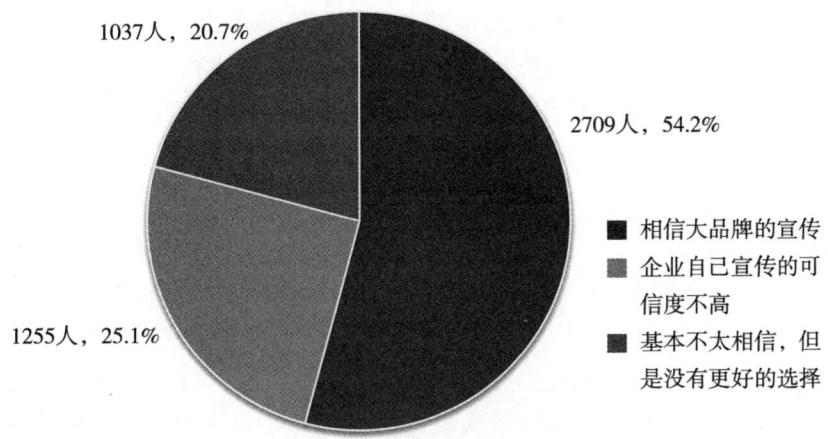

图 2-7 消费者对市场上各类食品宣传的态度

### 2.4.3 消费者购买食品时最容易遇到的食品质量安全问题

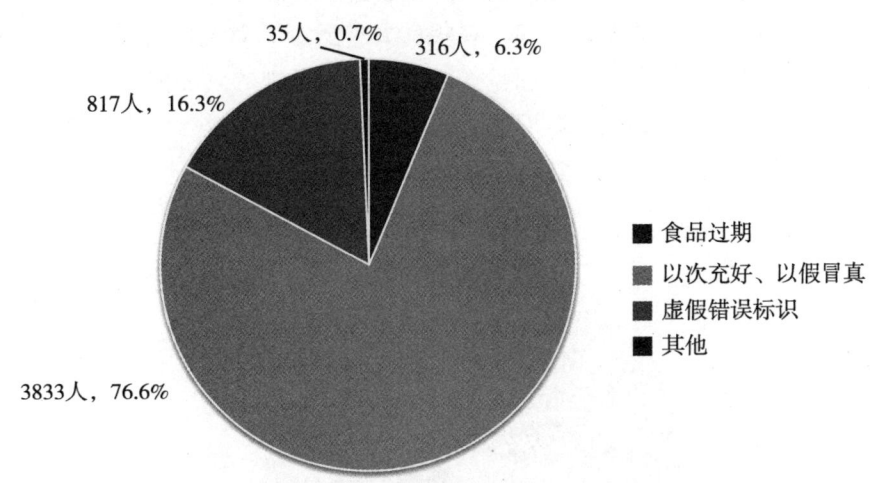

图 2-8 消费者购买食品时最容易遇到的食品质量安全问题

如图 2-8 所示，当被问到购买食品时最容易遇到的食品质量安全问题时，在被调查者中，有 316 人选择了食品过期问题，占有效问卷比重为 6.3%，比重较低，这表明随着食品安全法的推广，生产厂家和零售机构对食品过期问题比较重视，标识中对生产日期有明确标注，防止了零售机构售卖过期食品。而选择"以次充好、以假冒真"选项的消费者比重非常高，达到了 3833 人，占总人数的 76.6%，这表明消费者在日常食品消费中，绝大部分会遇到以次充好、以假冒真的食品，消费者对此问题最为焦虑，对食品的真伪信任度较低。此外，选择"虚假错误标识"这一选项的被调查者有 817 人，占总人数的 16.3%，这表明生产厂家食品的标注中，仍然存在问题，引起了消费者的关注。选择其他选项的很少，仅有 35 人，占比 0.7%，表明大家基本认为购买食品时最容易遇到的问题就是上述三个问题。

### 2.4.4 消费者认为食品安全问题应该由谁主要负责

如图 2-9 所示，在问及食品安全问题应该由谁负责的问题时，有 2324 人选择了生产企业，占总人数的 46.5%，有 2125 人选择了政府部门，占总人数的 42.5%，这表明大部分消费者认为食品安全问题首先是生产企业的社会良知问题，其次政府监管责任也非常重要，认为上述两方面应当负主要责任的人数占近 90.0%，而认为应该主要负责的是流通市场的人数不多，只有 344 人，占总人数比重仅为 6.9%，选择以上三个方面责任以外的责任人数占比更低，仅有 4.2%。这表明，消费者对现实的食品安全问题更多归咎于生产企业的不诚信和政府监管的不到位。近年来，国家对食品安全的宣传力度越来越大，在众多媒体曝光多起食品安全事件以后，消费者发现很多食品安全问题来自生产企业在利益驱动下制假造假行为，这是食品安全问题产生的最主要原因。此外，政府中相关的食品安全监督部门的不作为，也被广大消费者诟病，有些官员甚至为了个人私利或者地方私利，给企业造假制假行为开绿灯，损害了公众利益。至于流通市场中的食品安全问题，消费者感知程度不高，比较容易忽视。为此，政府应当加大监管力度，通过科学手段加强对食品生产企业的监管，以增强消费者对我国食品安全的信任。

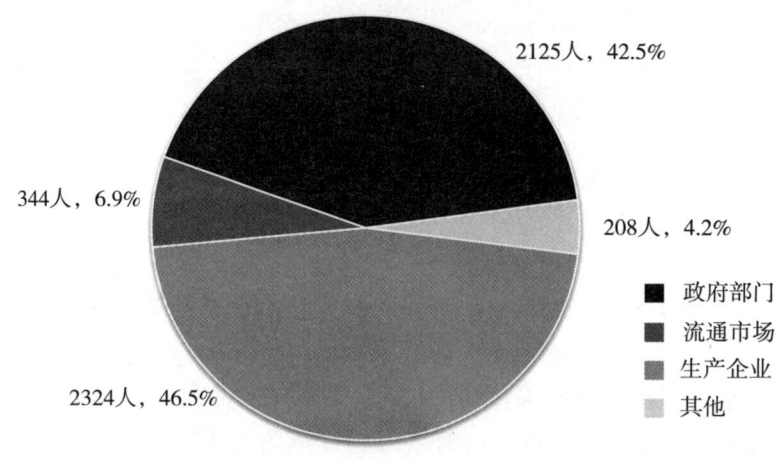

图 2-9 食品安全问题应由谁主要负责

## 2.4.5 消费者对国内食品安全现状的评价

消费者对国内食品安全的现状，绝大部分人表现出极端的不满意。如图 2-10 所示，对我国食品安全现状评价不及格的人有 2329 人，占总人数的 46.6%。虽然有超过半数的人对我国食品安全评价分数达到 60 分，但大部分都是集中在 60~79 分，勉强及格，占总人数比重为 46.6%。而对食品安全现状较为满意，即评价分数超过 80 分的只有 344 人，占总人数的比重为 6.9%。这个评价结果与我们平时生活中大家的感知比较一致。近年来，尽管我国经济发展速度较快，但公众普遍意识到当前的发展存在着很多不和谐因素，其中，食品安全问题首当其冲，是令老百姓最不满意的问题之一。从这次问卷调查的结果来看，真实反映了公众食品安全现状的不满意。超过九成的公众对我国食品安全的现状表现出担忧。如何扭转公众对食品安全的不信任，不仅是政府部门需要迫切解决的问题，也是生产企业应该思考的问题。而食品信息的可追溯，为解决这一问题提供了可能。

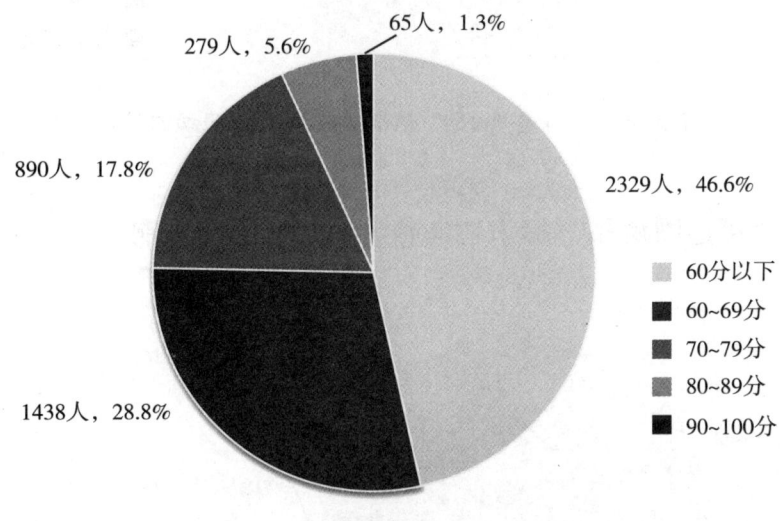

图 2-10　公众对国内食品安全现状的评价

## 2.4.6 消费者认为"可追溯食品"对食品安全和品质升级的意义

如图 2-11 所示，84.2% 的消费者认为"可追溯食品"对食品安全和品质升级"非常有意义"，说明随着可追溯系统的宣传普及，越来越多的消费者关注到可追溯食品对于提升食品安全的重要性，企业和政府应当设计完善可追溯食品源头追溯链条机制，同时也有 657 人认为"可追溯食品"对食品安全的意义"一般"，还有 131 人认为"没意义"，这两部分所占比重较小，说明大部分人还是认为"可追溯食品"的存在是有意义且有必要的。对消费者而言,追溯系统不仅仅具有信息查询功能,了解食品安全事件、颁布的法律法规,更是参与食品安全监督的重要途径。消费者主动发现食品安全问题,及时投诉、反馈将会对食品生产加工企业起到震慑作用,可以有效降低食品安全事件的发生或控制食品安全事件的影响范围,因此应当主动倡导消费者参与到追溯体系中。

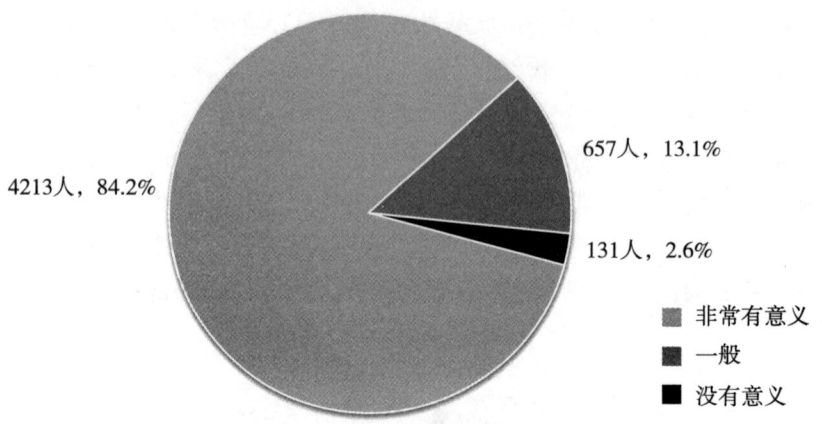

图 2-11 "可追溯食品"对食品安全和品质升级的帮助

### 2.4.7 "可追溯食品"标识对消费者选择食品的影响

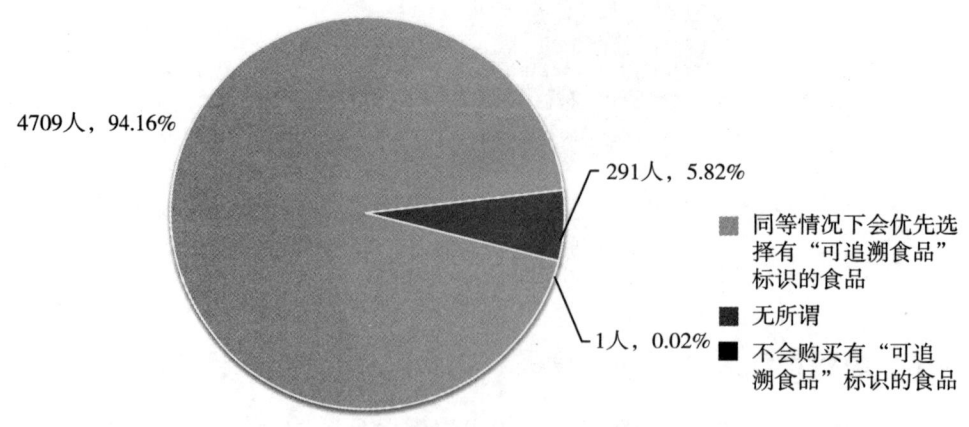

图 2-12 "可追溯食品"标识对选择食品的影响

如图 2-12 所示,有 4709 人选择了"同等情况下会优先选择有'可追溯食品'标识的食品",占比高达 94.16%,另外有 5.82% 的人选择了"无所谓"这一选项,说明可追溯食品标识对人们购买食品时具有导向性作用，可追溯标识也意味着更好的食品安全保障，消费者在购买时会优先选择有标识的产品。对于政府和生产企业来说，这是一个消费者递出的信号，公众越来越重视食品安全，也逐渐意识到可追溯食品的重要性，因此应当做好食品追溯核查链条，大范围确保可追溯食品标识的普及应用。对于已建立追溯的企业应加大可追溯食品的宣传力度，不仅有利于市场上优质优价机制的形成，使产品更具有竞争力，还有助于树立良好的业界口碑，对于社会来说，促进了追溯体系的建立。同时，政府应该通过多种途径加大宣传力度，使消费者深入了解该体系。

### 2.4.8 消费者对食品安全与信息追溯的了解程度

如图2-13所示，被调查者对食品安全与信息追溯的了解程度不高。具体而言，有2703人听说过食品安全与信息追溯，但并不了解信息追溯在食品安全中有什么作用；还有827人不知道食品信息追溯，占总人数的16.5%；有1255人比较了解食品安全与信息追溯，占总人数比例为25.1%；非常了解食品安全与信息追溯的人数仅有216人，占总人数比重4.3%。这一调查结果表明，当前我国消费者对食品安全与信息追溯的关系了解的人不多，对此问题的认识程度不深。政府相关部门，还需要加大宣传力度，让更多消费者了解食品信息追溯，认识到信息追溯对于保障食品安全的重要价值。另外，政府还需要各种激励和约束机制，鼓励更多的食品生产企业实现产品可追溯，在保障企业合法权益的同时，也提升在消费者心目中的品牌知名度和公信力。

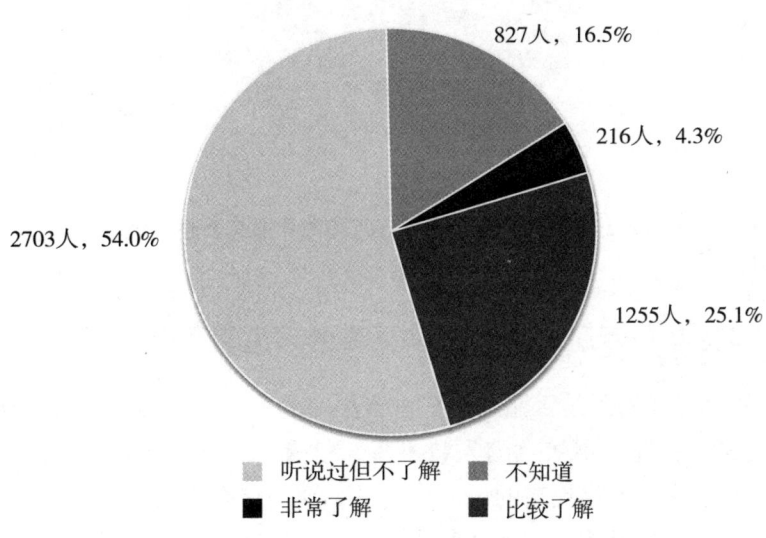

图 2-13 消费者对食品安全与信息追溯的了解程度

### 2.4.9 消费者认为可追溯食品是否比不可追溯食品更安全

如图 2-14 所示，当问到可追溯食品是否比不可追溯食品更安全的问题时，被调查者中，有 2540 人认为，可追溯食品比不可追溯食品更安全，占总人数比例超过了一半。还有 2188 人部分同意这种看法，占总人数比重 43.8%。只有 273 人认为可追溯食品并不比不可追溯食品更安全，他们认为，食品是否可追溯与安全无关。这个调查表明，消费者虽然对食品追溯并不是很了解，但通过媒体宣传，绝大多数人会认为食品可追溯以后，多少还是会对食品安全起到一定作用。与不可追溯食品相比，消费者能获取更多与食品相关的信息，从而能够更好地购买食品。同时，在食品可追溯情况下，生产厂商一旦出现食品质量问题，其被准确查出的可能性很大，因此客观上对厂商的生产行为起到了监督的作用，因此可能提升食品的质量和安全。最终结果使得消费者和生产者之间建立更为信任的关系，缓解消费者对食品质量安全的焦虑心情。

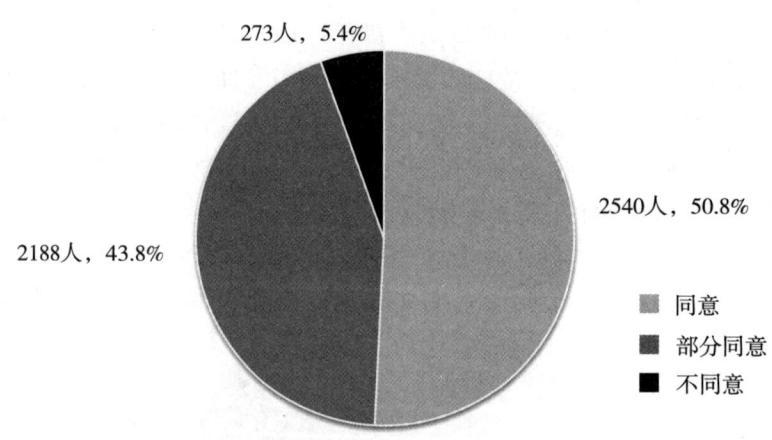

图 2-14 可追溯食品比不可追溯食品是否更安全

### 2.4.10 消费者是否愿意购买价格更高的可追溯食品

如图 2-15 所示，在问到是否愿意购买价格更高的可追溯食品时，有 2601 人选择了愿意，占总人数的 52%；选择不愿意的人数不多，仅有 823 人，占比为 16.5%；还有 1577 人不能确定是否愿意购买价格更高的可追溯食品。这一结果表明，消费者对于现实食品安全现状担忧。因此，如果可追溯食品确实能通过合理的监督机制，对生产企业、流通领域食品进行严格的监管，那么消费者愿意承担为此增加的一部分成本。选择不愿意的人可能认为，可追溯食品对于提高食品安全水平的作用不大，甚至没有任何作用，为此花费额外的费用不值得，因此他们选择了不愿意。还有部分消费者处于两者之间，这部分消费者可能对增加的额外费用的多少无法确定,因此也不能很明确地给出判断意见。但总体来看,超过半数的人选择了愿意为可追溯食品花费额外的成本,这对于从事食品追溯领域的企业和正在进行食品可追溯改造的企业而言,是一大鼓舞。

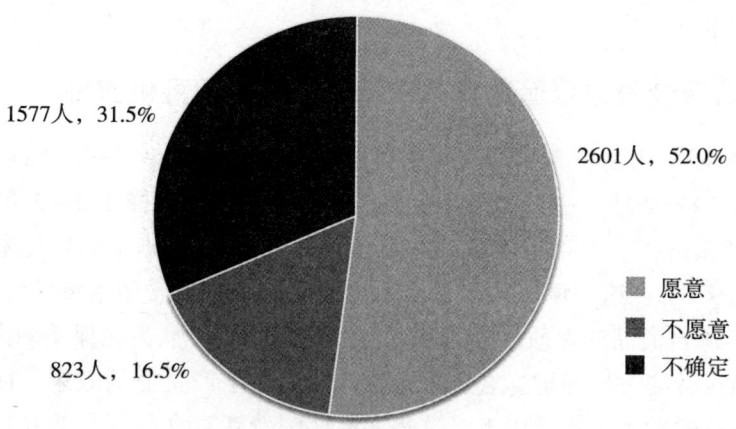

**图 2-15 消费者是否愿意购买价格更高的可追溯食品**

### 2.4.11 消费者能接受可追溯食品的价格区间

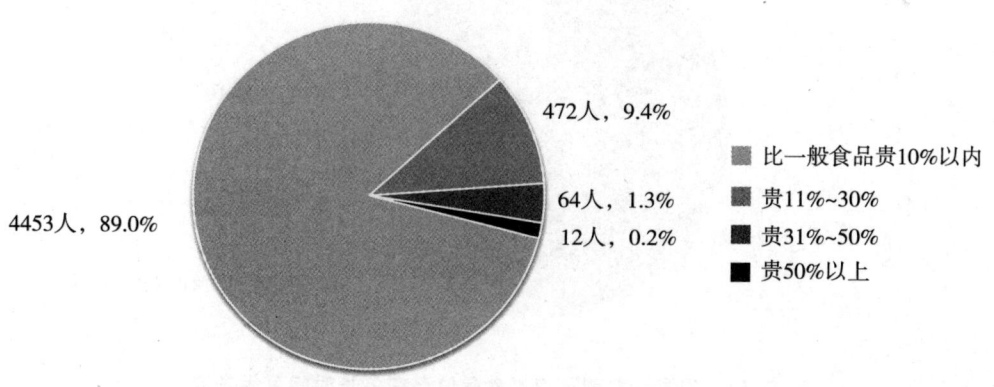

**图 2-16 消费者能接受可追溯食品的价格区间**

如图 2-16 所示,有 4453 人选择了"比一般食品贵 10% 以内",占比为 89.0%,除此以外,9.4% 的消费者可以接受"贵 11%~30%",仅有 1.3% 的消费者可以接受"贵 31%~50%",几乎没有人能接受"贵 50% 以上"的可追溯食品。从这个调查结果来看,消费者所能接受的成本分摊范围较小,但同时追溯系统建立的成本可能会比较高,它包括记录保

77

存和食品区分的成本。记录保存成本是指收集和维护食品在供应链上流动的属性信息所产生的成本，包括引入相关技术的成本。食品区分成本是指为了追溯和追踪目的，保持食品属性集合彼此分离而产生的成本。因此企业就会提升价格来保持自身盈利，为了刺激消费者购买，同时让参与的企业愿意参与追溯信息共享的行为，应当设计合理的参与机制，政府发给参与企业相应的补贴等。

### 2.4.12 消费者希望可追溯食品信息在多长时间可供查询

如图 2-17 所示，当消费者被问到希望可追溯食品信息在多长时间内可供查询时，有 2057 人选择了 6~12 个月，占总人数的 41.1%，有 1305 人选择了 1~3 年，占总人数的 26.1%，有 1158 人选择了 3 年及以上，占总人数的 23.2%，仅有 481 人选择了 6 个月以下，占总人数的 9.6%。这一调查结果显示，近一半的消费者希望追溯信息保留时间在6~12个月，这可能源自商品的保质期大多在 1 年以下。消费者认为在保质期内保持商品信息可追溯，是对消费者的一种保护，客观上也能起到监督生产企业的效果。而 1/4 的人仍然要求食品追溯信息保持到 3 年及以上，这表明有些消费者对食品安全的要求很高，对信息透明度的时效性要求很严。仅有不到 10% 的被访者只要求保留 6 个月以下。这说明，绝大部分消费者希望食品可追溯信息尽可能保持更长时间以便于消费者查询。

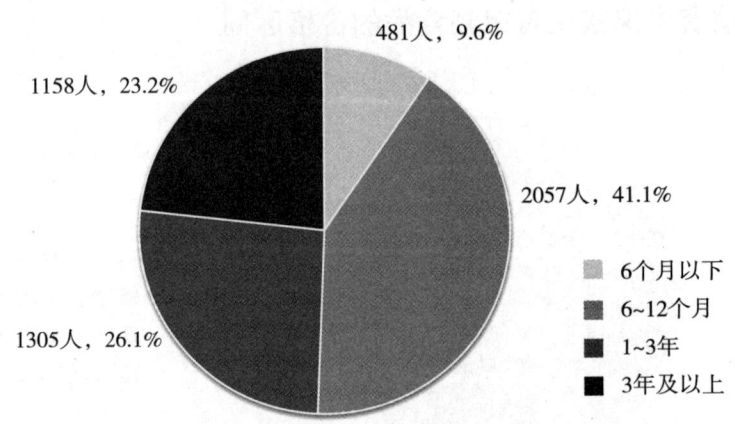

图 2-17 消费者希望可追溯食品信息在多长时间可供查询

### 2.4.13 消费者最喜欢的可追溯信息查询方式

如图 2-18 所示，在问及最喜欢的可追溯信息查询方式时，消费者最喜欢的方式是手机扫码查询方式，有 3421 人选择了这个选项，占总人数的 68.4%，这一情况与我国智能手机的普及有很大关系。由于手机扫码方式的方便快捷，为食品可追溯的发展提供了契机。目前,仍然偏好网络查询方式的人数占比不到10.0%,而喜欢电话查询方式人数也只有8.1%,食品标签查询作为一种传统方式,占比也不高,仅为9.3%,而想通过销售商查询的仅仅只有220人,占比4.4%。这一调查结果表明,随着我国互联网和智能手机的普及,信息追溯查询方式将越来越依赖手机查询方式,通过扫码查询不仅快捷方便,而且能提供用户所需的更多信息,其时效性好、信息量大等优势将在未来信息追溯查询方式中占据主导地位,受到越来越多消费者的认可与喜爱。另外,手机扫码方式,为生产厂商网络营销提供了可能,生产厂商依靠这一接口,还可以与消费者展开互动,不仅宣传了企业,还可以借此对商品进行推广,达到事半功倍的效果。

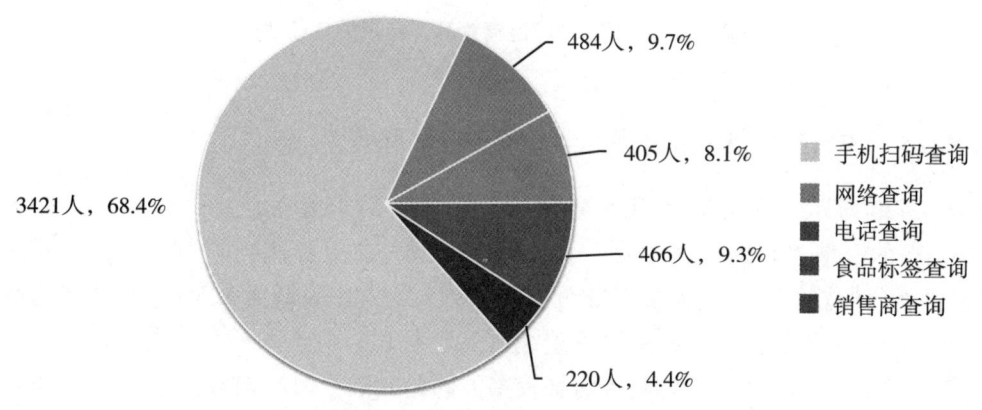

图 2-18 消费者最喜欢可追溯信息查询方式

### 2.4.14 消费者购买有"可追溯食品"标识的食品动机

如图 2-19 所示,选项中涵盖了各种不同类型的购买动机,包括"自己吃","给孩子吃","给朋友吃","给父母吃",有 3801 人选择了"以上都是",占比达到 76.0%,证明消费者在购买食品时越来越意识到食品安全的重要性,不管是在哪方面的购买需求,都会优先购买带有"可追溯食品"标识的产品。选择"自己吃"的人占比达到 10.2%,10.5% 的人选择"给孩子吃",与此同时,2.5% 的人选择了"给父母吃",另外有 0.7% 的人购买食品"给朋友吃"。从这一问题的调查结果可以看出,大部分消费者还是对可追溯食品非常放心,对其具有购买的欲望。同时,很多消费者觉得建立食品追溯体系很有必要,并甘愿对其做出资金方面的投入,从整体上讲,食品追溯体系能够对人们的消费起到刺激性的作用。

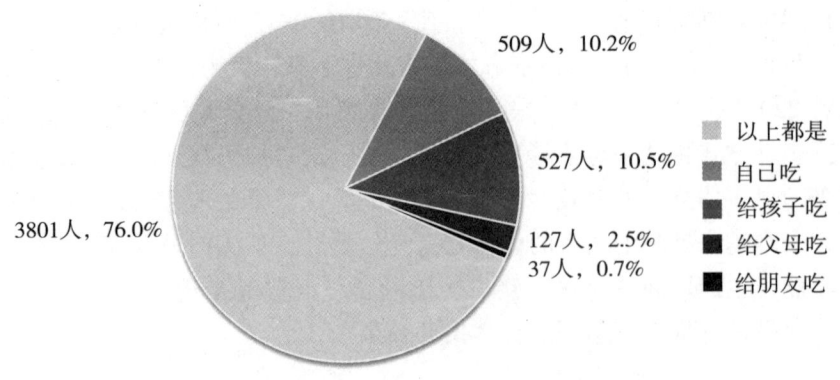

图 2-19 购买有"可追溯食品"标识的食品动机

### 2.4.15 关注"可追溯食品"标识者的家庭角色

如图 2-20 所示,在关注"可追溯食品"标识者的家庭角色中,48.4%的人是"爸爸",28.1%的人是"妈妈","子女"占比与"妈妈"接近,达到了 19.9%,另外,选择"爷爷奶奶外公外婆之一"的消费者数量仅有 182 人,占比最低为 3.6%,说明在消费者购买食品时父亲这一角色会较多关注"可追溯食品"标识,母亲和子女次之,原因可能是家中的男性角色平时关注食品安全宣传信息较多,因此在购买时也会注意这一点。随着我国消费水平逐日提高,人们更加注重饮食的安全,消费者愿意在食品安全问题上多花一份钱来保障自己餐桌上的食物是安全的。

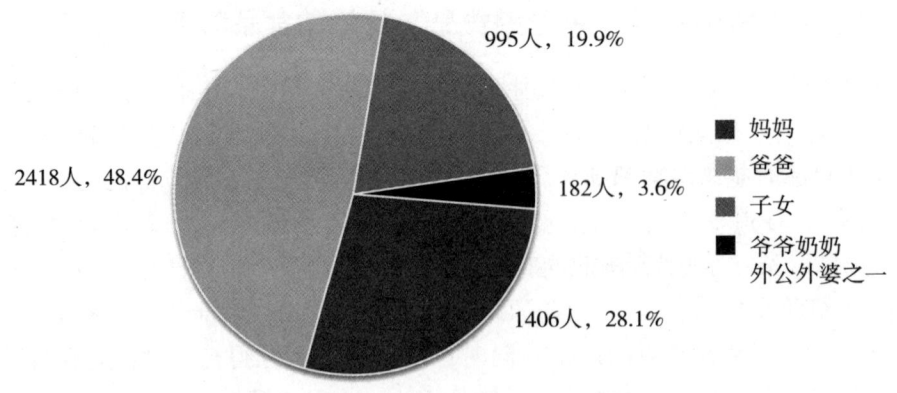

图 2-20 关注"可追溯食品"标识者的家庭角色

### 2.4.16 消费者平时购买食品的场所

如图 2-21 所示，在问及平时购买食品的地点时，有 4056 人选择了超市，占比超过了 4/5，排名第一。有 2487 人选择了通过互联网购买食品，占比接近一半，排名第二，这也充分说明，随着消费者网上购物习惯的养成，越来越多的人通过网络购买食品。排名第三的是小商铺，有 1819 人，超过总人数的 1/3。不出所料的是，出于健康安全因素考虑，只有 842 人选择在流动摊点购买食品，占总人数的 16.8%。这一调查结果基本反映了公众购买食品的主要渠道，其中超市因其食品质量安全有保障受到绝大部分人的喜爱，而互联网渠道因其方便快捷也得到越来越多人的认可，小商铺多为靠近居民生活区比较方便因此得到了不少消费者的认可，而流动摊点因为食品质量安全往往得不到保障，成为消费者平时最少购买食品的场所。

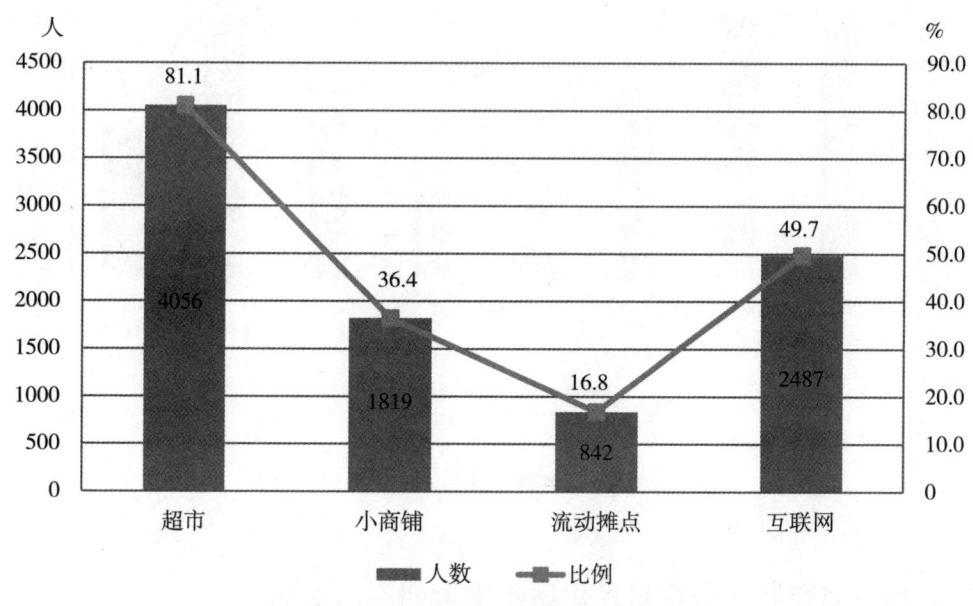

**图 2-21 消费者平时购买食品的场所**

### 2.4.17 消费者购买食品时主要关注的信息

如图 2-22 所示，购买食品时，消费者关注的信息主要有以下方面。关注最多的信息是食品生产期与保质期，有 3664 人选择了这个选项，占比 73.3%。排名第二的是食品价格，有 3157 人选择了这一选项，占比 63.1%。排名第三的是食品品牌，有 3131 人选择了这一选项，占比 62.6%。上述三项是消费者最关注的信息，选择上述选项的比重均超过了总人数的3/5。接下来排名第四的消费者比较关注的信息是食品成分，出于健康考虑，越来越多的人关注食品成分，有2233人选择了该选项，占比44.7%。排名第五的是食品安全标志，占比38.9%，表明国人越来越关心食品安全健康问题。与此对应排名第六的是绿色、有机食品等标识，这也反映出国人对健康食品越来越关注。关注食品原产地信息的人不多，不到1/3，对食品外观，关注的人就更少，仅仅有16.5%，这表明国人对食品的健康和价格更为关注，对于食品外观和原产地等问题，消费者对此关注率较低。这充分说明我国食品问题还处在安全阶段，消费者首先关注的是食品的健康卫生问题，而对于食品外观等与健康关联度不大的选项，被访者选得不多。

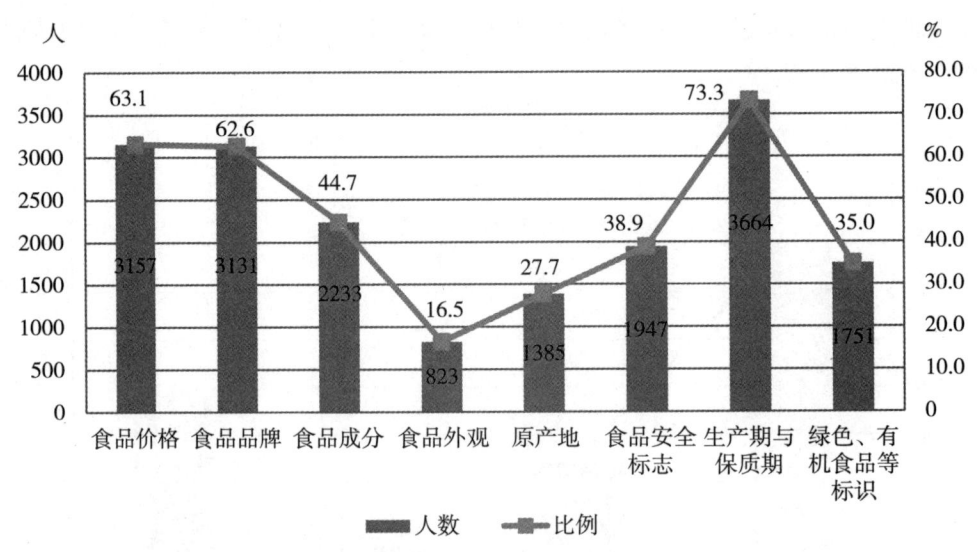

图 2-22 消费者购买食品时主要关注的信息

### 2.4.18 消费者认为容易发生质量安全问题的食品

如图2-23所示，在消费者看来，最容易发生质量安全问题的食品很多。其中，有3351人认为肉类食品容易发生质量安全问题，占总人数的67.0%，排名第一。其次是乳制品，有3179人选择此选项，占比63.6%。排名第三的是水产品，有2586人认为其容易发生质量安全问题，占比超过了一半。排第四位的是粮油食品，有1870人选择此选项，占比37.4%。排名第五的是饮料类，有1845人选择此选项，占比36.9%。排名第六的是水果、蔬菜，有1795人选择此选项，占比35.9%。排名第七是酒类，有28.2%的人选择此选项。选择其他的人数很少，仅占7.8%。总体来看，排名前三的是肉类、乳制品和水产品，选择这三类食品的人数都超过了总人数的一半，主要原因可能是这三类食品保质期和保鲜期较短，容易产生质量安全问题。排名第四到第六的食品是粮油食品、水果蔬菜和饮料，选择这三种食品的消费者比例在三分之一左右。

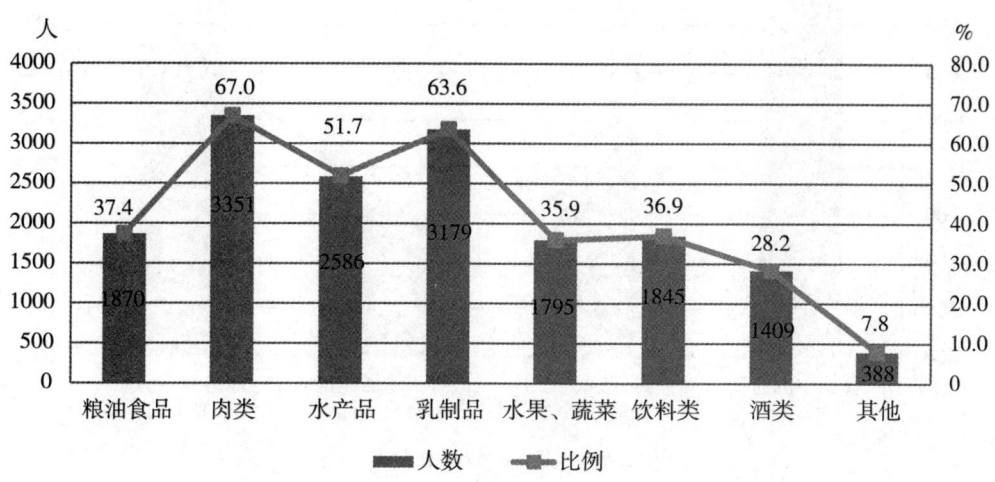

图 2-23　消费者认为容易发生质量安全问题的食品

### 2.4.19　消费者担心的食品安全问题

如图 2-24 所示，消费者担心的食品安全问题包括很多。其中，有 4191 人选择了食品中的违规添加剂，占有效问卷比重达到 83.8%。有 4062 人选择了地沟油等劣质食材加工的食品，占总人数的 81.2%。有 3797 人选择了水果蔬菜中的农药残留，占比 75.9%。有 3714 人选择了低等劣质餐馆的不合格食品，占比 74.3%。总体来看，上述四个问题，都是消费者非常担心的食品安全问题，有 3/4 的消费者对食品安全中的上述问题表达了担忧，因此这些问题也急需通过各种手段给予防范。通过建立严格的监管机制是解决问题的一方面，而通过食品信息追溯等工具，依靠高科技技术手段对生产者和流通市场中的销售商行为进行监督和管理，是防范食品生产企业和销售流通环节道德风险的另一方面。

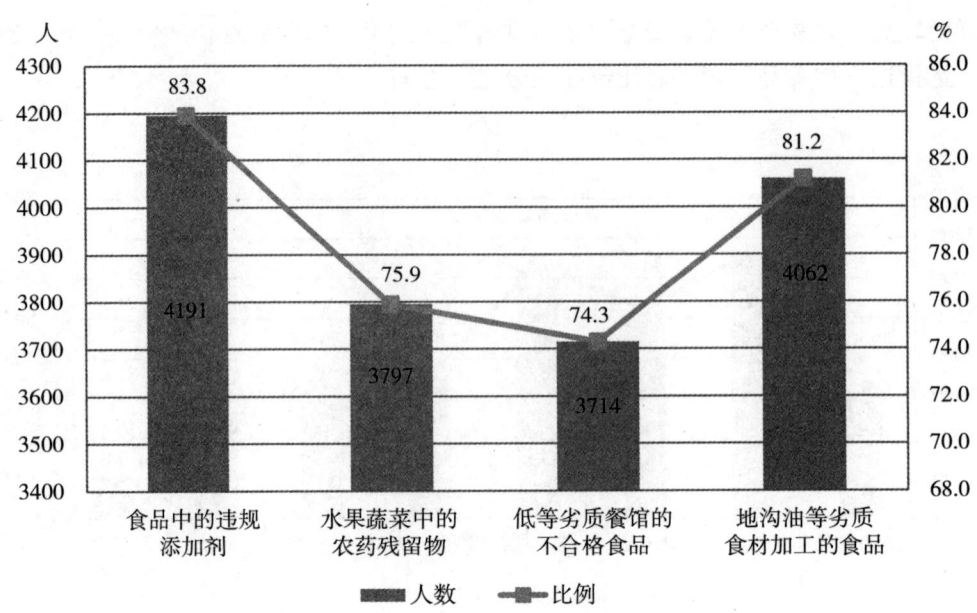

图 2-24 消费者担心的食品安全问题

## 2.4.20 提高我国食品安全水平的措施

如图 2-25 所示，在问到如何提高我国食品安全水平这一问题时，有 4392 人认为应当由政府加强监管，大力整治，选择这一选项的占总人数的 87.8%。有 4196 人选择完善相关法律制度，占总人数的 83.9%。有 4144 人选择严惩犯罪商家，占总人数的 82.9%。有 3161 人选择企业提高自身法律和道德意识，占总人数的 63.2%。有 2353 人选择了大力推广食品信息追溯系统，占总人数的 47.1%。从这一调查结果来看，消费者目前更多认为提高食品安全的方法还是在于政府的监管和惩罚力度。而对于信息追溯的全面应用，有接近一半的消费者认可也是措施之一，但由于公众对信息追溯的认识还不够，因此对信息追溯对食品安全的重要作用认识还不够深入。这就要求政府应当在公众中大力宣传食品可追溯的重要价值，并鼓励更多的企业加入食品可追溯的行列。通过企业对消费者不断宣传信息追溯的作用，逐步在消费者中培养对追溯信息的查询和监督习惯，从而实现对食品生产企业的有效约束。

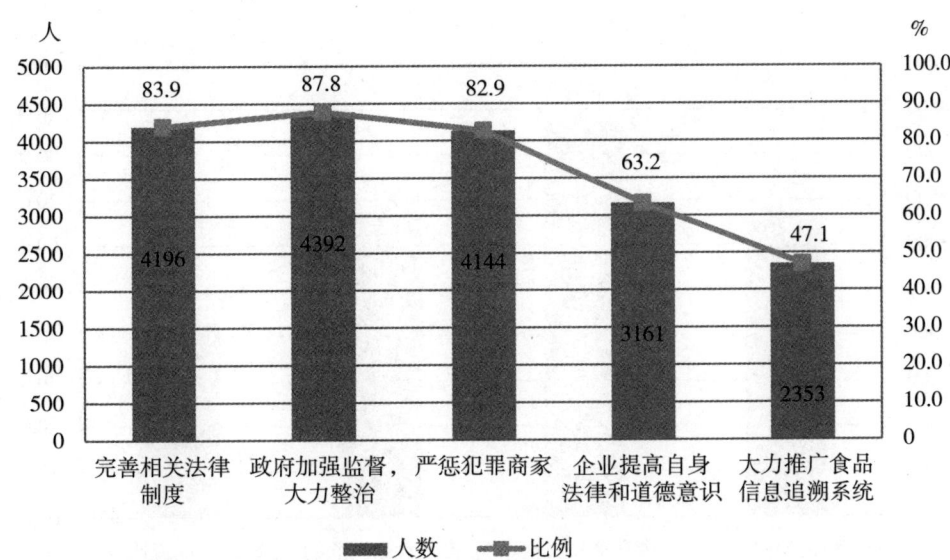

图 2-25 提高我国食品安全水平的措施

## 2.4.21 消费者对"可追溯食品"标识的期望

如图 2-26 所示,有 3272 人选择对"可追溯食品"标识的期望是"帮助消费者购买选择",占比为 65.4%。有 4363 人选择应该"提升食品安全及品质",占比达到 87.2%。除此以外,有 3364 人认为应该"提升食品企业的规范化管理水平",占比达到 67.3%。有 2146 人选择了"降低食品流通成本,让利于市场",占比为 42.9%。目前来看,消费者对"可追溯食品"标识的期望更多的是从自身出发,希望可以提升食品安全与品质,帮助消费者进行购买选择,在此基础上消费者也希望能够提升食品企业的规范化管理水平,从源头上尽最大可能保证食品安全。除了由消费者来买单之外,政府也需要在食品安全追溯体系建立方面对产品做出补贴,由此生产销售各环节在成本不增加的情况下加大力度对食品安全进行管理,提高企业参与食品供应链追溯的积极性,有益于企业的社会声誉,同时可提高社会效益。我国应根据不同的食品种类对其应该追溯收集的信息进行系统的规定,让各食品企业有法可依,遵照细致的标准,对食品企业的生产行为进行严格的规范化管理。随着食品安全追溯体系的发展需要,及时复审和修订追溯标准,提高追溯标准的时效性和适应性。

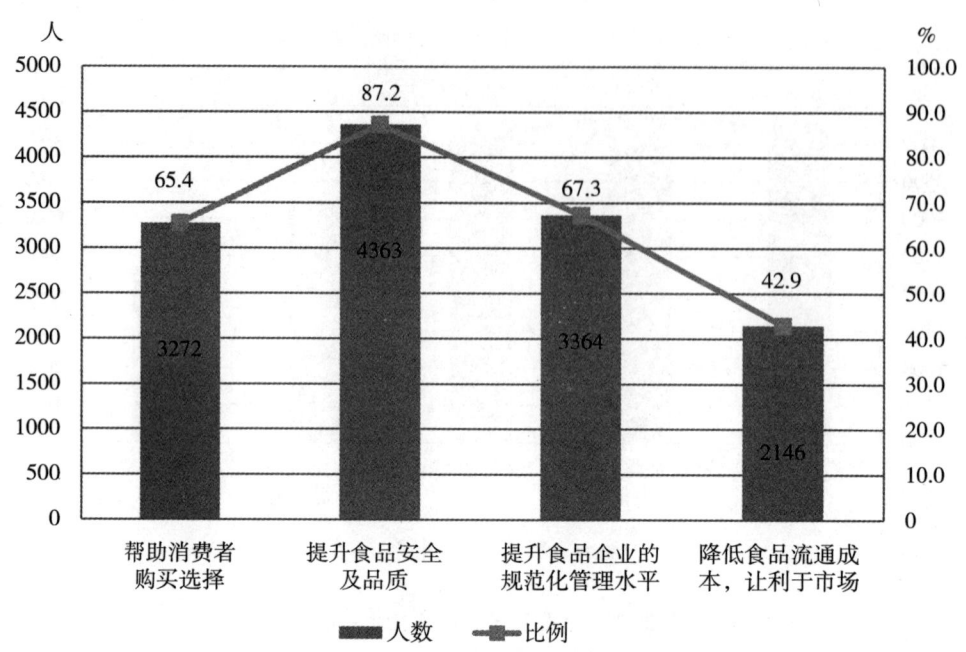

图 2-26 消费者对"可追溯食品"标识的期望

## 2.5 总结及建议

经过中国副食流通协会的大力推广,本次调查取得了一定的成果。在三个月时间里,共回收5000多份问卷,我们感到无比欣慰。也非常感谢社会大众对食品安全事业的支持和理解。但是,由于食品信息追溯这一领域对于公众而言,还比较陌生,即使是很多受过高等教育的被访者也对此了解不深,公众对问卷调查的积极性也不是很高,协会虽然采取了各种办法进行了网络推广,但回收问卷数量仍然不多,问卷质量也有待进一步提升。从样本量来看,虽然已能满足一般的统计需求,但距离我们最终的目标还有一定距离。

通过对问卷调查结果的分析,我们深刻体会到公众对食品安全非常重视。央视3·15曝光的"方便面"原料问题引起全社会的广泛关注。当前,公众对食品安全信心不足,对于食品信息追溯的了解不深。对政府而言,食品安全是和谐社会建设中最具基础性的民生工程。建设食品可追溯体系,推广可追溯食品,是提高城市消费者对可追溯食品的购买意愿并逐步惠及农村食品市场,有效提升食品安全水平的重要途径。为此,我们提出以下几点建议。

(1)通过调查,我们发现消费者对食品可追溯体系了解还不够深入。因此,政府相关管理部门应当努力普及食品信息追溯的相关知识,加强对消费者的宣传,加大宣传教育力度，使消费者了解食品信息追溯的功能和价值，引导消费者查看和理解可追溯食品标识中的信息，学会投诉与维权等，以提高城市消费者对食品可追溯体系功能的认知水平。

（2）由于食品可追溯体系的建设与运行而导致的成本增加最终会通过价格机制传导给消费者。因此，政府应当在充分考虑普通消费者对可追溯食品的价格承受能力的基础上，通过各种补贴方式，鼓励食品生产企业开展可追溯体系建设，使食品追溯在全社会真正落地，并将追溯成本在政府、企业和消费者之间合理分摊，从而推动全社会对食品信息追溯体系的认同和接受。

（3）加强企业追溯责任。可追溯体系的建立本质是企业作为控制风险点、明确责任的要求。企业追溯体系建设是食品追溯体系建设的前提条件，企业应在自身能力范围之内形成辐射全国、连接城乡的追溯网络，打造一条从生产、流通到消费的全过程信息化追溯链条，实现所有食品来源可查、去向可追、责任可究，从而打造放心的消费渠道。同时，消费者、企业、监管部门作为食品追溯链中重要的参与者，应思考如何运用食品安全追溯系统为相关企业提供科学决策的依据和精准的市场信息；为消费者提供准确而详细的有关产品溯源信息，保障消费者自身利益；为监管部门提供监管技术支撑手段。中国副食流通协会也将继续致力于推动全社会对食品追溯的关注，充分调动各方积极性，为我国食品安全更上一层楼做出应有的努力。

# 3

# 区块链落地食品追溯产业的制约因素分析

## 3.1 引言

近年来,由食品安全、食品质量引起的食品危机频发,尤其是2020年新冠肺炎疫情发生以来,因携带新冠病毒的进口冷链食品在国内分销,发生相关疫情案例50余起,其中北京新发地疫情暴发,波及7个省市,导致400人感染,商户损失少则几十万元、多则数千万元;大连"7·22"疫情也由冷链海鲜产品加工所致,造成118人感染;除此之外,青岛、新疆多地的新一轮疫情,都与进口冷链食品相关。食品安全问题已造成了严重的人身伤害和经济损失,保障食品安全和确保食品信息全流程可追溯对于重塑后疫情时代消费信心、构建社会主义和谐社会具有重要意义。

区块链技术本质是工业4.0支持的一种分布式且不可变的数据库,因其具有完整性、真实性、高度透明性、永久性、不可篡改性和安全稳定性等多重特点,将其用于食品供应链中,可以使高效率追溯成为可能。

尽管如此,目前区块链在食品追溯领域落地项目依然不多,已落地的项目大多也属验证性、探索性项目,难以形成持续性商业模式。区块链在与食品追溯产业融合发展的实际应用过程中,建立成本高、盈利模式不稳定、人才培养滞后等内在制约因素表现明显,技术门槛高、共享困难、政策监管薄弱等外在制约因素依然突出,食品供应链各方在应用区块链技术进行追溯时面临较大阻碍。本研究调研的14家区块链平台企业及区块链应用企业都面临着或多或少的发展困境,验证了这一事实。作为一项新兴技术,区块链在现实应用中的推广完善还有很长一段路要走。因此,明确区块链落地食品追溯产业的主要障碍,帮助区块链食品追溯参与方解决应用难题,成为当下亟须解决的重要问题,也是提高追溯效率、保障食品质量安全、构建社会主义和谐社会的必要条件。

理论界关于区块链食品溯源制约因素的研究文献较少,有涉及的都是简要提及,缺乏系统性分析。扎根理论主张从事实到实质，对于以实践为基础的企业访谈资料分析具有很好的适用性；专家打分和层次分析是研究制约因素的普适性方法，广泛适用于对指标因素的评价分析。本研究通过深度访谈与问卷访谈相结合的方式，深入区块链追溯平台及食品企业内部，基于扎根理论（Grounded Theory，GT）提炼出食品企业在运用区块链技术过程中存在的问题瓶颈，运用专家打分法和层次分析法（Analytic Hierarchy Process，AHP），探究区块链落地食品追溯行业缓慢的主要原因，以期获得有价值的结论和提供指导意见。

## 3.2 基于扎根理论方法的模型设计

扎根理论是质性研究的杰出代表，它为研究人员提供了一套完整的从原始材料中归纳、建构理论的方法和步骤，运用该方法构建起的理论更具生命力和说服力，本文所研究"区块链技术在食品追溯产业的制约因素"，需要从实践入手，探讨食品链上技术服务平台与应用企业的想法和态度，与扎根理论的中心思想不谋而合，因此本部分选用扎根理论对访谈资料进行归纳分析。

样本来源和具体设计上，由于区块链技术是一项前沿技术，且在食品追溯领域的应用相对有限，因此本研究在中国副食流通协会食品安全与信息追溯分会协助下，按照提前拟定的问题提纲，通过问卷、线上会议形式对其涉及区块链技术的主要会员企业进行访谈，最终获得11家区块链技术平台企业和3家食品企业作为研究样本（见表3-1）。首先通过问卷方式对企业进行深度访谈，完成原始资料的收集；其次对访谈记录归纳整理，使用Strauss的三级编码方式（开放性编码、主轴编码、选择性编码）对资料进行分析；最后利用中国知网、百度百科、新闻网站、政府网站等渠道，对既有内容进行验证，确保数据的合理性。

表 3-1 访谈对象基本信息

| 序号 | 企业名称 | 企业性质 | 企业所属地区 |
| --- | --- | --- | --- |
| 1 | 北京见信溯源科技有限公司 | 区块链技术平台企业 | 北京 |
| 2 | 北京金山云网络技术有限公司 | 区块链技术平台企业 | 北京 |
| 3 | 北京众享比特科技有限公司 | 区块链技术平台企业 | 北京 |
| 4 | 杭州趣链科技有限公司 | 区块链技术平台企业 | 杭州 |
| 5 | 加多宝（中国）饮料有限公司 | 应用区块链的食品企业 | 北京 |
| 6 | 浪潮集团 | 区块链技术平台企业 | 济南 |
| 7 | 泸州老窖集团有限责任公司 | 应用区块链的食品企业 | 泸州 |

续表

| 序号 | 企业名称 | 企业性质 | 企业所属地区 |
|---|---|---|---|
| 8 | 内蒙古智牧溯源技术开发有限公司 | 区块链技术平台企业 | 内蒙古 |
| 9 | 厦门艾欧特科技有限公司 | 区块链技术平台企业 | 厦门 |
| 10 | 上海潜利智能科技有限公司 | 区块链技术平台企业 | 上海 |
| 11 | 上海银码标识股份有限公司 | 区块链技术平台企业 | 上海 |
| 12 | 上海中信信息发展股份有限公司 | 区块链技术平台企业 | 上海 |
| 13 | 中钞信用卡产业发展有限公司 | 区块链技术平台企业 | 北京 |
| 14 | 沃尔玛中国投资有限公司 | 应用区块链的食品企业 | 深圳 |

### 3.2.1 开放性编码与主轴编码

开放性编码要求研究者保持思维开放，按照"掰开—检视—比较—概念化—类属化"的逻辑，对原始资料进行逐句分析，将所得信息概念化、抽象化，不断比较形成概念或范畴。本研究对14家区块链平台及应用企业的资料进行开放性编码，共获得41个初始概念和12个副范畴。

把开放性编码中分散的概念和范畴联系起来，实现资料重新组合，得到更高层次的主轴编码。通过对开放性编码中的12个副范畴进行归纳、抽象，最终获得企业运营层面、技术层面、市场层面、政府层面4个主范畴。开放性编码和主轴编码如表3-2所示。

表3-2 开放性编码与主轴编码

| 主范畴 | 副范畴 | 主副范畴内在联系 |
|---|---|---|
| 企业运营层面（B1） | 区块链投入产出 | 部署成本较效益来说较高；资金不足；增加硬件设备投入；投入产出比不高；成本高；盈利模式不稳定；上链点数越多，存储费用越高 |
| | 人才建设 | 区块链在食品领域的运用面临人力不足问题 |
| 技术层面（B2） | 信源真实 | 无法确保上链数据准确性；无法解决源头造假问题；数据采集真实性有待研究；区块链不能解决完全造假 |
| | 系统兼容 | 各地区块链追溯平台都有自己的逻辑；每个地方要求不一样；系统不通；区块链平台适用性需要考虑 |
| | 运作效率 | 性能不支持大规模商用；每秒交易处理量（Transaction Per Second, TPS）依然需要提高；TPS普遍偏低，不能适用于高并发性的溯源场景；工作量证明（Proofof-Work, PoW）的共识机制过于耗能 |

续表

| 主范畴 | 副范畴 | 主副范畴内在联系 |
|---|---|---|
| 市场层面<br>（B3） | 市场准入门槛 | 运用区块链的食品品类具有"贵标特"特点；运用区块链的食品品类有高端白酒、保健品等高附加值产品；目前应用区块链溯源的主要是个别地标、有机、绿色的产品 |
| | 食品企业认知度 | 企业对区块链技术的理解和使用，还有一定的差距，一时无法接受；区块链做防伪溯源需要有一定的信息化基础，许多大的国企信息化水平落后；企业的动力在于品牌及竞争，可能未必愿意为此技术买单 |
| | 链上企业配合意愿 | 链上数据必须是多方参与、共同维护、共同享有；溯源市场中的各方如种植户、加工商、流通商等对溯源的支持力度不高；相关企业往往不愿意主动将企业内部形成的相关数据上传；跨境溯源方面，境外食品的生产加工商不愿意配合开放其数据和生产流程 |
| | 消费者认可度 | C端用户并没有使用区块链进行食品溯源和防伪的强需求；消费者认知问题；顾客对区块链感知和效应不广泛 |
| 政府层面<br>（B4） | 法律法规<br>（C41） | 现行法律落后于不断发展的技术应用要求；系统内部数据的安全规范问题；后续涉及追责时的责任划分问题；智能合约的合规问题 |
| | 标准体系<br>（C42） | 产业标准不健全；国家强制性标准缺失 |
| | 政策扶持<br>（C43） | 没有激励机制的保障；仅有相关证书奖励，没有资金支持 |

### 3.2.2 选择性编码

选择性编码的主要目的是在分析主范畴之间逻辑关系的基础上，得到核心范畴，分析核心范畴与其他范畴之间的关联，并构建一个完整的理论框架。结合原始访谈资料，同时对41个初始概念、12个副范畴、4个主范畴进一步分析，最终确定核心范畴为"区块链落地食品追溯产业的制约因素"。如图3-1所示，按照新的逻辑框架，企业运营层面是制约区块链技术落地食品追溯产业的主要内部因素；技术层面、市场层面和政府层面相互作用，构成外部环境因素，并在一定程度上影响内部环境因素。

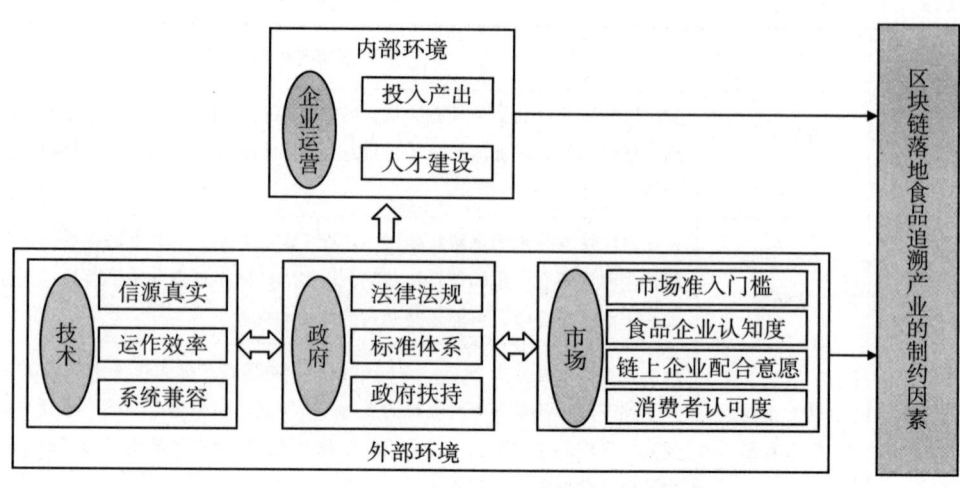

图 3-1　区块链落地食品追溯产业制约因素作用模型

## 3.3　基于层次分析法的评价分析

层次分析法（AHP）是由美国运筹学教授 Saaty 提出的对定性问题进行定量分析的研究方法。该方法将复杂问题分解为若干个相互联系的元素，结合数学分析确定最优选择，具有系统性、实践性、简洁性的优势，因此本部分选用层次分析法对访谈扎根得到的问题指标进行评价分析。层次分析法（AHP）的步骤包括：（1）分析系统中各因素之间的关系，构建层次结构模型；（2）采用"九级标度法"和"成对比较法"进行专家打分，构造判断矩阵；（3）确定准则层和指标层权重，并进行一致性检验；（4）计算综合权重，对所得综合权重进行排序，选出最重要的因素。

### 3.3.1　模型构建

根据前文所得范畴和模型，对区块链应用于食品追溯产业的制约因素建立 3 层次指标体系（如表 3-3 所示），其中，将区块链落地食品追溯产业的制约因素设定为总目标层；准则层包括企业运营层面、技术层面、市场层面和政府层面 4 个方面；指标层是在准则层基础上的细分，共包含 12 个因素。

表 3-3 区块链落地食品追溯产业制约因素的指标体系

| 总目标层 | 准则层 | 指标层 |
|---|---|---|
| 区块链落地食品追溯产业的制约因素（A） | 企业运营层面（B1） | 区块链投入产出（C11） |
| | | 人才建设（C12） |
| | 技术层面（B2） | 信源真实（C21） |
| | | 系统兼容（C22） |
| | | 运作效率（C23） |
| | 市场层面（B3） | 市场准入门槛（C31） |
| | | 食品企业认知度（C32） |
| | | 链上企业配合意愿（C33） |
| | | 消费者认可度（C34） |
| | 政府层面（B4） | 法律法规（C41） |
| | | 标准体系（C42） |
| | | 政策扶持（C43） |

## 3.3.2 构造判断矩阵及一致性检验

首先，对22位分别来自高校科研院所、区块链技术企业、食品企业和行业协会的专家进行问卷调查。依据"九级尺度法"，让专家对制约因素进行两两比较评分，因素a比因素b同等重要、稍微重要、较强重要、强烈重要、极端重要分别赋值1、3、5、7、9，两相邻判断的中间值赋值为2、4、6、8。由此得到110个判断矩阵，取其算术平均值作为对应判断矩阵的有效值（集结后的判断矩阵）。

其次，利用Yaahp软件计算各指标权重向量，并对判断矩阵进行一致性检验。利用公式计算 $CI = \frac{\lambda_{\max} - n}{n - 1}$（$CI$ 为一致性指标）、随机一致性指标 $RI$、公式 $CR = \frac{CI}{RI}$ 计算一致性比率 $CR$。若 $CR<0.1$，矩阵通过一致性检验。

B1、B2、B3、B4两两比较，得到总目标层与准则层的集结判断矩阵，如表3-4所示。同理，C11和C12相互比较，得到企业运营层面集结判断矩阵（见表3-5）；C21、C22、C23两两比较，得到技术层面集结判断矩阵（见表3-6）；C31、C32、C33、C34两两比较，得到市场层面集结判断矩阵（见表3-7）；C41、C42、C43两两比较，得到政府层面集结判断矩阵（见表3-8）。

表 3-4　总目标层与准则层的集结判断矩阵

| A | B1 | B2 | B3 | B4 | 权重 | 一致性检验 CR |
|---|---|---|---|---|---|---|
| B1 | 1.0000 | 0.9858 | 0.4926 | 0.9965 | 0.2024 | 0.0084<0.1 |
| B2 | 1.0144 | 1.0000 | 0.7947 | 1.4625 | 0.2526 | |
| B3 | 2.0299 | 1.2583 | 1.0000 | 1.8826 | 0.3577 | |
| B4 | 1.0036 | 0.6838 | 0.5312 | 1.0000 | 0.1872 | |

表 3-5　企业运营层面的集结判断矩阵

| A | C11 | C12 | 权重 | 一致性检验 CR |
|---|---|---|---|---|
| C11 | 1.000 | 2.4091 | 0.7067 | 0.0000<0.1 |
| C12 | 0.4151 | 1.0000 | 0.2933 | |

表 3-6　技术层面的集结判断矩阵

| A | C21 | C22 | C23 | 权重 | 一致性检验 CR |
|---|---|---|---|---|---|
| C21 | 1.0000 | 2.5325 | 1.8138 | 0.5098 | 0.0060<0.1 |
| C22 | 0.3949 | 1.0000 | 0.5647 | 0.1860 | |
| C23 | 0.5513 | 1.7709 | 1.0000 | 0.3042 | |

表 3-7　市场层面的集结判断矩阵

| A | C31 | C32 | C33 | C34 | 权重 | 一致性检验 CR |
|---|---|---|---|---|---|---|
| C31 | 1.0000 | 0.7021 | 0.6197 | 0.9154 | 0.1940 | 0.0008<0.1 |
| C32 | 1.4243 | 1.0000 | 0.7831 | 1.3846 | 0.2723 | |
| C33 | 1.6136 | 1.2771 | 1.0000 | 1.5915 | 0.3287 | |
| C34 | 1.0924 | 0.7222 | 0.6283 | 1.0000 | 0.2049 | |

表 3-8　政府层面的集结判断矩阵

| A | C41 | C42 | C43 | 权重 | 一致性检验 CR |
|---|---|---|---|---|---|
| C41 | 1.0000 | 0.6156 | 0.3191 | 0.3191 | 0.0008<0.1 |
| C42 | 1.6244 | 1.0000 | 0.5033 | 0.5033 | |
| C43 | 0.5405 | 0.3634 | 0.1776 | 0.1776 | |

### 3.3.3 综合评价

准则层因素权重与指标层因素权重相乘，得到指标层因素相对总目标层因素的综合权重。对所得综合权重进行排序，选出最重要的因素。制约因素综合权重计算公式为：制约因素综合权重=准则层权重×指标层权重。计算结果为：C11（0.1430）>C21（0.1288）>C33（0.1176）>C32（0.0974）>C42（0.0942）>C23（0.0769）>C34（0.0733）>C31（0.0694）>C41（0.0597）>C12（0.0594）>C22（0.0470）>C43（0.0333）。对所得综合权重进行排序，具体见表3-9。

表3-9 区块链落地食品追溯产业制约因素的综合权重

| 准则层因素 | 准则层权重 | 指标层因素 | 指标层权重 | 综合权重计算公式 | 综合权重 | 排序 |
|---|---|---|---|---|---|---|
| 企业运营层面（B1） | 0.2024 | 区块链投入产出（C11） | 0.7067 | 0.2024×0.7067 | 0.1430 | 1 |
| | | 人才建设（C12） | 0.2933 | 0.2024×0.2933 | 0.0594 | 10 |
| 技术层面（B2） | 0.2526 | 信源真实（C21） | 0.5098 | 0.2526×0.5098 | 0.1288 | 2 |
| | | 系统兼容（C22） | 0.1860 | 0.2526×0.1860 | 0.0470 | 11 |
| | | 运作效率（C23） | 0.3042 | 0.2526×0.3042 | 0.0769 | 6 |
| 市场层面（B3） | 0.3577 | 市场准入门槛（C31） | 0.1940 | 0.3577×0.1940 | 0.0694 | 8 |
| | | 食品企业认知度（C32） | 0.2723 | 0.3577×0.2723 | 0.0974 | 4 |
| | | 链上企业配合意愿（C33） | 0.3287 | 0.3577×0.3287 | 0.1176 | 3 |
| | | 消费者认可度（C34） | 0.2049 | 0.3577×0.2049 | 0.0733 | 7 |
| 政府层面（B4） | 0.1872 | 法律法规（C41） | 0.3191 | 0.1872×0.3191 | 0.0597 | 9 |
| | | 标准体系（C42） | 0.5033 | 0.1872×0.5033 | 0.0942 | 5 |
| | | 政策扶持（C43） | 0.1776 | 0.1872×0.1776 | 0.0333 | 12 |

由以上分析可知，区块链落地食品追溯产业制约因素排名从高到低依次是：区块链投入产出、信源真实、链上企业配合意愿、食品企业认知度、标准体系、运作效率、消费者认可度、市场准入门槛、法律法规、人才建设、系统兼容、政策扶持。整体来看，12个制约因素中，区块链投入产出和人才建设是区块链技术应用企业的内在因素，而信源真实、系统兼容、市场准入门槛、食品企业认知度、链上企业配合意愿、消费者认可度、法律法规、标准体系等是影响企业运用区块链食品追溯技术的外在因素。内外在因素之间相互影响，并最终影响了企业对区块链技术应用。例如，政府强制性标准体系的出台，能够规范区块链追溯行为，解决系统兼容难题，从而提升企业使用区块链投入产出效率，可进一步推动区块链追溯技术在低附加值食品行业广泛应用。

## 3.4 建议

依据前述研究和所得结论，结合调研企业的实际需求，从不同主体视角出发，为区块链技术更好地应用于食品追溯领域提出如下建议。

### 3.4.1 加大技术应用场景研究，降低区块链技术进入门槛

首先，发展大数据、物联网、云计算等配套技术，加强技术间的融合度，解决上链前信息真实性无法保障的难题。在农产品流通的重要集散环节（如区域仓配中心，一级、二级供应商节点等）建立配套的第三方快速抽检体系，使自动监管与主动监管相结合，线上与线下共同发挥作用，防止任何一个环节造假。其次，创建以行业协会为主，科研机构、技术服务商、大型食品企业、政府共同参与的应用创新平台，组织各主体间的探讨和交流，促进技术间的碰撞，提升区块链技术在食品追溯领域的运作效率。最后，建设区块链在食品溯源领域的通用服务平台，平台可以采用主链—子链的多链形式，其中，主链由监管机构、国家工程实验室等机构作为主节点参与；子链作为溯源业务链，开展具体产品的溯源。通用平台的建立，既能实现对共享数据的多方监管，又能解决追溯系统兼容难题，提高追溯效率。

### 3.4.2 提高市场认知水平，减轻区块链技术推广难度降低市场准入门槛

运用技术创新支持政策，激励追溯系统服务商优化追溯系统建设，推动龙头企业牵头推广更多食品品类运用区块链追溯。提高企业认知水平。通过加大对食品企业的宣传教育，促进企业对区块链技术的了解，提高企业认知意识和接受度。相关行业通过成立专门的区块链应用教学团队，降低参与主体的学习难度和学习成本。增强消费者认可度。政府、企业、协会三者合力，或是政策宣传，或是品牌营销，或是专栏解读，对广大消费者进行教育引导，提高消费者对区块链技术的价值敏感度，促使其多购买区块链可溯源食品。

### 3.4.3 完善政策保障机制，疏解区块链技术应用漏洞完善标准

一方面，由政府牵头，建立食品追溯领域区块链技术应用的强制性国家标准和地方标准，做到行业约束；另一方面，由行业协会或者龙头企业牵头，建立食品追溯区块链技术应用的团体标准，实现行业自治。多方共同参与，通过统一的标准来推动区块链在食品追溯体系内的运用与发展。法律保障。构建完善的"区块链追溯+安全监管"法律体系，具体而言，首先，对智能合约合规性做出律法规定，避免出现智能合约与现行法律或社会准则相悖的现象；其次，明确区块链食品追溯链条上各主体的法律独立性，为协调食品来源

欺诈行为下的法律责任划分问题提供依据；最后，结合有关数据保护的法律规定，制定区块链追溯系统中数据安全和隐私保障条例，通过立法规定上链信息范围，对违反数据安全和保密性行为进行严格监管，减少企业隐私泄露顾虑。政策扶持。相关政府财政配套要向区块链投入企业倾斜，具体应包含：协调市场资源，给予食品溯源领域中的区块链应用企业和服务平台相关资金补助；对参与到食品安全追溯系统的企业提供有利的税收政策，考虑纳入地方新技术免税名单；对建立追溯系统的企业实行表彰宣传，激发企业参与区块链追溯的积极性；将区块链内部数据信息评级与银行等金融机构的信用评价逐渐互通，从而帮助拓宽区块链应用企业融资渠道；在推动高素质人才队伍建设方面，把专业人才纳入地方人才引进计划，并提供大城市落户便利。

## 3.5 结束语

区块链在与食品追溯产业融合发展的过程中面临诸多困境。本研究以新冠肺炎疫情下食品安全问题重要性日益凸显为背景，深入剖析区块链落地食品追溯产业的制约因素，发现区块链投入产出低、上链信源真实度存疑、链上企业配合意愿低、食品企业对区块链认知度低是区块链落地食品追溯产业的主要障碍。因此，建议加大技术应用场景研究、提高市场认知水平、完善政策保障机制、加快区块链在食品追溯产业中的应用落地，满足人民对可溯源食品安全日益增长的需求。

**参考文献：**

[1] 李雪峰. 科学治理、精准防控—2020年夏季北京新发地新冠肺炎疫情防控 [J]. 中国应急管理科学, 2020, (7): 52-57.

[2] 陈禹存, 杨世宏, 安庆玉, 等. 2020年7—8月辽宁省大连市新型冠状病毒肺炎暴发疫情流行病学调查分析 [J]. 疾病监测, 2021, 36 (2): 127-130.

[3] 黄天柱, 王飞, 杨树峰. 基于层次分析法的我国食品质量主体责任研究 [J]. 食品工业, 2014, 35 (7): 219-222.

[4] 刘克非. 食品可追溯性：研究进展、实践及建议 [J]. 湖湘论坛, 2015, 28 (1): 81-85.

[5] SCHMIDT CG, WAGNER SM. *Blockchain and supply chain relations: A transaction cost theory perspective* [J]. J Purchas Suppl Manage, 2019, 25 (4): 100552.

[6] 徐睿, 孙霞, 郭业民, 等. 基于区块链技术的食品安全溯源体系应用与研究进展 [J]. 食品安全质量检测学报, 2020, 11 (20): 7610-7616.

[7] 杨信廷, 王明亭, 徐大明, 等. 基于区块链的农产品追溯系统信息存储模型与查询方法 [J]. 农业工程学报, 2019, 35 (22): 323-330.

[8] 林延昌. 基于区块链的食品安全追溯技术研究与实现——以牛肉追溯为例 [D]. 南宁：广西大学, 2017.

[9] 工业和信息化部信息中心. 2018年中国区块链产业白皮书 [Z].

[10] AUNG MM, CHANG YS. Traceability in a food supply chain: Safety and quality perspectives [J]. Food Control, 2014, (39): 172-184.

[11] 张亮, 李楚翘. 区块链经济研究进展 [J]. 经济学动态, 2019, (4): 112-124.

[12] 丁锦城, 吴清烈. 食品供应链基于区块链的溯源体系研究评述与展望 [J]. 食品与机械, 2021, 37 (2): 72-77.

[13] 何德华, 史中欣. 食品质量安全可追溯系统研究与应用综述 [J]. 中国农业科技导报, 2019, 21 (4): 123-132.

[14] 宋立丰, 区钰贤, 郭一蓉. 区块链经济下盈利模式探究 [J]. 财会月刊, 2020, (24): 155-160.

[15] 陈丽, 梁秀波, 杨小虎. 基于多方协同的区块链技术人才培养体系的构建 [J]. 高等工程教育研究, 2021, (4): 54-58.

[16] 曹允春, 李彤, 林浩楠. 基于区块链技术的药品追溯体系构建研究 [J]. 科技管理研究, 2020, 40 (16): 215-224.

[17] 刘如意, 李金保, 李旭东. 区块链在农产品流通中的应用模式与实施 [J]. 中国流通经济, 2020, 34 (3): 43-54. LIU RY, LI JB, LI XD. Application pattern and implementation of block chain in the circulation of agricultural products [J]. Chin Circul Econ, 2020, 34 (3): 43-54.

[18] KAMILARIS A, FONTS A, PRENAFETA-BOLDY FX. The rise of blockchain technology in agriculture and food supply chains [J]. Trends Food Sci Technol, 2019, 91: 640-652.

[19] 王博, 魏晓. 区块链创新赋能实体经济高质量发展研究 [J]. 理论探讨, 2020, (4): 114-119.

[20] 史良, 乔玉婷, 曾立, 等. 培育经济发展新动能的技术、产业、政策机理研究 [J]. 科技进步与对策, 2021, 38 (14): 21-29.

[21] 孙晓娥. 扎根理论在深度访谈研究中的实例探析 [J]. 西安交通大学学报 (社会科学版), 2011, 31 (6): 87-92.

[22] 陈向明. 扎根理论在中国教育研究中的运用探索 [J]. 北京大学教育评论, 2015, 13 (1): 2-15,188.

[23] 刘心报. 科技先导型企业评估指标体系各指标权重的测定 [J]. 预测, 1998, (4): 63-65.

# 4

# 食品溯源与数字经济

## 4.1 食品溯源的发展历程

我国幅员辽阔,各地域经济和发展水平及消费者对可追溯性产品的支持程度差异明显,因此在推行食品安全追溯体系进程中不能同步推进。有许多大型企业、出口企业在使用食品溯源技术对自身的产品进行溯源管理。与此同时,我国的乡村振兴计划催生了大量的农副产品,这些农副产品没有得到溯源追踪,因此还隐藏着许多产品质量的漏洞,如最近曝光的湖南插旗菜业事件就说明了对于食品溯源管理的重要性,如果不加强溯源管理则产品质量问题将会摧毁一个地区的某个产业。

食品生产和销售过程复杂,包含农产品生产、食品加工、流通运输、销售,涉及多类型企业,食品溯源需要上述相关企业积极配合。政府以及食品企业已经认识到食品溯源技术的重要性并积极使用。各参与食品质量安全追溯体系建设的部门都已建立了各自具有代表性的食品追溯体系,不同地区政府也已建立了一些有地域特色的食品追溯平台,但大都需要进一步整合与完善,而且相当一部分区域内仅有少数大型食品企业自己构建内部食品追溯系统。全国开展的食品可追溯系统已覆盖大部分行业,可追溯系统的试点在乳品、水果、蔬菜、畜禽产品和水产品等多个产业展开,而且着重建设了肉菜、婴幼儿奶粉和白酒的可追溯系统。

在食品安全可追溯体系的构建和实施进程中,国家和各部委相继出台了食品安全立法体系。诸多的食品企业和第三方追溯平台选择成为食品安全追溯试点的一员,企业多采用纸质条码和二维码标识技术,以"一企一号,一物一码"的产品数字化技术为核心,结合物联网及云计算技术,辅助政府和食品监管部门建立针对各企业的内外部追溯监管平台,帮助政府有效监管所属企业产品在全生命周期的详细信息,方便进行质量管控、产品召回、过程追溯、责任核定等监管需求,同时可为食品企业提供原料追溯、产品防伪、物流监管、经销商管理、个性化网络建设等企业产品信息化建设服务。北京市实行的农产食品质量安全管理面向蔬菜、水果、畜禽和水产等多个领域且涵盖生产、包装、加工及零售等各个环节。其他各省市也逐步建立起升级农产品追溯平台，针对当地主要农产品开展质量安全追溯体系建设。为了推动食品追溯工作，从2002年以来，国家出台了一系列与食品溯源的相关政策措施，有力推进了食品追溯工作的快速健康发展，具体如表4-1所示。

表4-1 食品溯源的相关政策措施

| 年份 | 文件名称 | 产生效果 |
| --- | --- | --- |
| 2002 | 《动物免疫标识管理办法》 | 规定对家畜需使用免疫耳标，推行免疫档案管理制度 |
| 2003 | 《我国农产品质量快速溯源过程中电子标签应用指南》、《水果、蔬菜跟踪与追溯指南》和《牛肉产品跟踪与追溯指南》、《牛肉质量跟踪与溯源系统实用方案》 | 对蔬菜、牛肉产品进行编码和标识工作 |
| 2004 | 《食品安全管理体系要求》与《食品安全管理体系审核指南》 | 开展农产品质量安全追溯体系建设 |
| 2005 | 《出境水产品溯源规程》 | 参照欧盟实行的水产品贸易可追溯制度 |
| 2006 | 《酒类流通管理办法》 | 规定了酒类商品溯源体系，农业部建立动物防疫可追溯体系以及乳制品质量安全追溯体系 |
| 2009 | 《食品可追溯性通用规范》《食品追溯信息编码与标识规范》 | 国家为构建各类食品可追溯系统，明确食品追溯的基本原则和基本要求、追溯流程和追溯管理规则 |
| 2010 | 《全国肉类蔬菜流通追溯体系建设规范》 | 规定了肉类蔬菜在流通环节的可追溯体系 |
| 2012 | 《保健食品质量安全追溯体系建设实施方案》 | 提出建立国家、省、市、县四级保健食品质量安全电子追溯系统 |
| 2013 | 《食品质量安全信息追溯体系建设试点工作实施方案》 | 着手建立婴幼儿配方乳粉和白酒行业的食品追溯试点 |
| 2014 | 《商品条码 128 条码》（GB/T 15425—2014） | 对商品条码标准的修订 |
| 2016 | 《进一步加强食品安全工作的决定》 | 提出"要建立统一规范食品质量安全标准体系，建立食品质量安全例行监测制度和食品质量安全追溯制度" |

我国食品安全追溯系统研究始于2002年，以农业部颁布《动物免疫标识管理办法》规定对家畜需使用免疫耳标，推行免疫档案管理制度为标志。2003年，中国物品编码中心自发布《我国农产品质量快速溯源过程中电子标签应用指南》、《水果、蔬菜跟踪与追溯

指南》和《牛肉产品跟踪与追溯指南》、《牛肉质量跟踪与溯源系统实用方案》等规范和应用指南。同年，国家质检总局推行"中国条码推进工程"，对蔬菜、牛肉产品进行编码和标识工作。2004年，国家质检总局为加强食品溯源管理以完善危害应急预案，发布了《食品安全管理体系要求》与《食品安全管理体系审核指南》。农业部启动了"城市农产品质量安全监管系统试点工作"，重点开展农产品质量安全追溯体系建设。国家食品药品监督管理局等8部门也选择肉类行业作为食品安全信用体系建设试点行业，着手建立肉类食品追溯体制和系统建设。2005年，国家质检总局发布了《出境水产品溯源规程》参照欧盟实行的水产品贸易可追溯制度。2006年，商务部发布的《酒类流通管理办法》规定了酒类商品溯源体系，农业部建立动物防疫可追溯体系以及乳制品质量安全追溯体系。2008年，北京奥运会期间采用RFID和GPS技术建立奥运食品可追溯系统。2009年，国家为构建各类食品可追溯系统，明确食品追溯的基本原则和基本要求、追溯流程和追溯管理规则，发布了《食品可追溯性通用规范》；同时为了完善食品追溯体系，统一食品追溯的信息编码、数据结构和载体标识，发布了《食品追溯信息编码与标识规范》。2010年，商务部发布《全国肉类蔬菜流通追溯体系建设规范》规定了肉类蔬菜在流通环节的可追溯体系。之后，商务部、财政部持续促进大中城市肉类蔬菜流通追溯体系建设。2012年，国家药监局组织起草了《保健食品质量安全追溯体系建设实施方案》，提出建立国家、省、市、县四级保健食品质量安全电子追溯系统。2013年，工信部下发《食品质量安全信息追溯体系建设试点工作实施方案》，着手建立婴幼儿配方乳粉和白酒行业的食品追溯试点。2014年国家质检总局修订发布《商品条码128条码》（GB/T 15425—2014）。2015年起，将质量追溯体系逐步拓展到所有消费品行业和企业。2016年国务院发出的《进一步加强食品安全工作的决定》，提出"要建立统一规范食品质量安全标准体系，建立食品质量安全例行监测制度和食品质量安全追溯制度"。这一决定为食品溯源的快速发展指明了方向。经过国家政策的推动以及多年发展，现在我国已经初步在食品溯源领域取得了一定的成效，已经初步建立起部分食品溯源制度和部分食品溯源信息系统。

近年来，我国食品安全溯源工作取得了很大进步，但受多种条件的制约，仍然存在着一些问题，主要体现在现有食品溯源系统标准不统一、立法缺少强制实施、不同参与主体间追溯体系兼容性差、追溯技术有待完善、溯源信息内容不规范且完整性不足，造成溯源信息不能资源共享和交换等问题。

食品溯源分为传统溯源和区块链溯源。当前，区块链技术在食品溯源系统得到了一定的应用，未来的食品安全溯源将向打通全供应链数据并采取区块链数据存储的方向发展，食品溯源将采用更多的数字新技术，成为数字经济的重要组成部分。

## 4.2 数字经济在食品溯源的应用

数字经济的主要驱动力是数字技术，数字技术包括大数据、云计算、区块链、物联网、5G、人工智能等。

食品溯源从2002年的初始萌芽，到2021年已经变成了数字经济的组成部分。2020年由于新冠肺炎疫情原因，食品安全问题再一次凸显出来，食品的溯源问题得到了重视。食品防伪溯源系统提供了食品全生命周期溯源过程数字化管理的整体解决方案，通过将条码技术、数据传输、数据库技术、RFID无线射频技术等先进的信息化技术引入食品加工、运输、生产、销售等各个环节，让消费者"看见"食品的整个生产过程，确保食品来源可追溯、去向可查询、风险可控制、权责可明确，保证向社会提供优质安全产品。消费者通过扫描追溯条码可随时查询食品的所有相关信息，包括加工企业、原产地、配送企业等，对食品知根知底，购买更放心。

根据溯源数据存储方式的不同，食品溯源可以分为两种方式，一种是传统溯源方式，这种方式在食品加工、流通的各个环节数据单独存储。另一种是区块链溯源方式，这种方式在食品加工、流通的各个环节数据存储在区块链里面，保持数据的同步一致性。现在的食品溯源系统使用的大多还是传统溯源方式，但是随着区块链技术的不断普及，使用区块链进行溯源的系统也越来越多。

## 4.3 食品溯源与数字化供应链创新

数字经济在食品溯源领域的应用，集中体现在供应链的数字化创新和发展。一方面，食品溯源工作的推动离不开供应链数字化；另一方面，供应链数字化又推动了食品溯源的扩展与提升。

### 4.3.1 食品溯源对数字化供应链的需求

食品溯源必须依靠数字经济，特别是供应链数字化创新的重要支撑。因此，有必要对食品供应链进行数字化改造和创新。

食品溯源需要供应链，供应链的创新则需要数字技术，如今最为显著的技术就是物联网。

物联网技术作为一种新生的网络技术，融合了系统、电子产品编码系统和信息网络系统，它具备以下两大基本特征。

（1）信息收集和处理的自动化。

物联网技术通过数字化的传感设备能够对电子标签和编码实现全面感知，并且受外部环境的影响较弱，能够随时随地获取储存在物体内的信息和数据。通过与互联网、局域网等连接，运用各种现代计算机技术实现对繁杂信息的自动化和智能化处理。

（2）交互对象的立体化。

互联网作为一个虚拟空间，实现了人与人之间的互动交流，物联网以互联网为基础，将其面向对象的范围无限扩大,实现了人与人、人与物、物与物的互联互通,拉近了虚拟世界和现实世界的距离。

综上,政府和企业需要构建食品可追溯信息协调平台,建立系统管理子系统和食品安全追溯管理子平台以促进食品供应链企业间信息的协调,实现企业溯源信息数据的互联互通,满足消费者对食品溯源信息的查询诉求。

### 4.3.2 数字化供应链创新对食品溯源的推进

为了保证食品供应链上的每个食品质量的安全,实现食品溯源信息的全程可追溯,食品企业必须认真记录并上传其食品生产环节的食品质量安全信息。食品溯源是一项牵涉供应链上下游、购销各环节的系统工程,更好发挥食品溯源系统的作用,供应链创新尤其是供应链数字化和智能化创新非常重要。

在商务部等8部门《关于进一步做好供应链创新与应用试点工作的通知》中发布了几项供应链创新的主要工作,其中加快推进供应链数字化和智能化发展对食品溯源具有显著的推进作用。

记录供应链上面的所有信息就必须对供应链上面的各种信息进行录入和采集,因此供应链必须数字化。随着供应链上面的数据逐步增大,对供应链的智能化创新也提上了日程。

数字化,是从消费端到供给端的全域、全场景、全链路的数字化,如品牌、商品、销售、营销、渠道、制造、服务、金融、物流供应链、组织、信息技术等11大商业要素。智能化,是基于数字化的闭环来进行智能决策,实现对市场需求变化的精准响应、实时优化和智能决策。

食品溯源是一项牵涉供应链上下游、购销各环节的系统工程,更好发挥食品溯源系统的作用,连接断点、打通堵点势在必行。供应链创新突破了以往分段监管的模式,整合了食品从农田、车间到餐桌全过程的生产流通交易数据。进货查验记录全程电子化、食品追溯链条清晰化,推动信息共通共享、形成闭环管理,不仅有助于消费者"一扫查询",也便于监管部门"一键追溯",对加强食品质量管理、维护消费者合法权益、防范食品安全风险有重要意义。

## 4.4 食品溯源数字化创新的最新趋势和未来发展方向

纵观我国的食品追溯体系建设,是以政府为主导力量的,而现有的食品供应链的监管是"分段监管为主、品种监管为辅",这体现在可追溯建设中就是我国食品追溯体系的建设集中在流通环节,产地作为食品原料的来源并未纳入其中,人为地将食品供应链的可追溯体系进行割裂,可追溯功能的发挥受到影响。未来全食品供应链的监管,或者将流通环节的可追溯体系与产地的追溯系统进行无缝对接势在必行。

食品溯源应完善符合我国国情的、有效的食品可追溯制度，通过科技创新增强各级监管部门和行业商会协会在食品溯源的数字化管理能力。从技术角度来讲，区块链与物联网技术的结合是目前发展的主流，两项技术的结合有效推动了食品供应链溯源体系的发展与完善。除此之外，物联网技术与区块链的结合能够实现可靠的数据采集，保证了信息源的可信度，解决了信息在初始采集阶段的痛点。

（1）完善追溯平台的技术支持与配套设施。

首先需要建立与国外接轨的全国统一食品安全标识系统，如全球统一标识系统和通用商业语言；其次应完善和统一食品包装、标签等追溯信息载体，如二维码、RFID标签等。此外可推广普及多样性食品可追溯终端，以满足不同应用场景下的应用需求，提高操作效率和准确率，体现可追溯系统的完整性和可行性。

（2）区块链等数字技术在追溯平台的发展潜力巨大。

食品溯源的发展未来将是区块链溯源的天下。"产品溯源+区块链系统"是基于区块链技术展开的商品溯源系统，通过区块链技术把产品的生产、流通、消费等全部生命周期进行监控，实现产品可查，去向可追，责任可究的全方位透明化发展，更好地防范了假冒伪劣产品的产生。

应用区块链技术，打造一个去中心化的区块链智能溯源平台，提供安全、可追溯的产品解决方案。通过把产品与区块链相结合，体现区块链的不可篡改性和永久所有权的特点，提高用户的信任。

# 5

# 数字化供应链发展现状、技术及应用案例

## 5.1 数字化供应链国内外发展现状

数字化供应链已经成为当前数字经济发展的核心引擎之一，在各个行业中都有着巨大的潜在应用空间和技术发展空间。国内外政府和企业都对未来面向全球、全品类行业的数字化供应链领域相关政策制定和技术研发开展了广泛研究，呈现出百花齐放、迅速发展的态势。

### 5.1.1 数字化供应链国外发展现状

数字化供应链可以定义为信息系统的发展和创新技术的采用，加强供应链的集成和敏捷性，从而改善客户服务和组织的可持续绩效。供应链的数字化是物流和供应链管理的学术及专业团体的一个战略课题。为了促进数字供应链实施的成功，还需要克服一些技术、组织和战略上的挑战。对采用技术及其对供应链的影响进行紧急研究是至关重要的。同样重要的是探索数字供应链的新方向，数字供应链的配置，客户—消费者和供应商集成的角色，新技能和项目管理方法的贡献，以及构建数字供应链绩效的综合测量工具。特别地，应更多关注中小企业供应链数字化和公共供应链（如公立医院供应链）的相关问题。

随着新的技术改进的出现，有关数字供应链的部门报告数量逐渐增加。最早关于数字供应链的报告之一是由凯捷咨询公司发布的，该公司引入了供应链的数字化转型方法，描述了数字化转型供应链的缺点和好处。它们的框架包括数字供应链执行和战略阶段，本质上定义了数字供应链作为一种获取广泛信息和实现更大协作的方法。埃森哲是另一家评估数字技术对供应链管理影响的咨询公司，它们提出了实现数字供应链的四个关键属性：快速、可扩展、智能和连接。孟山都农业公司是投资数字供应链的先驱之一，为农业市场带来新的收入和商业价值。它们展示了几个例子来分享数字供应链是如何与更好的产品和客

户体验相联系的。贝恩咨询公司关注数字供应链的无形利益。因此，最新的数字转型塑造了无形资产，如知识产权或公司的客户关系，而不是有形资产。它们提供解决方案，通过数字供应链应用各种数字技术，为组织提供强大的方法。波士顿咨询集团描述了数字供应链在三个关键路径上的优势。它们提出了解决绩效差距、创新业务流程和打乱供应链战略的可能方法。这些方法包括应用数字技术，例如先进的分析技术来计算最优库存水平，并更准确地预测未来的需求，而不是使用烦琐的传统方法。DHL开展了一系列关于创造价值的物流趋势研究。这些关于增强现实、大数据、无人机、低成本传感器技术、自动驾驶汽车、物联网、全通道、3D打印和机器人在物流中的报告启发了物流行业的新战略与创新。

工业4.0、物联网、边缘计算、增材制造、大数据分析、区块链驱动供应链向结构多样化和多功能流程的高度灵活与适应性网络转型。供应链和运营越来越数字化。这些功能的实际实现在很大程度上取决于数据、其准确性和可用性。基于模型和数据驱动方法的结合可以揭示风险数据、中断建模和性能评估之间的相互关系。新冠肺炎防疫期间的供应链冲击和适应以及之后的恢复提供了无可争辩的证据，表明数字孪生迫切需要绘制供应网络图并确保可见度。在供应链风险管理的研究和实践中，通过增强预测和反应性决策，利用供应链可视化、历史中断数据分析和实时中断数据的优势，确保全球企业的端到端可见性和业务连续性。

5G是加强数字化、数据驱动的智能供应链的一项技术。5G技术实现了高度细粒度的端到端实时连接，并通过万物互联实现了端到端可见性。对数字供应链的分析既包括运营流程（例如，通过设备端到端连接实现制造和仓库运营的转型），也包括战略视角（例如，通过工业、公共基础设施和消费者）。5G可以数字化供应链中的许多本地流程（如仓储、制造和运输）。5G可以增强的数字供应链和智能运营的五大能力，即智能、可见性、透明度、动态网络和网络连接。

### 5.1.2 数字化供应链国内发展现状

在国内方面，供应链具有创新、协同、共赢、开放、绿色等特征，推进供应链创新发展，有利于加速产业融合、深化社会分工、提高集成创新能力，有利于建立供应链上下游企业合作共赢的协同发展机制，有利于建立覆盖设计、生产、流通、消费、回收等各环节的绿色产业体系。

为统筹推进"五位一体"总体布局和协调推进"四个全面"战略布局，坚持以人民为中心的发展思想，坚持稳中求进工作总基调，牢固树立和贯彻落实创新、协调、绿色、开放、共享的发展理念，国务院办公厅于2017年10月发布《国务院办公厅关于积极推进供应链创新与应用的指导意见》（以下简称《意见》）。《意见》指出，要以提高发展质量和效益为中心，以供应链与互联网、物联网深度融合为路径，以信息化、标准化、信用体系建设和人才培养为支撑，创新发展供应链新理念、新技术、新模式，高效整合各类资源和要素，提升产业集成和协同水平，打造大数据支撑、网络化共享、智能化协作的智慧供应链体系，推进供给侧结构性改革，提升我国经济全球竞争力。

商务部、工业和信息化部等8部门于2020年4月联合发布了《关于进一步做好供应链创新与应用试点工作的通知》（以下简称《通知》）。《通知》中指出，要加快推进供应链数字化和智能化发展。试点城市要加大以信息技术为核心的新型基础设施投入，积极应用区块链、大数据等现代供应链管理技术和模式，加快数字化供应链公共服务平台建设，推动政府治理能力和治理体系现代化。试点企业要主动适应新冠肺炎疫情带来的生产、流通、消费模式变化，加快物联网、大数据、边缘计算、区块链、5G、人工智能、增强现实/虚拟现实等新兴技术在供应链领域的集成应用，加强数据标准统一和资源线上对接，推广应用在线采购、车货匹配、云仓储等新业态、新模式、新场景，促进企业数字化转型，实现供应链即时、可视、可感知，提高供应链整体应变能力和协同能力。鼓励有条件的企业搭建技术水平高、集成能力强、行业应用广的数字化平台，开放共享供应链智能化技术与应用，积极推广云制造、云服务平台，赋能中小企业。

2021年年底，更加具体地，工业和信息化部发布了《"十四五"信息化和工业化深度融合发展规划》（以下简称《规划》）。《规划》将产业链供应链数字化升级行动，包括制定和推广供应链数字化管理标准，提升重点领域产业链供应链数字化水平，加快发展工业电子商务等工作列为"十四五"时期制造业高质量发展的五大重点工程之一。工业和信息化部于同年12月30日发布了《制造业质量管理数字化实施指南（试行）》（以下简称《指南》）。《指南》指出，身处世界百年未有之大变局，应对日益复杂的国际形势，以数字化赋能企业全员全过程全方位质量管理，提升产业链供应链质量协同水平，是推动制造业质量变革、效率变革、动力变革，实现高质量发展的现实选择。

在国际方面，2021年5月17日至27日，我国工信部信息技术发展司和科技司共同指导的数字化供应链国际标准"Maturitymodelofdigitalsupplychain"（Y.MM-DSC-SSC，中文译名《数字化供应链成熟度模型》）正式于国际电信联盟电信标准化局第20研究组（ITU-TSG20）全体会议上立项，该标准是国际电信联盟首个数字化供应链领域国际标准。该标准旨在明确数字化供应链参考架构，并提供一套数字化供应链成熟度模型，以引导企业以成熟度评价为手段，摸清数字化供应链整体水平、锁定薄弱环节、明确提升路径，为制造企业逐级提升数字化供应链管理能力提供科学指南，对于加快制造业数字化转型具有重要意义。此国际标准的成功立项，是我国向全球各国共享我国数字化供应链实践成果、贡献数字化供应链中国方案的重要里程碑。下一步，信息技术发展司将会同相关司局共同推动数字化供应链的产业实践和国际交流，做好数字化供应链标准研制和宣贯推广工作，发挥好数字化供应链对制造业高质量发展的支撑作用。

在贵州省大数据发展管理局指导下，贵州省首个数字化供应链领域地方标准——《数字化供应链业务管理指南》地方标准于2022年3月3日正式获批发布，并将于2022年6

月 1 日正式实施。该标准由省大数据应用推广中心联合国家工业信息安全发展研究中心、中国振华电子集团有限公司、瓮福（集团）有限责任公司等相关国家智库机构及行业龙头企业共同研究编制。该标准给出了数字化供应链业务管理的通用指南，包括数字化供应链导向原则、技术支撑、数据使能、业务管理、生态协同与风险管控的要素和方法。《数字化供应链业务管理指南》地方标准的实施，将进一步健全贵州省大数据融合领域标准体系，为贵州省在矿产、轻工、新材料、航天航空等重点产业领域开展数字化供应链管理提供科学引导。

## 5.2 数字化供应链技术综述

数字化供应链具备融合创新、生态链接和柔性定制三大特性，对培育我国经济发展新动能、拓展经济发展新空间以及促进居民消费升级有重要意义。数字化供应链技术源于大数据、人工智能、区块链、5G 等新兴数字技术与供应链各个环节的融合创新，因此数字化供应链技术创新依赖着供应链网络的应用需求可以分为数据感知技术层、平台构建技术层和智慧应用技术层。

### 5.2.1 数字化供应链数据感知技术

#### 5.2.1.1 数据感知技术政策、标准

近年来，我国中央和地方政府发布了一系列的政策与指导意见，为数字化供应链数据感知技术的发展指明了方向。如表 5-1 所示。

表 5-1 数据感知技术政策、概述

| 发布时间 | 单位 | 政策名称 | 概述 |
| --- | --- | --- | --- |
| 2022 年 4 月 | 工业互联网专项工作组办公室 | 《工业互联网专项工作组 2022 年工作计划》 | 激发数据要素潜力方面，计划要求提升数据管理能力，建立数据价值体系 |
| 2022 年 4 月 | 中央全面深化改革委员会 | 《关于加强数字政府建设的指导意见》 | 加强数字政府建设是创新政府治理理念和方式的重要举措，对加快转变政府职能，建设法治政府、廉洁政府、服务型政府意义重大 |
| 2022 年 4 月 | 上海市人民政府 | 《上海城市数字化转型标准化建设实施方案》 | 通过研制实施一批能用、管用、好用的数字化转型标准，构建具有系统性、协调性、开放性的城市数字化转型标准体系 |
| 2022 年 3 月 | 北京市大数据工作推进小组 | 《北京新型智慧城市感知体系建设指导意见》 | 要统筹推进城市码、空间图、基础工具库、算力设施、感知体系、通信网络、政务云、大数据平台等建设 |

续表

| 发布时间 | 单位 | 政策名称 | 概述 |
|---|---|---|---|
| 2021年10月 | 上海市人民政府 | 《上海市全面推进城市数字化转型"十四五"规划》 | 制定五个新城数字化转型规划建设导引，聚焦主导产业方向，加快布局5G网络、物联网感知设施等数字新基建 |
| 2020年5月 | 工业和信息化部 | 《关于工业大数据发展的指导意见》 | 推动工业数据全面采集，加快工业设备互通，推动工业数据高质量汇聚，统筹建设国家工业大数据平台，推动工业数据开放共享 |
| 2020年4月 | 国家发展改革委、中央网信办 | 《关于推进"上云用数赋智"行动培育新经济发展实施方案》 | 要大力培育数字经济新业态，深入推进企业数字化转型，打造数字化供应链 |
| 2020年4月 | 工业和信息化部 | 《关于公布支撑疫情防控和复工复产复课大数据产品和解决方案》 | "'一网畅行'疫情防控和复工复产大数据系统"等94个疫情防控和复工复课大数据产品与解决方案入选 |
| 2020年2月 | 工业和信息化部 | 《工业数据分类分级指南（试行）》 | 阐述了工业数据的基本概念，介绍数据分类、数据分级管理情况 |
| 2019年2月 | 工业和信息化部、国家机关事务管理局、国家能源局 | 《关于加强绿色数据中心建设的指导意见》 | 建立健全绿色数据中心标准评价体系和能源资源监管体系，打造一批绿色数据中心先进典型，形成一批具有创新性的绿色技术产品、解决方案 |
| 2018年4月 | 工业和信息化部 | 《推动企业上云实施指南（2018—2020年）》 | 信息系统需要运用大数据、人工智能等云上服务实现业务拓展 |
| 2017年10月 | 国务院办公厅 | 《关于积极推进供应链创新与应用的指导意见》 | 要形成一批适合我国国情的供应链发展新技术和新模式，基本形成覆盖我国重点产业的智慧供应链体系 |
| 2016年10月 | 国家发展改革委 | 《关于组织实施促进大数据发展重大工程的通知》 | 在重点支持大数据示范应用方面，开展社会治理大数据应用，开展公共服务大数据应用 |

国际标准分类中，感知技术涉及网络、信息技术（IT）综合、字符集和信息编码、印制技术、电信系统、无线通信、农业和林业、开放系统互连（OSI）、电线和电缆。在中国标准分类中，感知技术涉及计算机开放与系统互连、社会公共安全综合、数据加密、计算机应用、无线电通信设备、通信网技术体制、数据通信、各种通信业务服务、信息处理技术综合、数据通信设备、农林技术、广播、电视设备综合、广播、电视网综合、技术管理、节目传输、计算机图形、电缆及其附件、节目传输系统接口。其中与数字化供应链有关联的感知技术标准如表5-2所示。

表 5-2 数字化供应链相关感知技术标准

| 归口单位 | 标准号 | 概述 |
|---|---|---|
| 国家市场监督管理总局、全国信息技术标准化技术委员会 | GB/T40688—2021 | 物联网生命体征感知设备数据接口 |
| | GB/T38624.1—2020 | 物联网网关第1部分：面向感知设备接入的网关技术要求 |
| | GB/T37693—2019 | 信息技术基于感知设备的工业设备点检管理系统总体架构 |
| | GB/T37714—2019 | 公安物联网感知设备数据传输安全性评测技术要求 |
| | GB/T36951—2018 | 信息安全技术物联网感知终端应用安全技术要求 |
| | GB/T37024—2018 | 信息安全技术物联网感知层网关安全技术要求 |
| | GB/T37093—2018 | 信息安全技术物联网感知层接入通信网的安全要求 |
| 工业和信息化部 | YD/T3734—2020 | 基础电信企业网络安全态势感知系统技术要求 |
| 贵州省大数据发展管理局 | DB52/T1652—2022 | 数字化供应链业务管理指南 |
| 全国信息化和工业化融合管理标准化技术委员会 | 20161371-T-339 | 信息化和工业化融合管理体系供应链数字化管理指南 |
| 北京市经济和信息化局 | DB11/T1285—2015 | 物联网感知设备通用信息安全技术要求 |
| 商务部 | SB/T10682—2012 | 肉类蔬菜流通追溯体系信息感知技术要求 |

5.2.1.2 数据感知技术和应用

在数字化供应链的过程中，数据是最关键的生产要素，打通全链条数据管理是数字化供应链技术的核心内容之一。其中，数据感知技术横跨数据从生产、归集、存储、治理、共享、开放到最终应用到业务场景中的过程和机制。数字化供应链数据感知技术主要包含区块链、人工智能、云计算、物联网、大数据、RFID 及条码技术、无线通信等先进的信息技术，为数字化供应链的各层级提供信息技术、信息处理、信息传递、功能协调等方面的支持。物联网技术和网络物理系统等基础设施技术能够实现数据的实时感知；区块链等通信技术帮助企业实现信息的有效传达；大数据、云计算和人工智能等技术帮助供应链对采集到的数据进行分析与发掘，从而提升相应的决策能力。

以大数据作为流程再造的驱动资源能够大幅度提升关键流程的效率。企业通过打通数据链，整合数据资源，可以实现全生产流程数据驱动，削减生产成本、缩减产品生产周期的同时还提升了产品的质量，形成大规模定制生产模式。在目前的供应链管理中，决策所需要的数据基础薄弱，数字化供应链以及和数字化供应链相关的其他运营对数据采集都有大量需求，供应链数字化转型应该加强对数据的获取。

随着数据挖掘、人工智能和云计算等新兴技术的发展，大数据隐藏价值得到重视，数据感知技术应运而生。数据感知以数据自动清洗、数据质量治理和数据价值挖掘为技术手段。Hu 等和 Korzun 等分别研究了数据感知技术在信息处理和生物特性感知等领域的应用；Padulano 等提出了一种适用于大型数据库，在不知道数据潜在概率分布的先验信息情况下还可以与其他非参数的、基于模式的方法相结合的数据清洗技术；Phan 等提出了一种平稳型线性回归方法用于纵向数据的对比分析，并引入了数据感知技术在数据清洗中的进一步应用。数据清洗和质量治理旨在为数据分析挖掘提供完整有效数据集，使数据价值得以体现，因此数据感知技术亦包含数据的价值挖掘研究。目前，基于各企业对供应商评价的需求，用户特征画像已有部分研究，例如 Li 等和 Li 等主要研究了用户画像的不同技术框架；Li 等对用户画像分类模型展开了进一步研究；Janostik 等充分考虑企业数据的特殊性，提出针对非结构文本数据处理可建立企业敏感词库，针对短文本数据处理可结合字符、拼音以及词性等特征，以深度学习结合多层输入、权值共享技术实现企业供货特征提取与分析；Bonner 等引入最大相关最小冗余准则进行用户特征选取，采用遍历法从原始特征集找到满足与目标类别相关性最大、相互间冗余性最小的优质特征集，基于此实现用户的画像特征分析；Molinillo 等提出了一种基于层次树的回归方法，通过对用户基本属性进行分类，从而构建用户画像。Rahman、Weatherall、Soleimani-Chamkhorami 等提出数据感知技术范畴包含技术前期对数据的完整性、有效性、可用性等方面的研究。Turinsky 等提出数据感知技术亦包含现阶段大数据背景下通过对数据的一些特征信息来描述数据本身的方法。根据供应链数据的不同特征、特点，数据感知技术可以细化为时空数据质量感知、异常数据感知和供应商信息系统标识感知。时空数据质量感知技术充分考虑数据的时间和空间特性，根据供应链数据的出处、类目、记录等属性进行符合数据产出地特征的数据完整性修复，主要用于数据清洗环节。异常数据感知技术对供应链数据的异常情况进行识别，主要面向结构化数据的奇异值、突变点检测，面向非结构化数据，基于数据关联性、一致性等特征判别数据类目的对错。供应商信息系统标识感知技术对供应商信息进行归纳、统计、挖掘分析，构建供应商全息画像，实现数据价值应用。基于数据感知技术的现代供应链数据运营管理核心组件主要包括：(1) 采集物资及供应商主数据、采购批次及招投标数据、合同履约及仓储数据等数据资源；(2) 基于数据感知技术对供应链数据处理与分析，形成有价值的数据集和应用结果；(3) 基于价值数据集和数据分析结果，评估数据质量运营管理成效。

数字化供应链的数据感知技术主要针对数据获取与对数据的开发利用，数字化供应链从数据采集、数据加工、数据分析、管理优化的角度来支持更优的决策。例如，通过对从业人员的调查问卷得出，数字化转型的重要和影响因素是 RFID 技术以及支持供应链透明性和可追溯性的智能传感器。对这些技术所获得的数据和信息进行挖掘与探索，例如与预测分析工具和算法相结合，将加速交易和流程的自动化，在透明性和可追溯性的基础之上，通过智能分析工具和算法的结合为交易和流程加速。数字化供应链在满足制造企业的互联互操作目标时需要实现网络物理数据的整合，明确如何实现网络物理数据整合是最重要的影响因素之一。当前工厂的数字化状况可以精确地分为两个阶段，关于与生产相关的数据，一是物理数据集成，二是网络物理数据集成。物理数据集成的第一阶段意味着从工厂的物理世界中的制造现场收集大量数据，并将这些数据传输到工厂中部署的信息系统中。物理网络数据集成的第二阶段旨在增加从物理制造站点收集的数据以及这些已部署信息系统中生成或存在的数据的价值和效率。由此可见，对数据的采集是建设数字化工厂的需要。为了紧跟数字化的变革，制造企业需要能够自动收集与分析大量数据并且将这些数据用于决策和实时分析，从而更准确、更实时地做出决策，对运营管理进行优化，以及对可能出现的风险采取缓解措施，避免供应链中断，并且持续地满足日益变化的需求。全球化与不断增加的供应链相互依存关系导致波动性和脆弱性水平上升，这种趋势不太可能消退，不确定性在这种情况下已成为常态，这就要求一种更为智能的供应链。从战略角度来看，第四次工业革命的一大突破是能够自动收集和分析大量数据，然后将这些数据用于决策和实时执行决策。基于这些数据，供应链将能够更准确、实时地做出决策，优化运营，处理需要采取风险缓解措施的事件，避免中断并满足日益变化的需求。

在技术架构方面的研究中，感知数据质量也是企业进行大数据分析时必须考虑的问题。这是因为不仅企业的决策会受到低质量数据的干扰，企业甚至亦有可能因此产生严重损失。数据质量对供应量数据化转型的重要性在于，供应链数字化转型的核心是对大数据的应用，而大数据对供应链的价值是建立在自身对数据挖掘的准确、全面和高质量的基础之上的。低质量的数据不仅会降低决策质量，甚至有可能会带来巨大的损失。汪传雷等在关于供应链控制塔的研究中指出，数据管理是对通过物联网传感器和网络信息收集的数据的存储、处理与传递的过程加以管理，目的在于充分挖掘数据商业价值，最大限度发挥数据功效。供应链控制塔数据管理层主要内容包括主数据管理、元数据管理、数据资产生命周期管理以及数据标准、安全和质量管理等。

通过物联网来对供应链中的数据进行获取是支持数字化供应链的技术之一。使用物联网和传感器的供应链可以支持供应链合作伙伴从任何位置进行控制和协调，而无须对产品进行任何物理访问。物联网的使用也能够支持生产过程中机器的更复杂的智能水平，物联网基于多种自动化和数据通信技术的融合，从而使制造企业可以将更复杂的智能水平集成到其机器中，从而将连接性越来越深地扩展到组件层。另外，物联网的日益普及为进一步的大数据分析应用奠定了行业基础。通过网络物理系统对供应链中的信息进行广泛获取可以提高供应链中物料流的可见性，从而提高信息可用性，加强信息共享，并扩大企业的信息库。网络物理系统的实施可以从三方面来减少对牛鞭效应的影响。第一，减少时间延迟可以减轻供应链管理中的牛鞭效应。第二，网络物理系统还通过在制造过程中实施直接的质量反馈回路来帮助减少制造过程中的总体处理时间。这也可以减少从属供应链中牛鞭造成的时间延迟。第三，实时的数据管理帮助优化供应链上的需求信号处理，继而运营信息的共享来改善需求预测。

使用RFID技术对货物进行识别不仅可以减少库存损失，流程效率和速度、信息准确性都会有明显提高，并且可以改善产品的可追溯性和供应链之间的可见性，以及提高数字化供应链的潜在优势。基于 RFID 技术，公司可以重新考虑其重要决策，例如订单政策，后台流程的补货，库存地点，考虑新的库存水平，安全库存水平以及在整个供应链之间共享信息。并且，可以通过增加库存可用性，改善协调性，节省人工成本，降低库存水平等来改善供应链绩效。此外，制造企业可以通过数字孪生技术来表示任何时刻的网络状态，并且探索基于模型和数据驱动的方法来管理供应链中的中断风险。对数据的获取还需要支持制造企业实现生产智能。在智能工厂中，企业需要通过物理数据的收集来使得生产工具和各个流程能够相互感知，实现协作的主动性。通过对数据的实时采集和管理，信息系统可以对数据进行彻底集成和透明融合，继而产生新的信息和知识从而创造价值与提高效率。增加的信息价值可以帮助做出可靠的决策，从而满足不确定的需求或灵活应对生产中不可预测的中断和故障。

在数字化供应链中，需要按照数据来源对数据进行分类，构建数字化供应链的数据体系。Seyedan 将数据源分为 EDI 发票、CRM 交易数据、交货时间和条款、呼叫中心日志、竞争对手定价、条码系统等 32 种类别。Kumar 按照数据的来源将大数据源分为三种类型：GPS 大数据、RFID 采集的数据以及 POS 数据，供应商方面的数据和来自制造与遥测的大数据。这三种类别的数据源可以帮助企业在供需之间取得更好的平衡，并提高供应链效率和市场响应能力。数据源的三种分类也可以表示为交易数据源、内部数据源和外部数据源。Tao 将制造企业的数据来源区分为五大类：依靠制造信息系统（如 MES，ERP，CRM，供应链管理和 PDM）收集和管理数据、通过工业物联网技术从智能工厂收集的设备数据（包括与实时性能、操作条件和生产设备的维护历史有关的数据）、通过互联网获取［例如电商平台（如 Amazon、Wal-Mart 和淘宝）和社交网络（如推特、脸书、领英和 YouTube）等］收集的数据、物联网技术从智能产品和产品服务系统收集的产品数据（包括产品性能、使用环境、环境数据和用户生物学数据等）、通过开放数据库从政府收集的公共数据。该类研究可以帮助企业系统性了解数据产生的来源，从而对供应链中的数据建立全面而多维度的了解，并且能够启发制造企业发现更好的对数据来源进行分类的方式。一部分研究根据特点对数据内容进行了分类。Spanaki 区分了有关供应链的数据（其中的数据用于改善现有流程或物理产品本身）和作为贯穿供应链的主要产品的数据。成栋以数据形态、获取途径和获取方法为标准，将数据分为四种类别：结构数据、非结构数据、传感器数据，以及新类型数据。赵颖将数据按照不同的数据采集方式分为 3 类：基于传感器网络的数据采集技术、基于自动识别感知的数据采集技术和建立在数字化集成基础上的数据采集技术。以上研究中的分类方式更加适用于对已经采集到的数据进行分类，更加偏向于对数据的描述。

随着移动终端设备、嵌入式传感器设备等的快速发展，移动群智感知网络成为物联网的新感知技术，相较于传统感知网络解决了成本高的难题，近年来被广泛应用于发展。在群智感知网络中，用户手中的独立智能终端设备（如手机、手环、平板等）以及传感设备是群智感知的基本单元,再通过互联网等网络协作形式对大规模城市进行复杂的感知任务的实现。移动群智感知网络能够大幅度降低大规模感知网络的所需成本,很好地解决了成本高的关键难题,成为物联网的核心。一个移动群智感知网络的典型基本架构通常由感知层、网络(传输)层、应用层三部分组成。感知层在人各个重要的器官中充当着皮肤以及五官的角色,有对物理环境进行全面感知的能力,移动群智感知网络的结构作为物理环境信息获取的核心和基本。传输层作为移动群智感知网络中的神经中枢和大脑,又分为数据传输、数据收集、数据处理三个方面。云端服务器通过应用层的处理将感知数据进行存储,再与行业需求结合,通过各种不同的应用程序为用户提供不同类型的服务,实现行业的智能化。智能感知网络与传统无线传感器网络的区别就在于智能感知网络通过互联网将人、传感器等连接起来。人在感知任务的过程中既作为消费者也作为生产者,而在传统无线传感器网络中单纯依靠大量传感器所构成的网络感知信息最终将感知数据传给用户,用户仅作为消费者。这种新型感知网络具有部署感知网络成本及细粒度降低、感知数据不完整及不准确性和更大可扩展性等特点。群智感知网络发展到目前为止已经在各种场景中广泛应用,例如环境、交通、社交等各个方面,作为新兴数据感知技术在数字化供应链的建设中具有巨大的潜力和广阔的发展空间。

### 5.2.2 数字化供应链平台构建技术

根据《信息化和工业化融合管理体系供应链数字化管理指南》国家标准(征求意见稿)中关于供应链数字化管理平台的要求,企业宜结合供应链数字化管理的数据视图和技术视图,建设并应用供应链数字化管理平台,采集供应链数字化管理相关数据,提供数据基础管理和建模分析服务,开发并部署供应链数据模型库,并与企业内外部业务系统互联互通,以有效计划、执行、控制和优化供应链业务活动。供应链数字化管理平台应包括数据层、PaaS层和应用层。

#### 5.2.2.1 数据层

供应链数字化管理平台的数据层主要采集、汇聚、传输供应链数字化管理的相关数据资源,相关数据包括但不限于需求数据、计划数据、采购数据、生产数据、订单交付数据、退回服务数据和绩效数据等。数据管理层主要内容包括主数据管理、元数据管理、数据资产生命周期管理以及数据标准、安全和质量管理等。数据管理连接了数据与信息两个要素。在进行数据管理时,企业需要明确供应链中的数据来源和数据内容,并通过数字化技术对其进行精确获取。所获得的数据交叉生成数字化供应链管理所需要的信息,通过这一过程被赋予意义。在管理中,数据与信息的关系并不是单向的。实际上,信息可以通过已有的数据交叉生成,数据也可以根据需要的信息开发新的收集范围。两种方向的关系一个用于执行,一个用于规划。总结来讲,充分的数据管理能够为企业积累对于供应链管理有重要价值的数据资产,为后续管理奠定良好的基础。

目前在用的主流数据库类型有 SQLServer、Oracle、HANA 等，HANA 适用于 ERP 等大规模、计算复杂的系统，Oracle 虽然性能较好，但成本费用高。SQLServer 所需设备包括中心数据库服务器、应用服务器，整体运行环境涉及用户客户端、其他业务系统服务器、交换机等网络设备。系统"中心数据库服务器"管理所有的基础数据，对数据进行存储和计算，"应用服务器"自动通过局域网网络连接提供系统功能，同时进行数据的"请求"和"返回"。

近年来，企业对供应链数据的保密与监督越来越重视。黄宇翔等通过智能合约的加入，使贸易中交易双方或多方即可如约履行自身的义务，实现从外挂合约到内置合约的转变，有效管控履约风险。鉴于传统供应链存在交易本身真实性难以验证、信任问题突出等，通过提出适用于供应链的共识机制，构建一种以低时延、低成本、低功耗建立的信任机制，实现了贸易中交易数据的可信存储，数据可信度得以提升，并降低行业中的风控成本。

#### 5.2.2.2　PaaS 层

供应链数字化管理平台的平台层主要提供供应链数据基础管理和建模分析服务，并部署供应数据模型库和系统间交互接口，主要功能包括但不限于数据基础管理、建模分析服务、供应链数据模型库和系统间交互接口。

对供应链各环节的精准把握和评估后，可以依据数据的规律性进行预测，数据越密集、越及时、越准确，预测的偏差就越小。这也是数据最核心的价值，决策者通过数据的分析和预测对未来市场情况进行预估，精准了解用户需求，有助于供应链企业改进产品设计和制定销售策略，减少供应链的牛鞭效应，形成产品、平台、顾客全面数字化集成，最终实现集智能生产采购、智能预测、智能决策于一体的供应链数字化管理平台。

需求预测问题的传统做法是当作时序预测问题来解决，本质上又可归为回归问题。时序预测问题有很多传统的时序模型来解决，例如，ARIMA，HoltWinter，Prophet 等。其中，非常经典的时序预测模型是 ARIMA，全称为"差分整合移动平均自回归模型"（Autoregressive Integrated Moving Average Model），是由 Box 和 Jenkins 在 20 世纪 70 年代末提出的一种时间序列分析预测方法，所以也被称为"box-jenkins 模型"。该模型主要可以用于对具有季节性、趋势性、周期性的单变量、同方差的时间序列进行学习预测，当时间序列不平稳时，一般可通过差分的方法将时间序列变得平稳。随着时代的发展，当今处于大数据时代，尤其是在电子商务领域沉淀的数据急剧膨胀，目前使用深度学习神经网络算法来解决大数据需求预测问题成为热点。由于时序数据和文本数据在数据结构上很相似，因此很多在文本领域的深度学习算法也适用于解决时序预测问题。刘洋采用 GRU 这种带门控的循环神经网络对 4 组真实销售数据进行预测，并在结果上做二阶指数平滑，使得预测结果更加准确。

绩效管理方面，国内企业通常采用数据包络分析方法（DEA），该方法较为成熟。

DEA可以成为分析供应链运作绩效的技术之一，其通过利用不同决策单元（Decision-MakingUnits，DMU）的输入或者输出的统计数据，借助于数学规划来确定相对有效的生产前沿面。在生产前沿面确定后，DEA将每个决策单元的输入和输出投影到整体的有效生产前沿面上，并通过比较偏离该前沿面的程度来评价每个决策单元的相对有效性。在DEA的相关文献中，绩效是通过与生产力相关的投入产出比率来衡量的，这种绩效评估方法在不同的行业中已得到了广泛的应用。

#### 5.2.2.3 应用层

目前，一些国内供应链数字化管理平台相对成熟，例如阿里巴巴数字供应链平台通过集合供应链平台事业部各产品技术领域，协同天猫、菜鸟、国际中台等相关领域能力，成功地完成了端到端国际化零售与供应链产品技术体系的构建并在6个国家上线运营，极大地提高了供应链履约、库存、物流系统的一体化发展。供应链数字化管理平台也应用到各个领域，例如开源软件、通信运营商、生鲜食品、海外物资设备、手机供应链、船厂集配等。其中，云南建投物流有限公司牵头完成的"云上营家智慧供应链平台"是基于供应链全生命周期管理构建的数字化平台，是云南建投物流有限公司自主研发的具有自主知识产权信息技术平台，是集采购履约管理、营销渠道管理、综合物流管理以及通关、支付、追溯等配套业务为一体的全过程供应链管理平台，通过互联网、物联网、云计算等现代信息技术集成与应用，实现商流、信息流、物流、资金流四流合一管理。其支持前端业务多元化、多业态、多模式发展，实现运作协同化、业务在线化、过程可视化、信息共享化、管理透明化，有效促进传统产业链降本增效与转型升级。"云上营家"平台入选工信部2018年新型信息消费示范项目、云南唯一入选国务院国资委2020年国有企业数字化转型典型案例、获评中国物流与采购联合会2020年科技进步奖一等奖等。

### 5.2.3 数字化供应链智慧应用技术

我国于2017年首次出台供应链创新与应用的相关政策《关于积极推进供应链创新与应用的指导意见》，该意见的主要内容就是要求加快人机智能交互、工业机器人、智能工厂、智慧物流等技术和装备的应用。该政策出台以后我国加速推动了实体经济与智慧技术的深度融合，政府也从国家层面提出多项政策意见，布局智慧供应链的应用发展。近几年出台的政策主要包括2020年国家邮政局和工信部出台的《关于促进快递业与制造业深度融合发展的意见》，目的是打造智慧物流，推动先进技术与制造业供应链的深度融合，提升基础设施、装备和作业系统的信息化、自动化与智能化水平；以及同年，发改委等14部门出台的《推动物流业制造业深度融合创新发展实施方案》，进一步推动物流业制造业深度融合、创新发展，促进制造业转型升级。而后随着5G技术以及云计算的兴起，发改委等13部门于2021年发布了《关于加快推动制造服务业高质量发展的意见》，主要是利用5G、大数据、云计算等新一代信息技术，大力发展智能制造，促进制造业发展模式和企业形态根本性变革。可以看出我国在推进数字化供应链以及智慧应用上还是有很大的支撑力度的。

随着政策的出台，我国也有很多专家学者对我国智慧供应链开展了广泛深入的研究。

在质量与标准体系建设政策中，奚道云等构建市场机制下绿色供应链标准体系框架。张博通过研究，提出顺应产业变革趋势，要打造细分化、专业化和标准化供应链产业领域，通过推动智慧供应链等领域高速发展，加强标准体系建设。王宝维等搭建健康禽肉赋码销售的供应链标准体系，为推动我国禽肉类供应链闭环管理、提升产品质量安全提供技术支撑。在政府公共治理政策中，魏际刚通过研究指出，政府公共政策实行过程中，基础设施在公共区域、社会化以及企业区域之间的比例不合理。谢趁意提出政府部门要研究制定切合实际的支持现代供应链业发展的公共政策，推动现代供应链业实现高质量发展。

在技术方面，区块链技术以其去中心化、去信任化、开放透明和不可篡改的特点在智慧供应链金融与智能合约中得到广泛应用，工商银行运用区块链技术"公开透明、不可篡改、可追溯"的特点，将金融供应链与物流供应链加以融合，建立了"中欧e单通"跨境区块链平台，并打造了中非之间首个贸易金融服务区块链平台"中非e链通"。吴忠县总结了四种大数据分析方法，并从可视化发展、模块化供应链集成、供应链绩效实时化、智慧型供应链系统化框架的建立、智慧型供应链管理工作五个方面阐述大数据分析方法如何助力打造智慧供应链。将物联网技术与传统的供应链结合是打造智慧供应链的一种有力方案，王鸿鹭、蒋炜、魏来等运用物联网技术设计了信息技术下的产品全生命周期管理的道路。王莉丽探讨了物联网的追溯技术及其平台技术，说明了企业运转升级的具体运作机制。常晶探究了当代物流发展的障碍，从宏观及其微观的角度设计出了智慧物流的发展轨迹。丁倩兰、张水旺对智慧供应链的概念提出了自己的见解，同时结合物联网技术建设出新型智慧供应链。王东、王远运用物联网技术下不同的场景中，以供应链的组织结构进行研究，构建出新的供应链组织结构。徐前景运用BI技术、GIS技术、GPS技术对商品道路进行跟踪，建立一条完整的追踪路径，运用RFID技术实现人、车、货、路的全程可视化跟踪，实现物流的创新与发展。丁勇、刘阳雄对物联网技术应用的现状进行总结，并且着重研究企业供应链中对EPC物联网的具体应用步骤，指出完善EPC物联网运作水平的具体方案。

人工智能已经在各行各业大显神通，利用人工智能技术也能更高效地打造智慧供应链。刘伟华等利用改进的信号灯预警模型从4个维度构建了城市智慧供应链发展的评价指标体系，并且基于信号灯模型识别了4个评价维度下二级指标的信号灯状态，而后利用层次分析法改进了信号灯模型的权重设置环节，计算得到综合警情指数，并给出预警信息，为政府部门提供智慧供应链的发展建议。刘中明等引入面向动作空间选取概率的确定性策略梯度和面向目标价值估计的多异步强化学习机制改进典型的深度强化学习算法，以构建安全、实时监测能力较高的、供配链条全局协同能力较强的、泛在电力物联网实践性较高的电力智慧供应链高维度决策模型。

## 5.3 数字化供应链应用案例

### 5.3.1 数字化供应链在商业领域的应用案例

数字化改革是浙江省在推进"最多跑一次"改革和政府数字化转型基础上的迭代深化，旨在统筹运用数字化技术、数字化思维、数字化认知，将数字化、一体化、现代化贯穿经济社会发展的全过程各方面，对省域治理的体制机制、组织架构、方式流程、手段工具等进行全方位、系统性的重塑。其中，借助数字赋能，打造数字化场景应用，推动企业发展也是题中之义。

温州木材集团作为几十年从事阔叶材进口的一家国有企业，立足大本营在温州，进口原木和板材在张家港，木材销售辐射国内中东部地区，通过数字赋能，打造木材贸易供应链，助力木材贸易数字化的改革。

（1）供应链系统场景构成。

木材供应链系统主要由采购管理、仓库管理、销售管理、报表管理、采购统计、财务管理等六大功能模块组成，覆盖了货物的进销存等各环节。

采购管理。主要涉及合同管理、信用证管理、付款管理、单证管理、报关管理、保险管理、收汇管理、转口贸易管理等，供应链管理模式下的采购管理业务子项更加明确，为原木进口提供相关业务保障。

仓库管理。主要涉及入库管理、库存管理、出库记录、入库单管理、仓库信息管理等，清晰反映原木库存及出库情况，为销售团队把握销售策略提供支撑。

销售管理。主要涉及合同管理、认购货款管理、认购库存管理、提货指令管理、销售单制作、购销合同管理、预收款管理、应收堆存费管理等，根据市场行情，有效组织渠道营销，提高销售管理水平。

报表管理。主要涉及采购费用统计、剩余库存统计、库存台账、预收款明细、客户欠款及库存、原木总库存、未销售报表、到货销售情况表等，系统汇总各种统计报表，为领导决策、财务分析、销售、利润情况展现提供汇总数据。

采购统计。主要涉及进口商品明细统计、银行结算明细统计等。对掌握进口原木品种、材积、单价及银行结算数据进行统计。

财务管理。主要涉及采购管理查询、预付货款明细、货物在途明细、一般贸易报关入库、销售商品明细等，供应链管理突破了会计核算软件单一财务管理的局限，实现了从财务管理到企业战略、业务与财务一体化的全面、全程的管控，实现了物流、资金流、信息流的协调与融合。

(2) 供应链系统场景作用体现。

1) 革新了传统的信息传递方式。最突出的一点是数据的可视化，能够较立体地感知进销存数据的变化。利用互联网信息平台对贸易形式进行全方位、全链条的改造，串联起了木材贸易全流程业务功能，破除阻碍贸易信息同步共享的瓶颈，打破部门工作和业务壁垒，推动各层级、各部门、各相关主体形成合力，提高全要素生产率，发挥数字技术对传统木材贸易的放大、叠加、倍增作用。

2) 为科学决策提供数据支撑。发挥木材供应链系统平台信息实时更新优势，借助大数据分析，精准研判采购成本，进口贸易量，库存去化信息及销售回款情况，为公司决策层提供第一手贸易经营数据，为企业科学决策保驾护航。

3) 风险及时预警保障贸易安全。木材供应链系统对销售合同履约情况设置预警功能，针对超过合同履约期未收货款，根据逾期时间，赋予不同颜色，触发预警提示，提醒相关工作人员跟进处理，有效保障公司利益，降低了贸易风险。

在数字经济的背景下，推动贸易数字化是大势所趋，通过利用现代信息通信技术，以数据资源为关键生产要素，推进贸易企业数字化转型，打造以贸易各环节为基点的供应链信息数据平台，能够显著提高货物贸易的管理效率，实现管理价值增长。

### 5.3.2 数字化供应链在金融领域的应用案例

在党的十九大报告中，习近平总书记提出"深化金融体制改革，增强金融服务实体经济能力"，为我国金融体系的发展做出了指导性的意见。"十四五"规划中又提出"加快数字化发展，建设数字中国"，指出金融机构要结合金融科技实现数字化转型，为我国供应链金融领域的数字经济发展进一步明确了方向。中国银保监会在《关于2021年进一步推动小微企业金融服务高质量发展的通知》一文中强调继续做好"六稳""六保"工作、强化普惠金融服务、增加小微企业和个体工商户活力的决策部署，基于可控风险充分将人工智能、区块链、云计算、大数据、物联网（ABCDI）等金融科技嵌入企业经营等重点领域，提升融资服务的运行效率。

#### 5.3.2.1 数字化供应链金融

供应链金融是指银行将核心企业与上下游企业联系在一起提供金融产品和服务。银行借助核心企业与上下游企业交易信息以及物流信息等，将核心企业的信用层层传递至中小企业，并判断其信用水平，为整条供应链提供整体金融解决方案。其三种传统表现形态为应收账款融资、预付账款融资和存货融资。

然而，传统供应链金融模式面临着巨大的行业痛点：产业链长使得供应链效率低下；众多参与主体使得协作成本高；供应链上信息分散导致缺乏信息透明度；参与方众多导致信息不对称，风险难以防控等。针对这些问题，数字化金融科技在金融领域提供了技术支持。在贷款前，利用人工智能等金融科技手段预测中小企业等用户的信用风险，提高信息透明度及对称度。在贷款中，利用区块链和大数据等技术，打通链上信息流，提升协作交互效率，动态扩展便利。在贷款后，利用物联网、互联网等金融科技，监管整个链上环节，提高业务数据真实性，及时发现和防范信贷风险。

5.3.2.2 应用案例

为了响应国家对数字化供应链金融的提倡，众多国内银行搭建了自己的供应链金融数字化转型系统。最早开展供应链金融的平安银行，推出供应链 1.0~3.0 品牌，提供核心企业系统、反向保理、公司金卫士等产品服务；中国银行的"达"系列贸易融资，提供应收账款融资与质押开证服务；兴业银行的"金芝麻"产品服务涵盖中小企业产、购、销三大环节；重庆银行针对重庆市政府采购，开发定制了首款供应链金融数字产品"链企政采贷"。

除此之外，也有很多企业建立了自己的数字化供应链金融平台。中国西电集团的供应链金融科技平台推出金单、供应链票据、简单融三款产品。快钱基于"支付+金融"业务扩展模型，针对不同的业务，设计出"1+N、N+1、池融资"等不同产品模式。

平安银行橙e网。平安银行是国内首家开展供应链金融服务的银行，近年来已基于"互联网+供应链融资"方案推出了橙e网 1.0~3.0 服务。橙e网作为跨部门的银行公共平台，为政府、企业等提供数字化转型升级服务。橙e网超前的功能设计与平台式供应链金融服务，经过国家多部委信息化专家专门会议的评审，得到了中央网信办、国家工信部、商务部、银监会等部委司局的高度认可，被确立为"中小企业电子商务示范工程"。

平安银行橙e网秉承"因商而融"的理念，专注于"钱包+担保支付+理财"等商业功能。与阿里平台服务于"陌生客户"的形式不同，橙e网的服务形式主要是与各类电商平台进行"熟客交易"，基于长期交易形成的商业信用而提供融资服务。

橙e网 1.0 和 2.0 为大中小企业提供"1+N"交易管理平台，其中"1"是核心企业，风控着力点也是核心企业。该平台利用区块链、智能合约等技术帮助企业实现线上订货—物流—支付—对账等功能，零成本实现商务流程数字化转型。橙e网 3.0 时代的"1"更加多样化，它不仅可以代表核心企业，还可以代表第三方的支付公司、供应链协同平台、数据信息平台等。因此，在 3.0 时代，橙e网不再局限于核心企业上下游，而是实施客户下沉战略，将供应链金融的业务延伸至中小微企业客户本身，完成了从"1+N"到"N+N"的转变。在此基础上，平安银行联合多家平台和产业链核心企业，利用大数据分析、人工智能等数字科技推出一系列"大数据+信用"融资产品，为客户建立信用评估模型，创新企业信贷服务。除此之外，橙e网还借助云计算基础，为中小企业搭建云服务平台"创业易"，助力"互联网+供应链融资"转型。

网商银行大雁系统。网商银行是首家核心系统架构在金融云上、没有线下网点的科技银行，在 2021 年对外发布了基于数字技术的供应链金融方案"大雁系统"，超过 500 家品牌成为首批接入的品牌。大雁系统是基于真实的交易数据开发的一套数字化产品矩阵，满足小微企业生产经营全链路的信贷需求及综合资金管理需求。

大雁系统基于云服务科技构建出"云端+生态+场景云"数字化运营模式，提出从"1+N"到"1+$N^2$"的数字供应链金融新理念。与橙e网的转变类似，大雁系统打破了传统供应链金融的服务瓶颈，其风险管控不仅局限于核心企业的头部效应，而且将供应链金融的服务传递到中小微企业和二、三级经销商等"毛细血管"，使得服务企业的数量完成从"N"到"$N^2$"量级的转变。

对于数字时代可以多维度交叉验证的海量信息，大雁系统依托人工智能和大数据分析等数字科技进行量化建模识别，实现了主体信用与债项信用之间的再平衡。在新型的数字供应链金融模型下，供应链的维度不应局限于1，例如链上的小微企业往往不只存在于一条供应链上，而是同时与多家核心企业有关，存在于多条供应链上。网商银行针对这种从"链"到"网"的转变，建立供应链金融交易网络的关系图谱，对中小微企业进行综合画像分析。大雁系统依靠OCR等图像识别技术提取供应链网络中中小微企业的特征，同时基于大规模图计算及大数据分析手段识别网络中企业间的贸易关联。

中国西电集团供应链金融科技平台。中国西电集团基于互联网技术和信息化手段等数字科技，搭建起中国西电集团供应链金融科技平台。该平台联合政府监管部门、银行和技术服务商等，依托OCR、区块链、IOT等数字科技集成了应付账款确认（金单）、供应链票据、标准化票据、人行再贴现、资产证券化（ABS）和简单融等产品。

中国西电集团供应链金融科技平台实现了供应链应付管理线上化、资金管理标准化、资源投入最小化和普惠小微最大化的理念，不仅帮助西电集团有效建立和推广核心企业商业信用，也解决了供应链中小微企业的资金难题，同时，可实现西电集团应付账款、应付票据的统筹创新管理，实现三赢的效果。

### 5.3.3 数字化供应链在医药领域的应用案例

随着医药领域的研究推进以及人民群众对于生命健康的日益重视，医药领域和医药供应链不断深入人们的日常生活：相关统计数据显示，目前全球药品一年内的使用量已达4.5万亿剂，且超过50%的人每天会服用超过一剂药品。同时，医药领域也正在见证商品和服务提供方式的巨大变化：医药消费的重心逐渐从治疗短期疾病转向更加注重长期健康和预防；消费者的需求从共性化的诊疗设备与方案转向个性化健康产品和服务；消费形式也从医院诊疗分发转向患者直接在智能设备上订购非急诊药物。

2021年商务部指导意见也指出：药品流通行业是国家医药卫生事业和健康产业的重要组成部分，是关系人民健康和生命安全的重要行业。为贯彻落实党中央、国务院关于深化医疗卫生体制改革、实施健康中国战略的决策部署，应全面提升药品流通现代化水平，完善现代药品流通体系，提高药品流通效率，促进行业高质量发展。

在此背景下，为了应对医药健康领域中的频繁变化以及数字化在日常生活中的普及，数字化供应链的应用和发展是必然选择。

全球数字化医药供应链的三项发展重点：安全是医药供应链的根本要求；智能是医药供应链个性化需求下精准调度的效率要求；协同是医药产业链各环节企业效益最大化的商业要求。目前数字化医药供应链相应的发展成果和实例在三个关键词上均有体现。

基于区块链技术 Hyperledger Fabric 解决假药问题。全球医药供应链最严重的问题之一是假药。特别是在发展中国家的情况更糟：根据健康研究基金组织报告，在发展中国家近10%~30%的药物是假药；据世界卫生组织，在非洲、亚洲和拉丁美洲销售的药品总量中约有30%是假药；每10种药物中就有一种是假药或不符合药品法规。假药通常很难检测，并且有通过不同的复杂分布式网络进入正常供应链的机会。而随着互联网药店的兴起，药品安全标准化更加困难。2019年印度科研团队提出了一种新的药物供应链管理平台：使用基于区块链技术的 Hyperledger Fabric 来处理安全的药物供应链记录。平台通过在区块链上进行药物记录交易以创建具有药物供应链的智能医疗保健生态系统，并启动智能合约以限时访问电子药物记录和患者电子健康记录。实验和实际应用证明该平台的可用性和效率都非常好。

基于区块链的去中心化的系统应对前向供应链与医疗废物进行处理。伴随着医药的普及和大量使用，医疗废物的处理和安全性也受到了广泛的关注。特别是在近三年，全球范围内 COVID-19 医疗设备和用品达到了前所未有的使用量，然而用于处理 COVID-19 医疗设备的前向供应链以及使用后产生的废物的大多数系统、方法和技术效率低下。针对这样的现状，2021年阿联酋的科研团队提出了一种基于区块链的去中心化解决方案，用于自动化医疗设备的正向供应链流程，并以完全安全、透明、可追溯的方式在参与废物管理的所有利益相关者之间进行信息交换。该方案以太坊区块链与星际文件系统（IPFS）的分散存储相集成方式管理数据，并开发算法来定义有关医疗废物处理的交互规则，以及在违规情况下对利益相关者施加的处罚。通过成本分析、安全分析等方式可以证明该方案在可追溯性、可靠性、操作透明度、安全性、信任特性方面都有较大提升，并且去中心化的方式也避免了单点故障问题，使医疗废物处理问题得到大幅优化。

基于人工智能技术 Merck 药业准确预测需求。作为全球医药企业的前三强，Merck 的药品供应链为全球160个国家的9000万名患者提供服务。近年来，Merck 不断推动数字供应链进程。其医药健康数字和数据全球负责人 Michelangelo Canzoneri 表示，数字化医药供应链通过提供实时数据，提高全局透明度，从而可视化并分析整个供应价值链上的端到端性能，包括所有分析测试步骤、药品的制造和包装及其分销。在机器学习、深度学习的帮助下，企业能够以先进的方式使用数据，提高预测的准确性并实现实时决策。同时，智能的数字化供应链通过预测需求高峰和瓶颈，最大限度减少过剩与短缺并缩短整体和特定的药物周期时间，从而显著降低了企业的库存，并使库存与具体的药品周期时间无缝同步。最初 Merck 将这种方法在生育药物组合中获得试点，但现在他们已经扩大该计划，将整个医药健康产品组合纳入其中。Merck 公司供应链负责人 Koehler 认为，数字化的自驱式运营有望消除浪费，并优化材料、人员或能源的利用，并最终有助于确保病患能够在所需之时得到所需的药物。

基于微服务技术架构方案的供应链智能协同平台。数商云基于最新的微服务技术架构方案为生物制药行业上下游企业提供研发协作的供应链智能协同平台，将信息流、物流、资金流等产业数据进行整合，提升生物制药行业整合、采购、运行等阶段的供应链管理水平，并促进信息共享和快速流通、缩短产品上市时间和快速抢占市场。采购流程中，该协同平台可以实现供应商分类管理、订单状态实时更新及时对账、简化企业采购审批流程，提供一站式的平台服务；仓储物流上，由于生物制药行业安全性要求极高，企业可通过供应链智能协同平台的 WMS 仓储管理功能，掌握"采购—生产—库存—配送"链式结构中的重要信息资源及其在供应链平台网络中流动，构成物流供应链系统网络。

### 5.3.4 数字化供应链在餐饮领域的应用案例

受新冠肺炎疫情影响，我国餐饮行业数字化变革进程明显加快，2022 年餐饮行业将迎来数字化餐饮高质量发展的关键年。按照"十四五"规划提出的愿景，未来五年一直到 2035 年，我国将坚持实施扩大内需战略，构建国内大循环为主体、国内国际双循环相互促进的新发展格局，进一步深化供给侧结构性改革，促进经济高质量发展。业界专业人士认为，"十四五"期间，我国餐饮业在国家宏观政策的引导下，将通过多措并举确保持续稳步回暖，并以质量提升、数字化转型作为技术支撑，努力提振餐饮消费。

"互联网+"、数字化驱动发展是餐饮供应链的主流趋势。根据中国饭店协会与新华网联合发布的《2020 中国餐饮业年度报告》，2020 年春节期间的平均开店率仅为 34.99%，同比下降 46.72%，客流量减少近 90%，餐饮收入损失超千亿元。由于餐饮业呈现金字塔结构，基数较大为普通私人饭店和路边摊，其数字化程度低，抗风险能力薄弱，在原材料采购、生产加工、物流管理、成本管控、风险预防等多方面处于高风险易失控状态，餐饮业组织大型化、集群化和平台化趋势显著，因而加强餐饮供应链融合，促进建设数字化、智慧化供应链平台是行业发展的大趋势。

2017 年 12 月，浪潮集团联合中国检验检疫学会打造了覆盖从设计、研发、生产、制造到使用、售后、召回或消亡的产品全生命周期质量管理公共服务平台——质量链网。该质量链网是以区块链为核心支撑技术，利用区块链技术多中心化架构、数据不可篡改的特性构建底层可信数据支撑体系，融合云计算、大数据、人工智能等新一代基础设施，打造的第三方全要素质量数据公共服务平台和质量提升支撑服务体系，同时也是工业互联网一物一码数据标识服务基础和底层支撑。

花冠集团应用浪潮质量链企业服务不到半年时间，实现管理 100 余家渠道企业、1000 余万货值白酒、白酒 100%供应链扫码率、渠道返利 200 余万元和零窜货，企业产品质量和经营效益大幅度提升，在2020年互联网数据中心（IDC）中国数字化转型大奖评选中，花冠集团"供应链协同"项目摘得"中国制造行业技术应用场景创新奖"。阳澄湖大闸蟹与浪潮集团合作，首先通过三码六扫，区块链存证达到可信线，一个线有一个线码，框有框码，物流有物流码，从选苗、养殖、环境到物流，再到消费者手中，全链条信息都是可查证、可追溯的。其次质量链一线一码，通过九重保证拉动阳澄湖大闸蟹的销量。还有就是蒙字标的认证，蒙字标服务于七大产业，牛羊、大米、小米、木耳、马铃薯等，基于区块链技术供应链联合信任模式的应用，不仅实现产品质量可追溯，让消费者放心消费，而且促进供应链整体运作效率提升。

海底捞非常重视"互联网+"、数字化驱动发展，在供应链管理中充分运用中央厨房和智慧物流系统，为了保证各门店菜品质量的统一性和高效性，通过中央厨房进行精准的食材加工或半加工配送，并在此过程中全面应用现代物流技术设备，实现自动化、机械化、智能化等多种操作模式，充分有效地降低了人力成本和库存成本。北京市海底捞牡丹园店是海底捞集团供应链统一全程冷链配送菜品的试点店面之一，从顾客点菜、接单到涮菜上桌不到一分钟的时间。海底捞之所以能实现这样的服务效率，与其长期合作的蜀海集团的供应链发挥了至关重要的作用。与传统的火锅店不同，在海底捞后厨的冰柜里，整齐地码放着一排排通过冷链运输来的、已经在中央厨房完成预处理的菜品，前台食客点单后，后厨员工便能立即拣选出相应菜品，不需进行二次加工。这样不仅避免了蔬菜在运输、二次加工中产生损耗，也减少了用工成本，火锅店后厨的单位面积也因此大幅缩减，降低了房租压力。

锅圈食汇自2017年成立至今，已建立了以用户为核心、门店供应链双轴联动的全面数字化的云信息平台，打通人、货、场及内部管理，依托"互联网销售平台+实体店面+超市"全渠道配送模式为消费者提供食材及火锅服务。为了保障全场景品类的供应实现，锅圈食汇一直十分注重对于上游供应链以及工厂的投入。目前，锅圈食汇通过产投结合等多种方式，合作了600家上游ODM和OEM工厂，其中31家是上市公司，以确保供应的品质和效率。此外，锅圈食汇还投资了上游供应商澄明食品，并与澄明食品携手打造了澄明食品产业园，邀请更多产业链上下游企业入驻。通过直接与上游工厂合作，通过"门店—仓储—物流—工厂"等数字化的"一站式"建设供应链物流网络，锅圈食汇实现了生产的高效性和产品的高周转率，实现了从源头工厂到百姓餐桌的优化供应，减少了中间环节，实实在在让利于上游的工厂、门店以及终端的消费者，在让产业链各方享受到真正实惠的同时，也确保了锅圈生态闭环的可持续性和正向循环。

数字化供应链未来的发展趋势，不再指的是单一渠道的扁平化或者流通端的扁平化，而是通过数字化的技术，把供应链上下游的生产端、流通端、零售端汇聚到一个平台上，通过数据实现三端的协同，从而实现产业链上生产、技术、商流、物流、金融、零售、服务等环节的多方融合需求。

### 5.3.5 数字化供应链在农业领域的应用案例

在国内政策方面，国务院多次在有关政策中强调要推动农业农村数字化发展，如《全国农业现代化规划（2016—2020年）》指出，要推动农业现代化与新型工业化、信息化同步发展，推动农业转型升级，以供给、科技和机制创新促进农业的可持续发展。2018年1月，《中共中央国务院关于实施乡村振兴战略的意见》指出，要大力发展数字农业，实施智慧农业林业水利工程，推进物联网试验示范和遥感技术运用。2019年农业农村部、中央网络安全和信息化委员会办公室印发《数字农业农村发展规划（2019—2025年）》，指出"十四五"时期是推进农业农村数字化的重要战略机遇期，必须加快推广数字技术，提升数字化生产力，让广大农民共享数字经济发展红利。

国外政策方面：日本制订一项名为"21世纪农林水产领域信息化"的计划，提出大力建设农村信息通信基础设施。日本政府先后发布了"E-Japan"、"U-Japan"和"I-Japan"国家层面的信息化战略。其目标分别是建成世界上最先进的互联网，使得3000万家庭以能承受的价格接入超高速互联网，以提升日本ICT领域整体的基础设施水平。"U-Japan"计划的目的是使宽带接入广泛化，并加强ICT的应用及深化，利用ICT技术解决日本社会各种问题，例如乡村地区网络通信问题、农产品销售问题和乡村物流体系建设问题。"I-Japan"的战略要点是大力发展电子政府和地方电子自治体系，全面推动农业等各方面的电子化。同时日本建立了农业技术信息服务全国联机网络，即电信电话公司的实时管理系统（DRESS）。该系统后端链接大型数据库、互联网网络、气象预报系统、温室无人管理系统、高效农业生产管理系统及个人电脑用户，提供农业技术、文献摘要、市场信息、病虫害情况、大雨保护、天气预报等信息。目前，日本各县都设立了DRESS分中心，实时共享农业生产技术信息。同时，日本农户通过使用GLS（GPS登录系统），可按作物品种、地区特点在网上查询农技资料。

在农业数字化供应链中，从农场到客户的各种参与者，即农场主、收集者、包装商、加工商、运输商、营销人员、批发商、零售商、客户等，都涉及有效的农产品流动。在当前，许多国家对农业数字化供应链的研究已经达到了相当先进的水平，实现了高质量和稳定的农产品供应，拓宽了全球市场，增加了农产品行业供应链的可持续性。

农业数字化供应链主要包括三个阶段，分别为农业数字化供应链生产阶段、农业数字化供应链运输阶段、农业数字化供应链分销及销售阶段。

在农业数字化供应链生产阶段，RFID技术在其过程中应用范围很大，在农产品生产过程中，采用RFID标签结合电子产品代码（EPC）对原材料、半成品和成品进行区分与跟踪，可以确保稳定生产。同时这个RFID代码也有助于识别每个农产品的必要信息，如产品名称、制造商、等级、有效期、保质期等，这使得后期的信息溯源更加方便、快捷。在生产过程中，机器学习算法，可以用于天气预报、杂草检测、牲畜管理、特定地点的营养管理、收获作物质量管理。

在农业数字化供应链运输阶段，利用 GPS 系统对运输车辆进行准确定位了解车辆的具体位置和状况。同时运输车辆的路径规划，影响着农产品的质量以及运输的成本，目前已有使用遗传算法以及机器学习算法处理综合生产和配送调度问题，有基于关联规则挖掘识别云平台的易腐食品配送和存储位置分配问题，有基于机器学习算法估计运费、库存管理。这些技术手段的使用可以最大限度地减少产品损坏、行驶距离，并保持产品的质量。

在农业数字化供应链分销及销售阶段，人工神经网络、决策树、k-means 聚类算法、最近邻算法、深度学习和神经网络等机器学习技术被用于预测消费者需求、感知和购买行为。一种基于大数据分析的文本挖掘方法，使用支持向量机和分层抽样与 bootstrap 重抽样来有效地进行零售供应链规划，从而分析出供应链管理中社交媒体平台客户的情绪，分析了解客户反馈，并帮助开发以客户为中心的零售供应链。贝叶斯网络用于预测消费者对不同食品的购买行为和执行零售食品的质量检查。

### 5.3.6 数字化供应链在工业领域的应用案例

#### 5.3.6.1 标准和政策

近年来，随着从经济视角研究数字化问题的增多，数字经济开始升温，2017 年 3 月，数字经济首次写入政府工作报告，数字经济是随着信息技术发展而产生的一种新的经济形态。在世界范围内，数字经济早已成为全球经济的重要内容，是全球经济发展的主线，并在逐步推动产业界和全社会的数字转型。"工业 4.0"时代意味着智能化时代，其特征为"物理—信息系统"，具体体现为"智能工厂"，即智能机器，数据存储信息实时传输，生产设施交互控制等。"中国制造 2025"与德国"工业 4.0"的合作对接渊源已久。2015 年 5 月，国务院正式印发《中国制造 2025》，部署全面推进实施制造强国战略。

如果要实现工业 4.0 的愿景，大多数企业流程必须变得更加数字化。关键因素将是传统供应链向连通、智能和高效的供应链生态系统演变。利用新一代信息技术，构建数据的采集、传输、存储、处理和反馈的闭环，打通不同层级与不同行业间的数据壁垒，提高行业整体的运行效率，构建全新的数字经济体系。

在国务院印发的《中国制造 2025》中提到："推进制造过程智能化。在重点领域试点建设智能工厂/数字化车间，加快人机智能交互、工业机器人、智能物流管理、增材制造等技术和装备在生产过程中的应用，促进制造工艺的仿真优化、数字化控制、状态信息实时监测和自适应控制。加快产品全生命周期管理、客户关系管理、供应链管理系统的推广应用，促进集团管控、设计与制造、产供销一体、业务和财务衔接等关键环节集成，实现智能管控。""深化互联网在制造领域的应用。制定互联网与制造业融合发展的路线图，明确发展方向、目标和路径。发展基于互联网的个性化定制、众包设计、云制造等新型制造模式，推动形成基于消费需求动态感知的研发、制造和产业组织方式。建立优势互补、合作共赢的开放型产业生态体系。加快开展物联网技术研发和应用示范，培育智能监测、远程诊断管理、全产业链追溯等工业互联网新应用。实施工业云及工业大数据创新应用试点，建设一批高质量的工业云服务和工业大数据平台，推动软件与服务、设计与制造资源、关键技术与标准的开放共享。"并提出相关标准："到2020年，制造业重点领域智能化水平显著提升，试点示范项目运营成本降低30%，产品生产周期缩短30%，不良品率降低30%。到2025年，制造业重点领域全面实现智能化，试点示范项目运营成本降低50%，产品生产周期缩短50%，不良品率降低50%。"在上述标准中，相关指标的优化，大多依赖于供应链效率。

### 5.3.6.2 关键技术

今天的供应链是通过市场营销，产品开发，制造和分销，并最终落到客户手中的一系列基本上离散的、孤立的步骤。数字化打通了这些壁垒，形成一根链条，变成一个完全集成的生态系统，对所有参与者，从原材料、零部件供应商，到这些供应品和成品的运输商，以及最终的客户都得到满足。

这个网络将取决于一些关键技术：综合规划和执行系统，物流可视性，自主物流，智能采购和仓储，备件管理和高级分析。结果将使公司能够对供应链中断做出反应，甚至可以预测它们，通过对网络进行全面建模，创建"假设"情景，并随着条件变化实时调整供应链。数字供应"网络"一旦建成—组件即将开始发展—数字供应"网络"将提供新的弹性和响应度，那些首先成功的公司能够为客户提供最高效和透明服务交付。

数字供应链的目标是：建立全新的供应网络，既有弹性又有响应能力。但是，如果公司要将数字供应链—或者更恰当的话—数字供应链生态系统—变成现实，他们不能仅仅收集技术和构建能力。综合规划和执行，物流可视性，采购4.0，智能仓储，高效备件管理，自主和B2C物流，规范供应链分析这些均是数字供应链的有力支持。

集成的计划和执行—横向数字供应链业务目标是尽可能快地将正确的产品交付给客户，响应和可靠地提供正确的产品，同时通过自动化提高效率并降低成本。除非供应链完全集成，否则无法实现这一目标，无缝连接供应商，制造，物流，仓储和客户，并驱动通过一个中央的云端指挥中心。通过这种集成度，引发供应链事件的信号可以从网络中的任何地方发出，并警告所有影响供应或需求的问题，例如原材料，组件，成品或备件的短缺。在定制制造迅速成为常态的世界中，客户变得越来越苛刻，充分响应供应链是一项巨大的竞争优势，并迅速成为必备。

物流可视性——看得见的网络：跟踪和追踪技术。通过运输系统跟踪和追踪物料与产品的运行能力近年来发生了显著变化，这得益于新技术，其在全球范围内的不断扩大以及价格的下降。RFID和蓝牙技术正被用于库存及跟踪室内物品的移动，例如工厂和仓库内部。3D打印机生成可读的传感器标签，可以将其附在货物上并捕捉温度和湿度条件。全球移动通信系统（GSM）和卫星跟踪用于海上运输，船舶传感器监测发动机性能。这很大程度上是由于小型跟踪设备的电池寿命延长，当传感器闲置时关闭设备，现在可以通过智能算法将电量保持长达五年。

采购4.0——按需采购。数字化采购将彻底改变所需的工具和人才，增加新的采购类别，并改变采购职能的价值主张。原材料和零部件供应商的高效整合与管理是数字供应链生态系统中的重要组成部分。许多传统采购方面的数字化已经在进行之中，因为公司使用各种大数据工具和技术与供应商更紧密地联系，帮助规划流程，改善采购，积极管理供应商风险并促进协作。其结果是，随着自动化程度越来越高，整个供应链的成本更低，交付更快。仓库有望成为企业如何运作并为其客户创造价值的战略工具。

智能仓储——工作中的机器人。数字供应链的下一个环节是仓库，它有望成为企业如何运营并为其客户创造价值的战略工具。这里的目标是通过几乎每个普通仓储活动的自动化来提高效率和安全性。事实上，工业4.0仓库看起来不像我们目前的劳动密集型建筑。未来仓库的改造始于进场物流。通往仓库途中的卡车将把它们的位置和到达时间传达给智能仓库管理系统，智能仓库管理系统将选择并准备一个停靠槽，从而优化即时和按顺序交付。RFID传感器将显示已交付的内容，并在整个供应链中水平发送追踪数据。管理系统将自动分配交付的存储空间，并分配相应的自动设备将货物移至正确的位置。在仓库内部，管理软件将通过使用嵌入货物中的传感器和仓库本身来实时更新库存。最终，该系统将部署飞行无人驾驶飞机以帮助清点库存，定期通过传感器数据评估货物的位置，并映射整个设施，除了增强的入场物流、自动化运输和优化的物流流程外，创新技术还将改变诸如挑货和履行订单等日常工作。公司正在试验可穿戴设备和增强现实系统以帮助进行这种昂贵的劳动密集型工艺，这种工艺通常仍然使用纸张进行，并且容易出现人为错误。

高效的备件管理——3D打印。供应链中的仓储环节价格昂贵，劳动强度大，并且充满了潜在的错误风险。数字化必将消除其大部分低效性，并将整个流程整合到整个供应链中。与此同时，3D打印已经准备好进一步改变这一关键环节。考虑备件的问题，在许多仓库中，所有订单中一半以上的订单都是一次性备件需求，而且对它们的需求非常不稳定，几乎无法预测。这就是为什么公司通常保持大量零件库存的原因。数字化已经彻底改变了备件的仓储和配送。先进的分析软件通过工业车辆和机器的预测性维护等解决方案，可以更准确地预测备件需求。这反过来又使公司能够优化备件的存储和分配，因为可以集成更多的信息，例如需求和分销所依赖的社交，交通和天气数据。然后将3D打印添加到混合物中：如果真需求很高或很关键，则可以根据需要在当地维护的设施（即使是现场）制造备件，所需要的只是打印机，软件，各部分的正确规格蓝图以及材料。其好处包括备件库存和相关成本大幅降低。事实上，向工业设备添加预测性维护服务的能力以及及时交付部件的能力，对于工业4.0转向是有帮助的。

自主和B2C物流——机器人运输。无人驾驶汽车的概念已经变成了现实。车队管理部门将部署各种无人驾驶车辆和其他机器人创新技术，这些技术将在世界各地的货物运输中扮演越来越重要的角色。无人驾驶车辆在物流中最常见的用途是无人驾驶卡车。就像它们的汽车兄弟一样,自动驾驶卡车将依靠测绘软件和短程雷达来评估车辆的周围环境。与其他车辆和公路本身的无线连接将提供额外信息,以加速交通流量并减少道路拥堵和事故。自动卡车车队的可能性——现代的多列卡车排成一列的车队——将减少对驾驶员的需求,并使卡车更紧密地结合在一起。内部传感器将帮助车队操作人员评估货物损坏并确定维护要求。自动化过程的另一个步骤是"最后一公里"的交付——将产品交付给客户。因为它是劳动密集型的并且需要大量的客户互动,所以它通常是物流链中成本的主要部分,我们讨论过降低成本和提供更大客户价值的许多想法,其中包括使用非专业驱动程序来提供软件包的优步应用程序,以行人速度移动的自动驾驶交付机器人,这些自动驾驶交付机器人通过灵活的路线分发软件包——当然由操作人员监控——最著名的(感谢亚马逊制作的概念视频),使用无人机将包裹从天上掉落到顾客的眼前。对于生产设施本身,自主现场车辆正在成为常态,不受人为干扰地移动原材料和零部件,尽管条件不断变化,仍然选择最佳路线。与公司的 ERP 系统紧密结合后,这些车辆最终能够自行确定在生产过程中哪些地方需要补充补给,从存储中提取负载,将它们放在需要的地方,并收集可回收的包装。这些车辆上的非接触式传感器和激光安全保险装置将显著改善现场员工安全。

### 5.3.6.3 国内应用案例

上汽大众。上汽大众汽车有限公司宁波分公司(以下简称"宁波工厂")的生产运营管理系统主要有 FIS 系统和 EcoEMOS 系统,可实现信息实时采集、上传、存储以及指令下发,控制整车生产全过程。FIS 系统主要功能是生产信息流转、生产控制和质量控制(缺陷管理)。同时,总装车间高精枪螺栓数据采集管理系统,从工位至中控室服务器数据通信采用 AP 无线网络,与工厂 FIS 系统建立数据通信;EcoEMOS 生产监控系统处于中央监控层,通过深度分析产品生产过程、PLC 数据采集,实现生产过程可视化与设备运行状态实时监控。通过分析 EcoEMOS 系统收集的数据,可以发现设备瓶颈点,从而进一步优化,减少停线时间。此外,该系统还具有实时信息反馈、生产数据分析、设备管理、订单管理、网络安全通道防护等优势。

目前工业互联网在上汽大众的应用方向主要有以下几个:数据分析平台的应用,可以采集工业数据,进行数据分析和挖掘,对质量、设备、生产等领域提供改进意见;在数据分析的基础上,考虑应用人工智能技术,实现生产的改进。上汽大众基于 HANA 技术,建立了面向整车生产的生产系统和供应链的报表中心,可以对生产情况与供应链进行监控和分析。生产报表中心实时抽取各生产业务系统的数据,在报表中心数据库进行汇总,建立模型,对生产情况、质量情况、物流情况进行分析和展示。基于此套系统,各工厂对生产、质量和物流情况可以实时掌握,并对其进行分析。同时,通过建立供应链监控平台,抽取了 ERP、生产系统、仓库管理系统、运输管理系统等各种业务数据。通过进一步整合,对库存、供应商、订单等核心指标进行监控和分析,从而全面掌握供应链的运行情况。

海澜之家。海澜之家向"服务型制造"企业转型背后的重要支撑就是其全面的数字化战略。在前端运用大数据分析动态掌握消费者多样、变化的服装需求，在后端通过高效的数字供应链支撑越发多元和个性化的产品结构。海澜之家的数字化战略并非着眼于生产运营上的小修小补，而是通过数字化战略实现了"品牌+平台"这一轻资产的商业模式，逐步占据产业价值链的制高点数据驱动这一特点在供应链的数字化转型上体现得最为明显，数字领军者建立起智能数据模型来自动收集和分析来自供应商、自身库存、物流环节的信息，打造出主动感知、实时可视、以客户为中心的数字化供应链。海澜之家的优异市场表现很大程度得益于高效的数字化供应链，该供应链模式可通过对门店销售数据的分析，快速调整补单情况，有效减少存货量；对货物资源统筹规划，搭建起多品牌货物统一收发货、物流跟踪及结算管理的管控平台，提升对供应链的管控效率。

#### 5.3.6.4 国外应用案例

石化行业。美国页岩气开发潮出现之后，页岩气开发企业每年用于维护、扩建、更新输送管道的投资高达400亿美元，但如何更快、更安全地将页岩气输送到市场仍然是页岩气开发企业面临的重要挑战。页岩气开发企业迫切需要更为灵活、综合全面的管道解决方案来促进实时的跨州管道输送。ColumbiaPipe是一家运营着15000英里管道输送网络的页岩气开发商，于2015年采用了通用电气公司（GE）的智慧管道解决方案（IntelligentPipelineSolution）。该方案结合了GE的软件和硬件技术，以及埃森哲的数据集成专业技能，通过在GE的产业软件平台Predix运行，使用大数据来监控15000英里长的天然气输送管道网络，简化其运行和计划过程。该方案主要通过从安装在管道节点上的设备上收集数据，再和外部数据进行同步，然后传递给客户指定的信息并进行风险评估，来帮助管道运营者主动对市场做出反应。GE认为这种新的系统将帮助像ColumbiaPipe这样的客户在正确的时间做出正确的决策，来保障其资产安全。借助该系统，客户可以将其维修团队派往最需要的地方，并加速其对问题的反应时间。

服装行业。服装行业越来越体现出个性化特征，因而在前端运用大数据分析动态掌握消费者多样、变化的服装需求，在后端通过高效的数字供应链支撑越发多元和个性化的产品结构，以"品牌+平台"的商业模式来精准地满足消费者需求，从而占据价值链的制高点。服装行业推进数字化进程，高效的数字化供应链管理是助力优异市场表现的重要途径。通过对门店销售数据的分析，快速调整补单情况，有效减少存货量；对货物资源统筹规划，搭建起多品牌货物统一收发货、物流跟踪及结算管理的管控平台，提升对供应链的管控效率，打造出主动感知、实时可视、以客户为中心的数字化供应链。针对Nike数字化3D设计转型需求，Nike联合Meta和Ultrahaptics，将新一代数字化3D设计工作站、数字化设计平台、Meta虚拟现实和增强现实技术与Ultrahaptics空中感应技术相融合，打造新一代数字化设计；并根据实际需求定制VR/AR工作站，通过多核处理器、大内存、

GPU 和 NVIDIA 技术满足数字化 3D 设计对多线程和高显卡性能要求，运用工作站优化器对各种应用和负载实时监控，实现一键设计系统优化；针对设计人员的设计习惯，将互动数字笔、声控指令与虚拟和增强现实相融合，用触摸平板数字化的工作区取代传统的输入设备，让设计者能更为准确、轻松地将创意转化为设计。通过数字化转型，使 Nike 提高了个性化设计生产效率，降低了供应链成本，优化了高端市场个性化体验，提升了企业竞争力。

### 5.3.7 数字化供应链在建筑领域的应用案例

建筑行业高度分散的性质使管理施工过程变得困难，特别是当一个项目涉及多个供应商和承包商时，数字供应链可以帮助在参与项目的众多各方之间同步供应链网络。数字化供应链可以提供与材料、设备和施工里程碑相关的数据，同时协调各方的时间表。它还可以帮助整理各方的库存详细信息，并根据数据实现实时决策。此外，物联网和人工智能等技术的使用可以提供对设备和资产性能的见解。这些技术还可以帮助提高质量，降低资源消耗和成本。

#### 5.3.7.1 发展现状

近年来，建筑企业充分利用移动互联网、云计算、大数据、物联网等技术，搭建供应链管理平台，进行供应链管理创新，不断探索集计划、采购、合同、质量、供应、结算、绩效、协同于一体的新思路、新方法。建筑领域数字化供应链金融模式发展迅速，但在建筑行业的整体应用仍处于初级阶段，绝大多数的建筑企业尚未形成完整的数字化供应链金融管理系统，大部分建筑行业中的中小微企业的供应链金融还处于传统的、粗放的基础采购、银行借款模式。现阶段主要存在着建筑供应链和金融整合实施困难、建筑供应链部分企业融资困难和建筑供应链金融的系统风险仍然不容忽视的三个主要问题。

#### 5.3.7.2 应用案例

广联达数字科技（深圳）有限公司基于广联达科技股份有限公司在建筑行业高覆盖率的数字建造类管理平台、软件工具和物联网数据，打通项目参与各方在工程建造过程中实时产生的项目建造、采购及履约数据，搭建并输出基于实时精准数据的建筑产业供应链金融各类风控模型，为中小建筑企业提供场景定制化、"滴灌式"精准匹配的供应链金融解决方案。其在火神山医院建设项目中风机采购发挥巨大作用，广联达数字供应商库的供应商标系统中快速圈定了符合条件的供应商，而业主只需要联系这几家供应商沟通协商即可，能够快速将资源对接给项目。

陕西建工控股集团有限公司始建于 1950 年 3 月，是陕西省政府直属的国有独资企业，注册资本金 51 亿元，旗下拥有国际工程承包、建筑产业投资、城市轨道交通、钢构制作安装、商混生产配送、工程装饰装修、古建园林绿化、锅炉研发生产、物流配送供应、地产开发建设、医疗卫生教育、旅游饭店经营等产业。

陕建集团电子商城平台商业模式定位为 B2B2C 模式。以资源交易平台为核心，打造标准化供应链解决方案，不断完善和维护生态平台的需求，并通过营销吸引更多的需求方和供应商加入平台应用中来，电商平台管理方不直接参与具体采购和销售，而是负责平台运营、组织产品筛选、供应商筛选、制定采购模式、价格比选、确定成交、协同组织供货以及结算支付等工作，提供交易平台服务、信息服务、集中结算和支付等工作。为满足陕建集团综合电商平台的多业务形态需求规划建设，旨在建立统一化、标准化、集约化的综合电商平台，满足多业务形态的基本目标，同时又要保证业务系统高可扩展性、高可用性。本次项目需求主要为陕建集团电子商城相关功能，但同时，需要考虑全平台（涵盖现有集采、履约系统，以及本次规划的电子商城系统）的系统规划，既能满足现阶段电子商城的应用，又能满足未来各系统功能板块的协同发展。陕建集团电子商城平台建设（包含 PC 端及移动端）包含用户管理、商城前台、商城后台、电子发票、支付系统、运营管理子系统；同时，建立稳健灵活的统一对外开放平台及后台能力，形成跨企业、多平台的综合性电商平台。本需求规格说明书按业务场景划分为商城维护、买家功能、供应商功能、运营商功能、商品中心、会员体系、价格体系、营销活动、统计分析、电子签章。

平台整体功能规划总共分为四层架构，支撑现有系统及未来扩展系统的应用，满足采购方、供应商、合作伙伴及运营方在线开展各类应用。

（1）基础设施：涵盖基础服务和微服务支撑平台两方面。其中，基础服务包括云服务器 ECS、云数据库 RDS、缓存 Redis、负载均衡 SLB、分布式搜索引擎和分布式消息服务等；微服务支撑平台采用 SpringCloud 微服务。

（2）业务中台：业务中台层主要将前台共用的产品功能抽提为会员中心、商品中心、订单中心、仓储中心、物流中心、结算中心、营销中心及客服中心等，将基础能力域构建成业务的解决方案，解决共性和个性化的问题。

（3）业务场景：建立集团电子商务平台入口，将内部采购相关系统纳入其中，实现统一管理。同时，将前台业务场景应用归纳为招标采购、电子商城、金融服务等频道，支持采购管理、资源交易及增值服务等需求。

（4）应用系统：为满足前台各类业务应用，需要多应用系统支撑，实现与内外部系统的无缝集成，丰富采购场景应用。此层可分为两类，一是个性化系统，包括采购供应链系统、电子商城和金融服务系统，对应支撑上述业务应用；二是通用性系统，均可被直接调用。

**参考文献：**

［1］ AGERON, Blandine; BENTAHAR, Omar; GUNASEKARAN, Angappa. Digital supply chain: challenges and future directions. In: Supply Chain Forum: An International Journal. Taylor & Francis, 2020, 133-138.

［2］ Büyüközkan, G., & Göer, F. Digital supply chain: literature review and a proposed framework for future research. Computers in Industry, 2018, 97, 157-177.

［3］ Raab, M., and B. Griffin-Cryan. Digital Transformation of Supply Chains: Creating Value-When Digital Meets Physical. 2011.

［4］ Raj S., Sharma A. Supply Chain Management in the Cloud, 2014.

［5］ Kinnet J., Creating a Digital Supply Chain: Monsanto's Journey, SlideShare, 2015, 1-16.

［6］ Guarraia, P., Gerstenhaber, G., Athanassiou, M., & Boutot, P. H. The intangible benefits of a digital supply chain. Bain & Company, 2015, 1（2）.

［7］ Gstettner, S., Roesgen, R., Ganeriwalla, A., Kotlik, L., & Walter, G. Three Paths to Advantage with Digital Supply Chains. The Boston Consulting Group, 2016, 1-6.

［8］ DHL Customer Solutions & Innovation, Fair and Responsible Logistics. A DHL perspective on how to create lasting competitive advantage, 2015, 1-40.

［9］ Kraemer D., Omni-Channel Logistics. A DHL perspective on implications, DHL Cust. Solut. Innov., 2015.

［10］ Jeske M., Grüner M., Weiß F., Big Data in Logistics, 2013.

［11］ Macaulay J., Buckalew L., Chung G. Internet of Things in Logistics, DHL Cust. Solut. Innov., 2015. 1-27.

［12］ Heutger M., Kuckelhaus M. Unmanned Aerial Vehicle in Logistics, 2014.

［13］ Bonkenburg T., Robotics in logistics, 2016.

［14］ Richter K., Poenicke O., Low-Cost Sensor Technology, 2013.

［15］ DHL Trend Research, Self-Driving Vehicles in Logistics, DHL Cust. Solut. Innov. 2014.

［16］ Glockner H., Jannek K., Mahn J., Theis B., Augmented Reality, DHL Cust. Solut. Innov., 2014.

［17］ DHL Trend Research, Key Logistics Trends in Life Sciences 2020＋, 2013.

［18］ Bubner N., Bodenbenner P., Noronha J., Logistics Trend Radar, 2016.

［19］ Kuckelhaus M., Yee P. M., 3D Printing and the Future of Supply Chains, 2016.

［20］ E. Rakowski、TechTrends 2016, Part II: The Supply Chain Goes Digital, 2015.

［21］ Ivanov, D., & Dolgui, A. A digital supply chain twin for managing the disruption risks and resilience in the era of Industry 4.0. Production Planning & Control, 2021, 32（9）, 775-788.

［22］ Dolgui, A., & Ivanov, D. 5G in digital supply chain and operations management: fostering flexibility, end-to-end connectivity and real-time visibility through internet-of-everything. International Journal of Production Research, 2022, 60（2）, 442-451.

［23］ 国务院办公厅. 国务院办公厅关于积极推进供应链创新与应用的指导意见［Z］. 2017-10-05.

［24］ 中华人民共和国商务部. 商务部等8部门关于进一步做好供应链创新与应用试点工作的通知［Z］. 2020-04-10.

［25］工业和信息化部."十四五"信息化和工业化深度融合发展规划［Z］.2021-11-17.

［26］工业和信息化部.制造业质量管理数字化实施指南（试行）［Z］.2021-12-30.

［27］工业和信息化部信息技术发展司.首个数字化供应链国际标准在国际电信联盟（ITU）正式立项［EB/OL］.2021-06-03.https：//www.miit.gov.cn/jgsj/xxjsfzs/gzdt/art/2021/art_2921ffdb04c3470f8fc55a3b59aeb5e7.html.

［28］DB52/T1652—2022.数字化供应链业务管理指南［S］.2022-03-03.

［29］韩璐.制造企业供应链数字化转型机理与决策模型［D］.北京：北京交通大学，2021.

［30］陈广，宋志伟，陈少兵，等.数据感知技术在电力物资供应链数据质量管理中的应用［J］.科技管理研究，2021，41（18）：182-191.

［31］HU J, YANG K, WARTY C, et al. Special issue on big data inspired data sensing, processing and networking technologies［J］. Ad Hoc Networks, 2015 (35): 1-2.

［32］KORZUN D G, MEIGAL A. Multi-source data sensing in mobile personalized healthcare systems: semantic linking and data mining［C］//IEEE. Proceeding of the 24th Conference of FRUCT Association. New York: IEEE, 2019.

［33］PADULANO R, GIUSEPPE D G. A nonparametric framework for water consumption data cleansing: an application to a smart water network in Naples (Italy)［J］. Journal of Hydroinformatics, 2020, 22 (4): 666-680.

［34］PHAN H T T, BORCA F, CABLE D, et al. Automated data cleaning of paediatric anthropometric data from longitudinal electronic health records: protocol and application to a large patient cohort［J］. Scientific Reports, 2020, 10 (1): No. 10164: 1-9.

［35］LI B, LEI L, ZHANG X P. Constrained discriminant neighborhood embedding for high dimensional data feature extraction［J］. Neurocomputing, 2016, 173: 137-144.

［36］LI D M, DENG L B, LI M CH, et al. IoT data feature extraction and intrusion detection system for smart cities based on deep migration learning［J］. International Journal of Information Management, 2019, 49 (c): 533-545.

［37］LI B, GUO W, ZHANG X L. A global manifold margin learning method for data feature extraction and classification［J］. Engineering Applications of Artificial Intelligence, 2018, 75: 94-101.

［38］JANOSTIK R, KONECNY J, KRAJ? A P. Interface between logical analysis of data and formal concept analysis［J］. European Journal of Operational Research, 2020, 284 (2): 792-800.

［39］BONNER C, RAFFOUL N, BATTAGLIA T, et al. Experiences of a national web-based heart age calculator for cardiovascular disease prevention: user characteristics, heart age results, and behavior change survey［J］. Journal of Medical Internet Research, 2020, 22 (8): e19028.

［40］MOLINILLO S, RUIZ-MONTANEZ M, LI? BANA-CABANILLAS F. User characteristics influencing use of a bicycle-sharing system integrated into an intermodal transport network in Spain［J］. International Journal of Sustainable Transportation, 2020, 14 (7): 513-524.

［41］RAHMAN M H A. Prevalence and risk factors of dual sensory impairment among community-dwelling older adults in Selangor: a secondary data analysis［J］. Geriatrics & Gerontology International, 2020, 20 (10):

911-916.

［42］WEATHERALL J, SIMONSEN J, ODLAUG B L. The relative efficiency of schizophrenia health care systems: an international comparison using data envelopment analysis［J］. Journal of Medical Economics, 2020, 23（10）: 1186-1192.

［43］SOLEIMANI-CHAMKHORAMI K, LOTFI F H, JAHANSHAHLOO G R, et al. Preserving cost and revenue efficiency through inverse data envelopment analysis models［J］. INFOR: Information Systems and Operational Research, 2020, 58（4）: 561-578.

［44］TURINSKY A L, CHOUFANI S, LU K, et al. EpigenCentral: portal for DNA methylation data analysis and classification in rare diseases［J］. Human Mutation, 2020, 41（4）: 1722-1733.

［45］Bienhaus F, Haddud A. Procurement 4.0: factors influencing the digitisation of procurement and supply chains［J］. Business Process Management Journal, 2018, 24（4）: 965-98.

［46］Wang L, Shih A. Challenges in smart manufacturing［J］. Journal of Manufacturing Systems, 2016, 40: 1.

［47］Cheng Y, Zhang Y, Ji P, et al. Cyber-physical integration for moving digital factories forward towards smart manufacturing: a survey［J］. International Journal of Advanced Manufacturing Technology, 2018, 97（1-4）: 1209-1221.

［48］Calatayud A, Mangan J, Christopher M. The self-thinking supply chain［J］. Supply Chain Management-An International Journal, 2019, 24（1）: 22-38.

［49］成栋, 陈思洁. 供应链管理中的大数据运用［J］. 现代管理科学, 2017（8）: 9-11.

［50］姜恩波, 王振蒙. 关联数据质量评估研究综述［J］. 情报杂志, 2016, 35（4）: 171-176.

［51］刘冰, 庞琳. 国内外大数据质量研究述评［J］. 情报学报, 2019, 38（2）: 217-226.

［52］汪传雷, 胡春辉, 章瑜, 等. 供应链控制塔赋能企业数字化转型［J］. 情报理论与实践, 2019, 42（9）: 28-34.

［53］Hao Y, Helo P, Gunasekaran A. Cloud platforms for remote monitoring system: a comparative case study［J］. Production Planning & Control, 2020, 31（2-3）: 186-202.

［54］Hofmann E, Rutschmann E. Big data analytics and demand forecasting in supply chains: a conceptual analysis［J］. International Journal of Logistics Management, 2018, 29（2）: 739-766.

［55］Wiedenmann M, Grossler A. The impact of digital technologies on operational causes of the bullwhip effect – a literature review, 2019.

［56］Sarac A, Absi N, Dauzere-Peres S. A literature review on the impact of RFID technologies on supply chain management［J］. International Journal of Production Economics, 2010, 128（1）: 77-95.

［57］杨林瑶, 陈思远, 王晓, 等. 数字孪生与平行系统: 发展现状、对比及展望［J］. 自动化学报, 2019, 45（11）: 2001-2031.

［58］张益, 冯毅萍, 荣冈. 面向智能制造的生产执行系统及其技术转型［J］. 信息与控制, 2017, 46（4）: 452-461.

［59］李佳. 基于大数据云计算的智慧物流模式重构［J］. 中国流通经济, 2019, 33（2）: 20-29.

［60］Seyedan M, Mafakheri F. Predictive big data analytics for supply chain demand forecasting: methods, applications, and research opportunities [J]. Journal of Big Data, 2020, 7 (1).

[61] Kumar P T, Manjunath T N, Hegadi R S. Literature Review on Big Data Analytics and Demand Modeling in Supply Chain: 3rd International Conference on Electrical, Electronics, Communication, Computer Technologies and Optimization Techniques (IGEECCOT) [C]. Geetha Shishu Shikshana Sangha Inst Engn & Technol Women, Msyuru, INDIA, 2018.

[62] Tao F, Qi Q, Liu A, et al. Data-driven smart manufacturing [J]. Journal of Manufacturing Systems, 2018, 48: 157-169.

[63] Spanaki K, Gurguc Z, Adams R, et al. Data supply chain (DSC): research synthesis and future directions [J]. International Journal of Production Research, 2018, 56 (13): 4447-4466.

[64] 赵颖, 侯俊杰, 于成龙, 等. 面向生产管控的工业大数据研究及应用 [J]. 计算机科学, 2019, 46 (S1): 45-51.

[65] 刘云浩. 群智感知计算 [J]. 中国计算机学会通讯, 2012, 8 (10): 38-41.

[66] 陈荟慧, 郭斌, 於志文. 移动群智感知应用 [J]. 中兴通讯技术, 2014, 20 (1): 35-37.

[67] 刘云浩. 物联网导论 [M]. 北京: 科学出版社, 2010.

[68] 胡尧, 吴庆跃. 供应链金融数字化发展趋势 [J]. 中国金融, 2021 (24): 55-56.

[69] 平安银行: "互联网+供应链金融", 助力百万中小企业转型升级 [J]. 财经界, 2018 (27): 1-2.

[70] 冯德良. 供应链金融: 质量与规模双升 [J]. 中国物流与采购, 2022 (2): 56-57.

[71] 薛小飞. 民营银行供应链金融研究: 现状、问题及对策 [J]. 河北金融, 2022 (3): 45-49.

[72] 数字化金融与产业生态互惠互赢: 中国西电集团供应链金融案例 [J]. 中国总会计师, 2021 (1): 24-25.

[73] http://www.ltcjzx.org.cn/article/zxyw/zycbrgj/202111/20211103214485.shtml.

[74] Kumar R, Tripathi R. Traceability of counterfeit medicine supply chain through Blockchain [C] // 2019 11th International Conference on Communication Systems & Networks (COMSNETS). IEEE, 2019: 568-570.

[75] Ahmad R W, Salah K, Jayaraman R, et al. Blockchain-based forward supply chain and waste management for COVID-19 medical equipment and supplies [J]. Ieee Access, 2021 (9): 44905-44927.

[76] https://www.iqvia.com/-/media/iqvia/pdfs/institute-reports/global-medicines-use-in-2020.

[77] 国务院印发《全国农业现代化规划 (2016—2020 年)》[J]. 农村工作通讯, 2016 (21): 4-5.

[78] 中共中央国务院关于实施乡村振兴战略的意见 [N]. 人民日报, 2018-02-05 (1).

[79] 两部门印发《数字农业农村发展规划 (2019—2025 年)》[J]. 中国农技推广, 2020, 36 (1): 91-92.

[80] 梅燕, 鹿雨慧, 毛丹灵. 典型发达国家数字乡村发展模式总结与比较分析 [J]. 经济社会体制比较, 2021 (3): 58-68.

[81] Luthra S, Mangla S K, Garg D, et al. Internet of Things (IoT) in agriculture supply chain management: a developing country perspective [M] // Emerging markets from a multidisciplinary perspective. Springer,

Cham, 2018: 209-220.

[82] 王卉. 基于 RFID 的蔬菜质量追溯系统的设计与实现 [D]. 南京：南京农业大学, 2013.

[83] Sharma R, Kamble S S, Gunasekaran A, et al. A systematic literature review on machine learning applications for sustainable agriculture supply chain performance [J]. Computers & Operations Research, 2020, 119: 104926.

[84] Klerkx L, Jakku E, Labarthe P. A review of social science on digital agriculture, smart farming and agriculture 4.0: New contributions and a future research agenda [J]. NJAS-Wageningen Journal of Life Sciences, 2019, 90: 100315.

（本篇编写人员：刘　谊、高海伟、洪　岚、郭炳晖、张建军）

# 案例分享篇

# 6 成都点迹滤防伪——点迹防伪技术方案

## 6.1 公司简介

成都点迹滤防伪科技有限公司是由技术发明人发起并吸纳合伙股东参与，于2018年5月25日设立，从事商品防伪科技专业研发及推广应用等业务的（自然人投资或控股）有限责任公司。

该公司研发的"点迹滤产品交易防伪追溯管理系统"，是具有完全自主知识产权的创新科技成果与产品。它适用于名优实物商品生产、经营企业建设平台自主、数据自控、流量自有、实施简易，且是当前唯一能够防止追溯标签盗用的全新数字化营销管理系统，并同时为政府部门提供精准监管数据和违法线索、证据服务，为广大消费者提供正品技术保障和避免假货伤害服务。它具有线上线下相融合、自动识别假货与刷单刷评、防止溯源码标签盗用、数据精准、实时报警、无须专门设备、操作简便、部署即用、投入低等特点，能够产生扩大市场、促进营销、保护品牌、降低成本、提高效率、增加利润、优化监管、破除垄断、杜绝假冒、保障权益等作用。

鉴于食品、药品、化妆品、烟草等是假冒伪劣商品的重灾领域，且会对人民身体健康造成直接伤害的后果，因而，公司将优先在这些领域宣传、推广与应用。

## 6.2 商品防伪技术发展态势

### 6.2.1 背景介绍

假冒伪劣泛滥是商品经济社会的历史性顽疾。无论是什么商品，只要它能在市场畅销并能获利，跟着假冒商品就会在市场中出现，其外观几乎与正品一个样子，而消费者又很难辨别它们的真假,因此,就会有人上当受骗,造假就能成功。另外,由于经济收入因素的影响,形成了购买正品与购买假货的两大消费群体,因此,假货始终都会存在市场。图6-1均为网上收集的假货图片。

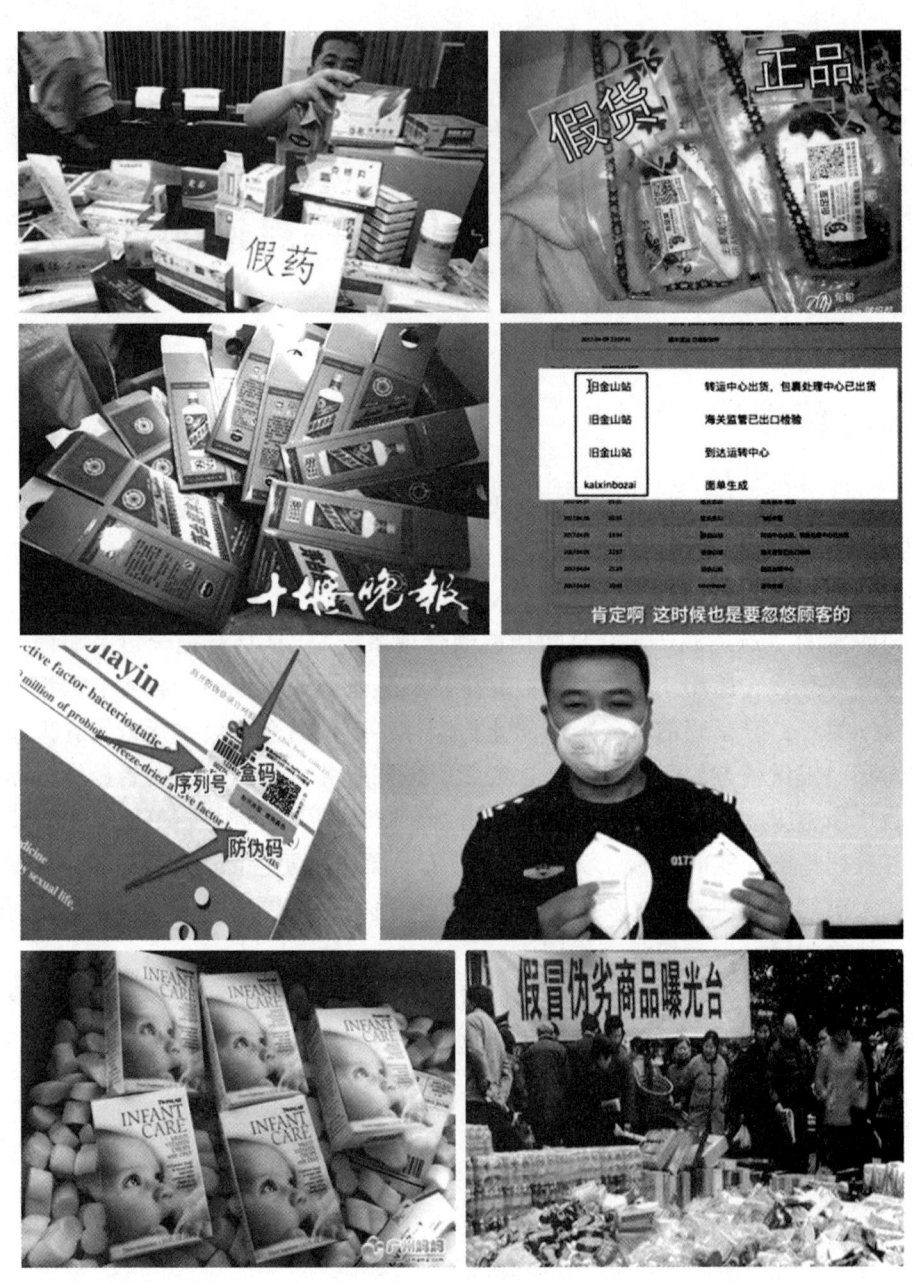

图6-1 假货图片

资料来源:互联网络。

### 6.2.2 造假与防伪

（1）造假。

商品造假的手段：一是复制、仿制正品的标签、包装与实物的样子；二是回收利用正品的标签与包装并放入外观一样的假货；别无其他。

（2）防伪。

就跟矛与盾的关系一样，有造假的就会有防伪的，有攻击的就会有防守的。商品防伪的目的就是防止有人通过上述造假手段成功假冒自己的正品。相应地，防伪手段：一是防止正品标签、包装被复制、仿制；二是防止用过的正品标签、包装被回收利用。因此，在商品防伪技术领域就出现了各种防伪标签和一次性使用包装产品，任何能够提高造假难度的技术都会被用在商品防伪标签与包装上。

长期的实践证明：你能做出来的东西，造假者同样也能做出来，只要消费者因辨别不出真假而购买了假货，造假的目的也就实现了。这也是为什么我们采用了那么多的防伪技术手段仍没能消灭或遏制假货的根源所在。

无效的防伪技术产品，推高了商品成本，形成了大量的防伪浪费，最终还是由消费者买单。例如，名酒、名药、名食、名烟等商品采用了多种技术组合进行防伪，单位防伪成本从几角、几元、几十元甚至上百元不等，可大量的假冒商品依然顽强地存在，这就只能证明这些商品所采用的诸多防伪技术及产品最终都被归于无效。其产生的后果是：国家税收流失，市场秩序混乱，道德诚信削弱，企业利益受损，消费安全不保，身心健康受害等等。

### 6.2.3 追溯与防伪追溯

（1）追溯。

到 21 世纪初，条码特别是二维码的应用，让商品防伪科技领域的技术人员看到了希望，因为它可以为所有商品赋予一个唯一的身份，且码中能够承载商品及流通过程的所有信息并可以通过扫描进行查询，这就为区分同类、同种商品创造了条件与基础，因而就有了我们今天大力宣传与推广的可追溯技术及产品，特别是一物一码追溯技术。

但有一个严重的认知误区必须指出并得到纠正，那就是：一物一码追溯能够防伪。从表面上看，条码追溯可以展示商品及生产、销售、物流、购买等环节的信息，而商品追溯码又具有生成唯一性，因此，便被很多人认定能够起到防伪作用与效果。然而，大量的事实证明，通过复制正品追溯码所制成的假货，能得到追溯信息管理平台反馈的正品认定信息，其造假成功率竟然高达 90%。例如 2021 年，在警方查获的大量假冒茅台、五粮液等酒中，警官扫描假酒防伪追溯码后所得到的反馈结果居然是正品（据媒体报道）。

因此，不是实现了商品可追溯，便能产生商品防伪追溯技术效果。还有一种现象应当受到关注,即电商平台与商品追溯平台普遍分离,形成电商不管商品真伪、追溯不管商品交易的问题。电商平台具有天生的商品可追溯技术基因,却不做商品的防伪追溯服务;追溯平台具有天生的商品交易技术基因,却不做商品的交易服务。这种现象直接产生的后果,只能是大量的重复建设与资源浪费。

(2)防伪追溯。

实践证明,让商品一物一码追溯产生防伪技术效果的必备条件是:在具有生成唯一性的同时,还必须保证其对应商品和全程使用的唯一性。那么,如何实现并同时确保追溯码的生成、对应、使用唯一性,就成为商品防伪追溯技术的明确研发方向。

研究表明:只有清楚每一件商品与各交易参与人之间的唯一对应关系,厘清商品及商品交易的来龙去脉,准确掌握商品流通各环节(特别是消费环节)何时、何地、何人持有的信息,监测并判断该商品是否正当持有,方能同时保证商品追溯码标签的生成、对应、使用唯一性,也才能产生防伪追溯技术效果。

#### 6.2.4 商品防伪技术进展

(1)2015年4月,商品防伪技术理论取得重大突破,将商品交易、防伪、追溯功能进行整合的技术理念与具体方案形成;

(2)2015—2021年,进行了技术方案宣传、推广与应用系统的研发;

(3)2021年8月,集成了商品交易与防伪追溯功能,能够完全防止商品追溯标签盗用的《点迹滤产品交易防伪追溯管理系统》研发成功;

(4)2021年11月,投入具体应用;

(5)2022年2月,通过技术与应用测试并验收。

它将为解决电商平台不能识别商品真伪与商品追溯平台不能保证防伪追溯技术效果等问题,消除消费者辨别商品障碍,破解头部平台企业垄断,提升企业自我品牌保护与拓展市场能力,提高政府精准监管效能,等等,提供了技术参考范本与基础应用系统。

## 6.3 技术方案

### 6.3.1 概述

点迹防伪是商品防伪追溯技术领域中的一种可验证新技术理论与方案,是《一种商品身份监测防伪方法》(专利申请号:201510156678.3)、《点迹滤产品交易防伪追溯管理系统》及配套企业技术标准等相关著作权的别称,也是其微信公众号的名称。

(1)技术特征比较。

现有追溯的核心特征,着重于掌握一个商品标签被何种ID设备(记录,但不对消费环节使用设备是否正当进行验证）识读，根据该设备与商品交易的上下游关系，推断标签所对应商品何时、何地（虚拟地址）、在何人手中，并向该设备反馈标签所承载的商品信息和商品生产、销售、物流等信息；因此，被很多人认为能够产生防伪追溯作用。

点迹防伪的核心特征，着重于验证一个商品标签被何种 ID 设备（记录并验证包括消费环节在内的所有设备是否正当使用）识读，根据该设备与商品交易的上下游关系，首先，验证该设备及持有主体与标签对应商品之间是否存在合法的交易关联；其次，判断标签的识读时间、位置、轨迹是否正常及所对应商品是否应当处于该人手中；最后，向该商品合法交易主体使用的设备，反馈标签所承载的商品信息和商品生产、销售、物流、购买、使用各相应阶段的唯一时间、位置、轨迹等正品信息，据此，产生实质上的防伪追溯作用。

（2）技术效果比较。

现有追溯技术不能有效识别标签真伪与是否正常持有，不能防止通过复制或利用正品标签手段所制成的假货侵入，会在假冒标签先行识读的情况下把假货认定为正品及把正品认定为假货，不能对假货和标签异常使用及识读行为（特别是消费端）发出正确的警示，因此，不能产生实质上的防伪追溯技术效果。

点迹防伪技术能够有效识别标签真伪与是否正常持有，能够彻底防止通过复制或利用正品标签手段所制成的假货侵入，能够准确判断标签识读设备、对应主体和商品处于各流通环节的时间、位置、轨迹是否正常，能够主动发现任何必然偏离正品所处各流通环节主体、时间、位置、轨迹的假货，能够对所有标签异常使用与识读行为及其持有主体、时间、位置自动发出正确警示，据此，能够产生实质上的防伪追溯技术效果。

### 6.3.2 点迹防伪理论

每一件商品都客观存在着因交易结果而产生的实物交接活动，具有处在生产、销售、物流、购买、使用各阶段与相应主体、设备、时间、位置、轨迹唯一对应的自然规律。

遵循这个规律，完善商品防伪追溯元素及元数据的验证程序，成为点迹防伪方案的核心技术理论和设计依据，同时，采用纯数字或一维、二维条码等制作简单、成本低廉、易于普及应用的商品标签，去解决一个追溯码难以从始至终对应及使用在一个商品上的难题，去实现真正意义上的一物一码。

### 6.3.3 点迹防伪技术原理

建立点迹防伪系统后台服务端，由点迹防伪参与主体（生产、经营、物流、购买、使用、监管等角色）持有的实名可上网设备与服务端建立网络连接；服务端通过各角色的注册行为采集主体身份、地址、设备工作地理位置范围等信息；服务端在生产人上传待售商品前赋予每一件商品独有的追溯码，并由生产人将商品标签粘贴在每件商品上或包装上；

购买人下单后,生产人在确定具体发货商品时扫描商品标签,据此,确立该商品与生产人、销售人、物流人、购买人及各自使用设备和持有时间范围、位置范围、移动轨迹等的唯一对应关系;由于假冒商品或商品标签的非正常使用,都必然产生正品持有主体、使用设备、时间、位置、轨迹的差异,故服务端能够在各角色的商品持有及交接扫描时,监测验证商品标签、主体身份、使用设备、时间、位置、上下游轨迹是否正常,并将验证结果反馈给与该商品存在交易关联的主体和监管机构。点迹防伪技术方案如图6-2所示。

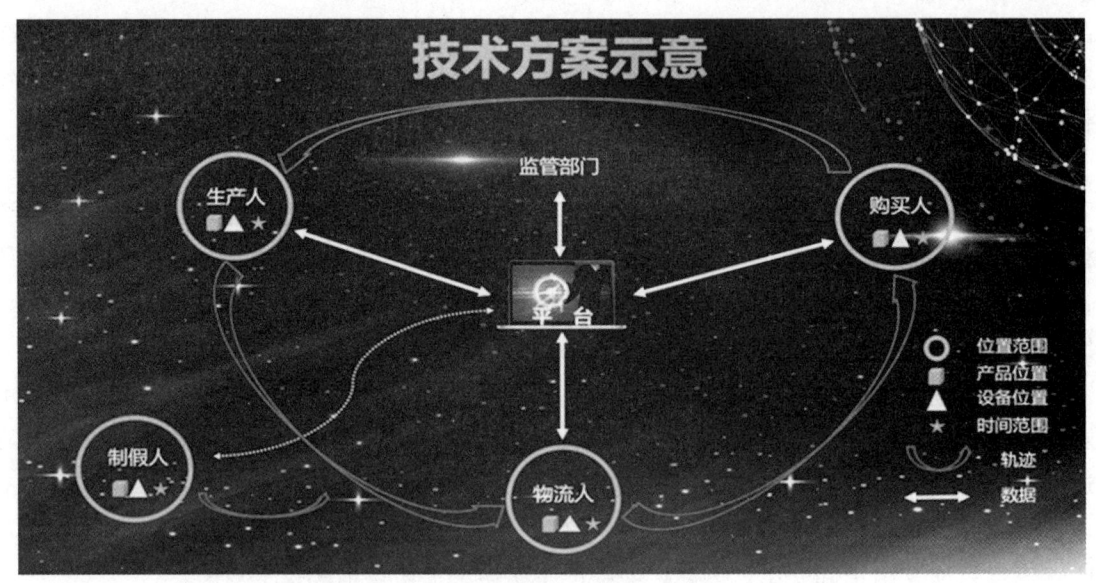

图 6-2 点迹防伪技术方案

### 6.3.4 点迹防伪技术要点

(1) 建立点迹防伪服务端。

1) 用户注册。

用户注册时,服务端须审核并存储主体身份、使用设备、地址、工作位置范围、生产、销售、物流等相关资质,知识产权证书或许可使用文件。

2) 设备登记备案。

用户注册时,服务端须审核并存储主体实名使用设备的应用ID、电话号码等通信与网络链接账户。

3) 用户工作范围备案。

用户注册时,服务端须实地审核并通过已登记备案设备的定位功能采集、存储主体注册地址、实际工作地址的地理位置范围信息。

4）商品标签制作和配发。

服务端根据商品生产人的实际生产数量配发并存储商品标签信息，由生产人下载后印制商品标签并粘贴在实物商品及包装上。

5）商品信息及生产、销售等信息备案。

服务端审核并存储生产人、销售人上传商品标签所承载的商品信息和生产、检验、仓储、销售、购买、结算、物流、评价、售后服务及通信等所有与商品交易相关的信息。

以上信息，作为事前建立且事中必须验证的元数据信息。

（2）确立追溯必要元素。

服务端根据商品交易结果，确定以下元素。

1）商品交易中的主体身份及角色。

确定各参与主体的身份及相应角色元素。

2）商品交易及交接中所使用的设备。

确定各参与主体在商品交易、交接过程中的使用设备元素。

3）因交易而产生的商品流向及上下游承接关系。

确定商品交易流向及相关主体之间的上下游承接关系元素。

4）因交易而产生的商品持有时间。

确定商品处于各环节的留存、转移、交接时间范围元素。

5）因交易而产生的商品持有位置。

确定商品处于各环节的留存、转移、交接位置范围元素。

6）因交易而产生的商品移动轨迹。

确定商品交易全程及各环节之间的移动轨迹元素。

以上元素，作为事中必须验证的元素。

（3）确立追溯关系。

服务端根据商品交易结果，确定以下关系。

1）商品标签与主体的对应关系。

确定商品标签与交易参与主体之间的对应关系。

2）商品标签与设备的对应关系。

确定商品标签与各环节正常设备之间的对应关系。

3）商品标签与交接流向的对应关系。

确定商品标签与正常交接流向之间的对应关系。

4）商品标签与交接时间的对应关系。

确定商品标签与各节点正常交接时间之间的对应关系。

5）商品标签与交接位置的对应关系。

确定商品标签与各节点正常交接位置之间的对应关系。

6）商品标签与移动轨迹的对应关系。

确定商品标签与各阶段正常移动轨迹之间的对应关系。

以上关系，作为事中必须验证的元素关系。

（4）设定追溯验证程序。

1）服务端接收到商品标签验证请求时的验证程序。

① 验证商品标签。

对比验证标签是否为正常商品交易和交接所对应的商品标签。

② 验证识读设备。

对比验证商品标签识读设备是否为正常商品交易参与主体及对应角色所使用的设备，验证通过后才开启下一步验证程序。

2）服务端的后续验证程序。

① 验证时间。

对比验证商品留存、转移、交接时间是否为正常时间。

② 验证位置。

对比验证商品留存、转移、交接位置是否为正常位置。

③ 验证轨迹。

对比验证商品移动轨迹是否为正常移动轨迹。

以上程序，作为事中验证必须严格执行的元数据验证程序。

（5）异常标签和识读行为警示。

服务端对以下异常信息发出警示。

1）异常标签的警示。

对接收到的异常商品标签验证请求发出警示。

2）异常设备的警示。

对接收到的商品标签异常验证设备及所关联的主体发出警示。

3）异常时间的警示。

对接收到的商品标签异常验证时间及所关联的主体发出警示。

4）异常坐标的警示。

对接收到的商品标签异常验证位置及所关联的主体发出警示。

5）异常轨迹的警示。

对接收到的商品标签异常验证轨迹及所关联的主体发出警示。

以上警示，作为事中验证必须发出的异常警示。

6）异常信息警示。

服务端根据相应法规或实际工作需要，将异常警示信息发送给商品标签验证请求人和相关监管部门、组织，履行法定警示工作职责。

## 6.4 应用实例——"四川高山茶"微信公众号防伪商城

"四川高山茶"微信公众号防伪商城，于2021年11月18日部署了《点迹滤产品交易防伪追溯管理系统》，其应用测试结果表明：该防伪商城完整实现了点迹防伪技术方案所提出的防伪追溯功能，满足了执行标准所规定的全部技术要求，具备了完全防止商品标签盗用的技术效能，产生了商品交易全过程的防伪追溯可靠技术效果，可以投入正式运营。

（1）角色设置。

系统角色设置如图6-3所示。

图6-3 角色设置

（2）商城首页。

系统商城首页如图6-4所示。

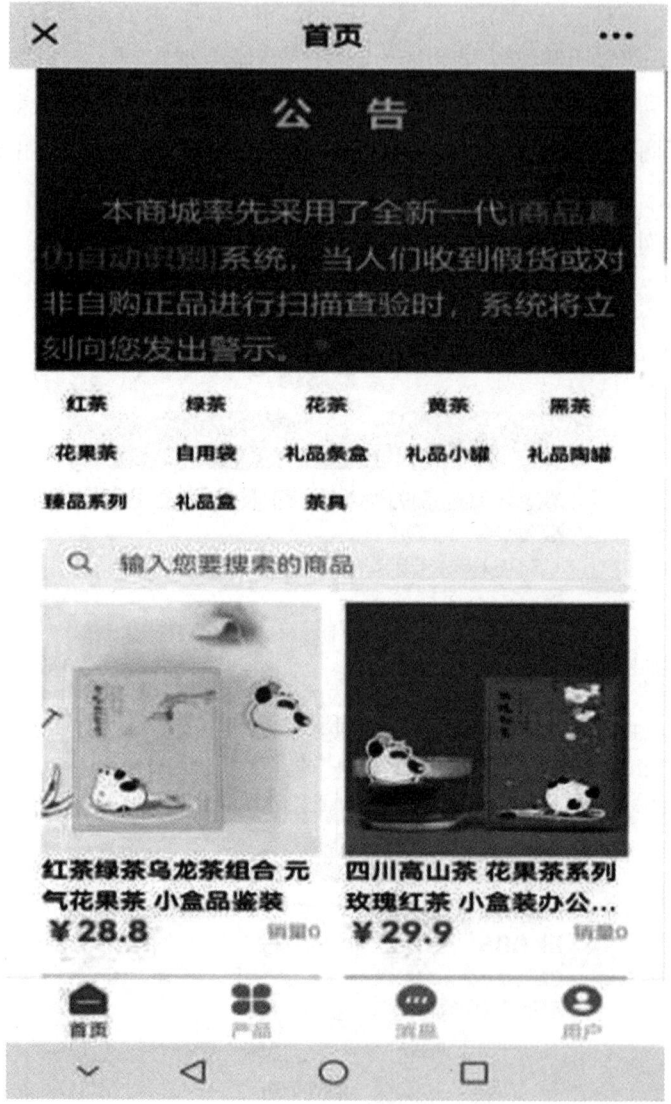

图6-4 系统商城首页

（3）正品反馈。

正品反馈如图6-5所示。

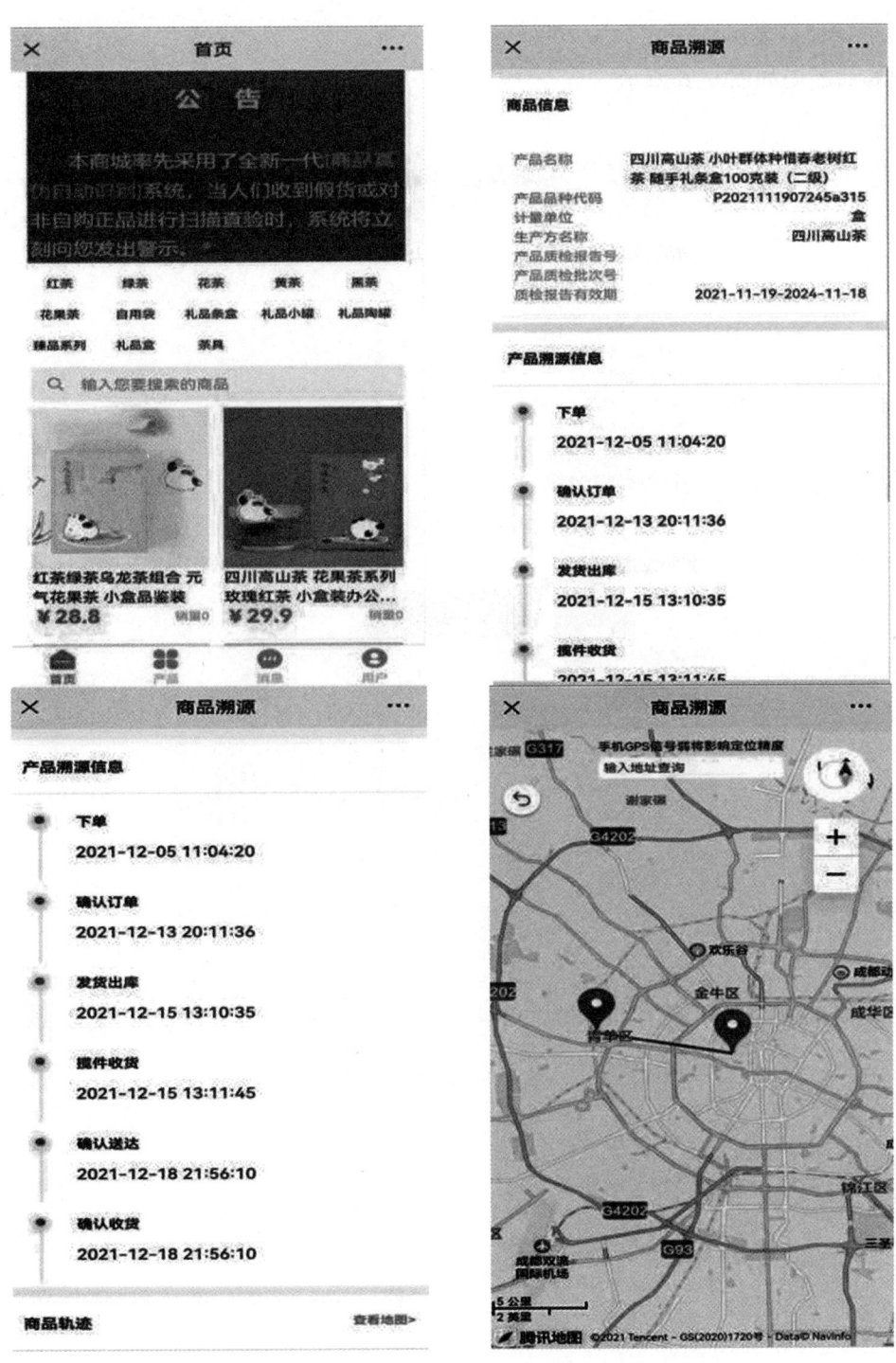

图 6-5 正品反馈

(4) 错误商品码。

错误商品码如图6-6所示。

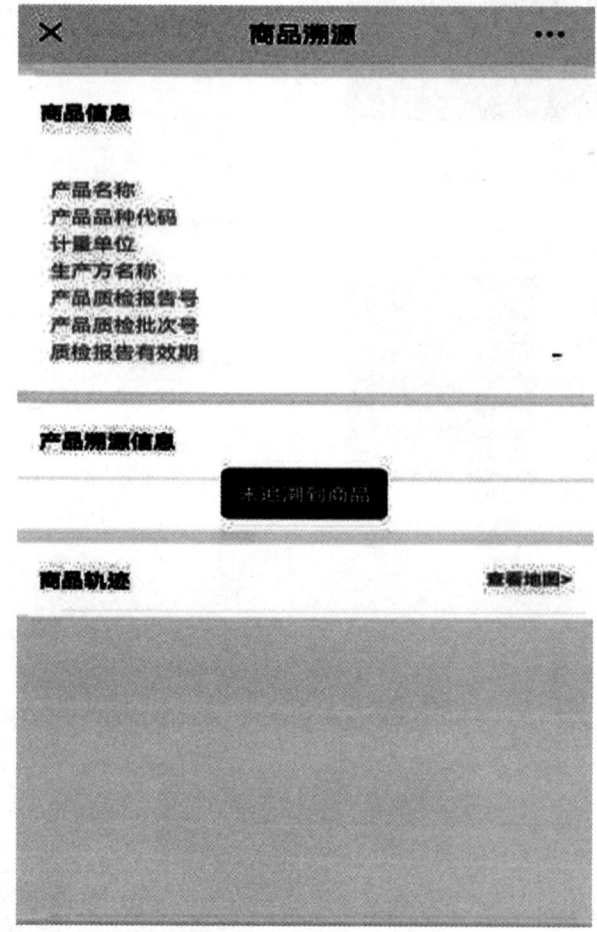

图6-6 错误商品码

(5) 异常人员扫码。

异常人员扫码如图6-7所示。

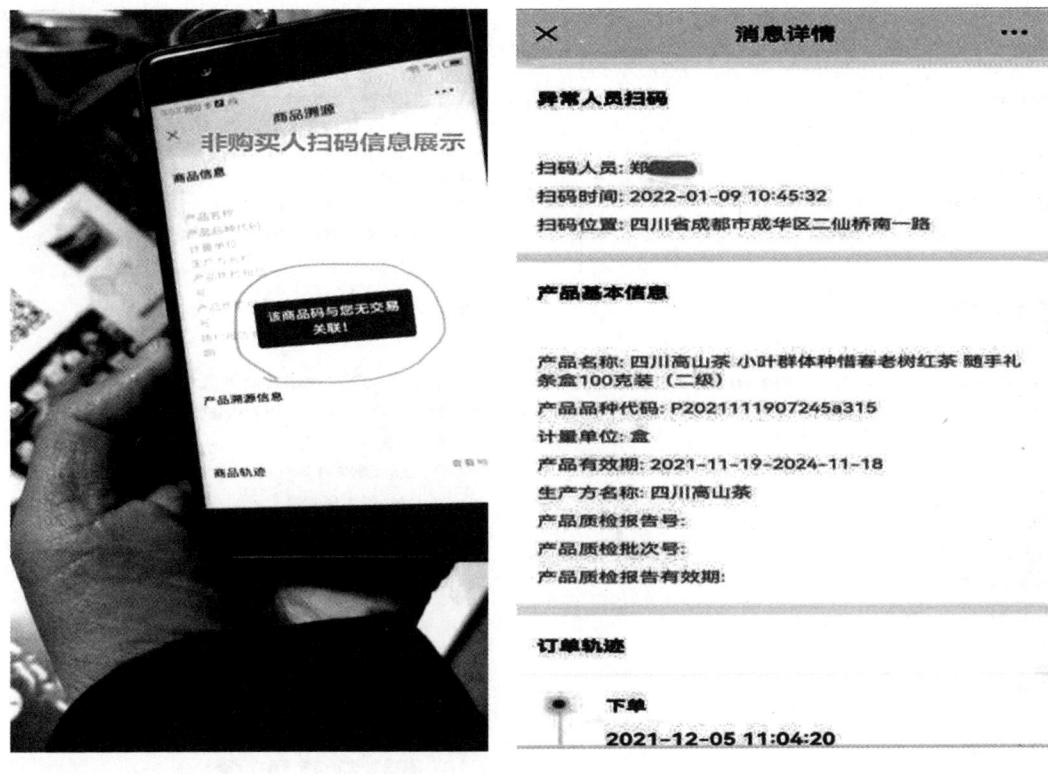

图 6-7 异常人员扫码

（6）异常时间扫码。

异常时间扫码如图 6-8 所示。

（7）异常位置扫码。

异常位置扫码如图 6-9 所示。

通过上述实例可充分证明，使用点迹防伪技术方案及"点迹滤产品交易防伪追溯管理系统"所建设的各企业商品交易防伪追溯管理平台，完全能够全面解决假冒伪劣商品、虚假交易行为等难点与难题，为企业带来扩大市场、促进营销、保护品牌、降低成本、提高效率、增加利润，为政府带来优化监管技能、提高工作效率、减少经费投入、保护合法权益、维护公平竞争、破除资本垄断、杜绝假冒伪劣、保障税费征收，为消费者带来保证消费安全、提高生活品质、避免被骗受害，是值得企业优先选用的先进、可靠技术成果。

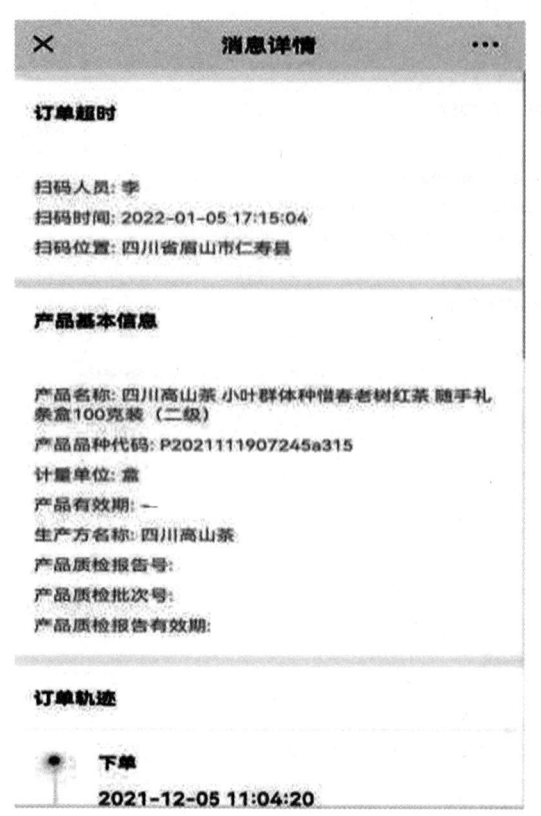
图 6-8 异常时间扫码

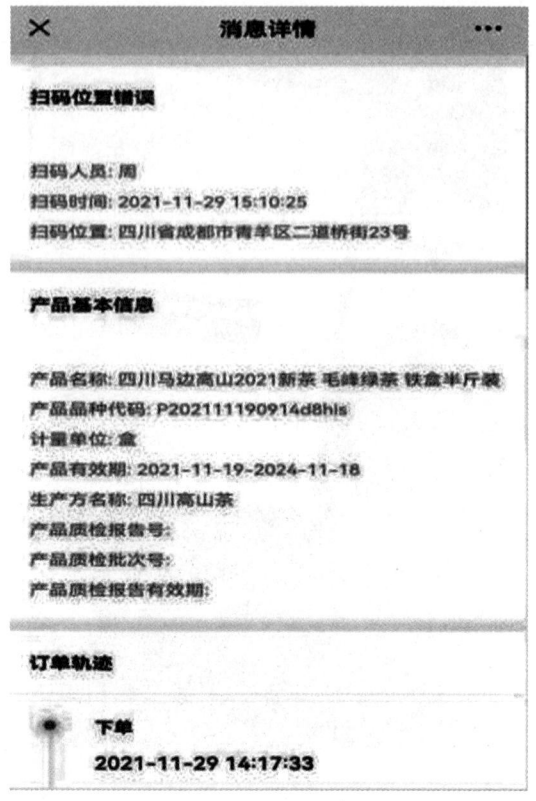
图 6-9 异常位置扫码

## 6.5 总结及展望

一物一码防伪追溯技术，是目前可预见和证实的商品防伪技术唯一正确研发方向，但不论何种追溯技术或服务平台，如果存在任何元数据的缺失或验证程序的设置错误，就必然丧失防伪追溯技术效果，不仅不能满足各方的现实需求，反而会成为新的混乱之源、浪费之源、失信之源。

点迹防伪根据商品流动自然规律，利用每一件商品与各交易参与主体、设备、时间、位置、轨迹间的唯一对应关系，将多个维度的必备要素完整结合起来，明确每一件商品交易的主体参与资格与责任，限定商品标签的合法识读设备，锁定商品留存、转移、交接的正常时间、位置、轨迹，为系统建立商品交易活动监测管理的事前评断标准，为事中、事后对商品交易全程以及与各环节相匹配的唯一定码、定人、定机、定向、定时、定位、定轨要素综合验证提供可靠依据；由于，假货与正品之间必然存在各自持有人的身份、设备、时间、位置、轨迹等对应要素的绝对差异，故平台能够准确判断数据来源是否合法，掌握真、假商品何时、何地、何人持有的真实信息，对每一次商品标签识读行为是否正常进行监测、识别并发出异常警示，从而产生可靠的防伪追溯技术效果。

只有彻底解决现有追溯标签可被成功盗用，以及如何进行精准监测、识别、警示等难题，才能保证在平台管理范围内杜绝假货的侵扰，才能产生品牌保护效果并为企业及消费者带来切实利益，才能起到并发挥国家战略基础技术支撑的作用；同时，去解决电子标签应用场景受限、成本较高、识读设备不易普及和仍能被制假者利用，三维标签依然不能绝对防止复制或被利用，区块链技术去中心化、匿名化、共识机制所带来的公信、公权削弱和追溯标签仍可被复制或利用等问题。

# 7 艾伟玛——袋类和瓶类产品——赋码难点解决方案

## 7.1 公司简介

艾伟玛信息科技（上海）有限公司（以下简称"艾伟玛"）于 2016 年成立，艾伟玛一直致力于工业生产领域工业互联的新技术开发应用及开发推广。艾伟玛为客户服务的过程中，清晰了解用户的需求，多年来在计算机技术、网络技术、线体集成技术、自动识别技术、数据采集终端技术所积累的经验，为客户提供更能适应用户的赋码新技术。艾伟玛是一家技术服务型小微公司，坐落在上海宝山区，现有多项发明专利、实用新型专利、软件著作权等。艾伟玛秉承的经营理念是：标准、合作、共赢。

（1）标准。

接口标准：便于用户与其他管理软件的对接。

操作标准：根据不同的应用场景开发标准操作版本，方便用户简便操作，减少安装培训费用。

（2）合作。

公司将开发的成果与合作商（设备商、设备运营商、系统集成商、平台服务商）一起共享，提供产品、技术支持、技术服务，一起为客户提供优质的技术支持与服务。

（3）共赢。

艾伟玛与合作商、客户一同享用新技术新产品带来高性价比的产品及服务果实。

2017 年 11 月，艾伟玛正式立项，启功了嵌入式数据处理终端的研发。2018 年 5 月数据处理终端雏形产品面世，并产线测试；7 月，根据测试结果评测，以及应用需求等，公司决定重新开发，并细化功能应用；12 月推出新一代数据处理终端产品，并产线测试。2019 年 1 月，数据处理终端产品基本性能完全达到开发预期；5 月，数据终端管理模块 DPB-SDCP、DPB-DCBP、DPB-DCPMO、DPB-PM、数据处理终端通信执行模块 DPB-

EXCON 以及产品管理系统 PDMS 开发测试完成,并交付用户使用。2020 年 4 月,第一个疫苗产品数字化赋码产线验收通过。截至 2022 年 2 月,公司已有 30 多条产线应用了数据处理终端技术产品。

## 7.2 项目背景

### 7.2.1 项目现状

郑州福源公司的现状:共有 5 条生产线,两条粉剂包装生产线、一条颗粒剂生产线、一条散剂生产线、一条口服制剂生产线,除口服制剂生产线是瓶类包装产品,其他产线都为背封式袋类产品。福源袋类产品包装生产线特点如下:

(1) 产品包装 100~1000g,包装范围跨度较大,包装袋外形不规则;

(2) 产品追溯码印制有的在包装袋正面,有的在包装带背面(近三期信息位置),追溯码位置不定;

(3) 包装带外层覆膜反光效果较强。福源公司原已有一套袋类赋码管理系统,但由于以上产线特点造成不能满足要求,瓶类产线无赋码管理系统,原生产线外包间有一台自动贴标机。

福源公司原来的袋类产品车间赋码布局和瓶类产品车间赋码布局如图 7-1 和图 7-2 所示。

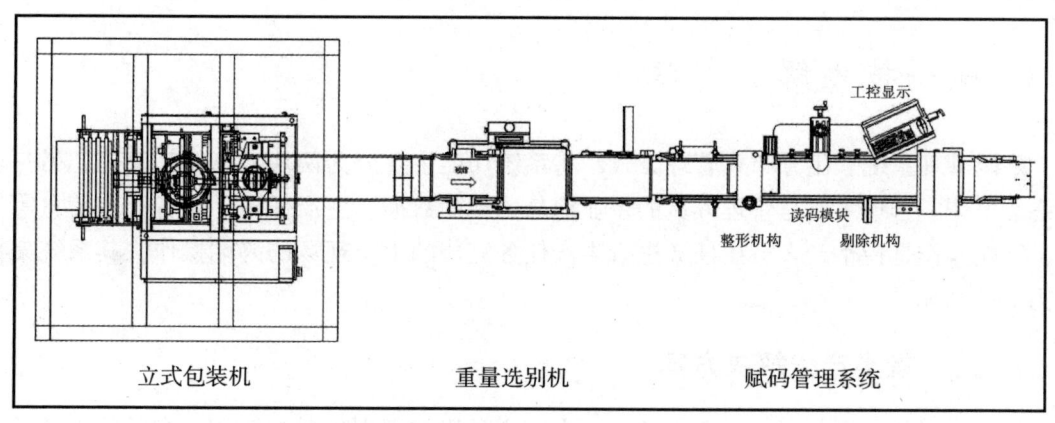

图 7-1 原袋类产品车间赋码布局

根据图 7-1,袋类产线主要体现在部分包装袋整形效果不理想,造成识别率低、剔除率高,产品更换规格调整时间长等问题。

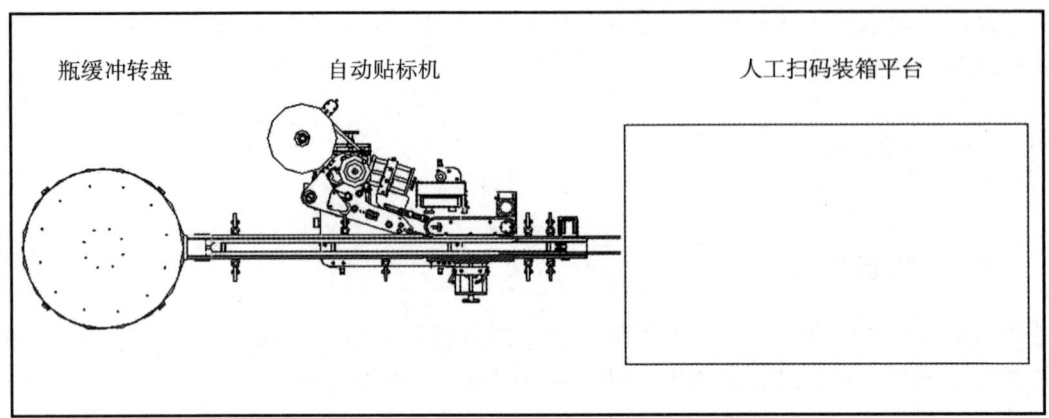

图 7-2　原瓶类产品车间赋码布局

根据图 7-2，瓶类产线原采用人工（PDA）扫码装箱方式，装箱过程中人员还需要检验打印三期信息是否合格，包装人员众多，包装效率低。

### 7.2.2　项目目标

郑州福源公司计划进行优良制造标准（Good Manufacturing Practice，GMP）改造工作，期望通过赋码管理系统，在满足政府对追溯监管要求的同时，提高企业内部管理水平，提升企业效率。

## 7.3　赋码技术解决方案

赋码管理系统采用分布式管理方式，将系统功能主要分为两块，一块是管理，另一块是终端操作。管理主要是管理人员的企业信息、产品数据、生产任务、设备管理信息等管理，终端操作是指生产人员按任务进行生产任务完成的生产现场的终端操作，其系统架构如图 7-3 所示。

### 7.3.1　袋类产线解决方案

福源公司新方案与原方案最大的区别在于产品码的识别位置前置了，在包装设备放膜包装制袋过程中对追溯码进行赋码采集，这样就解决了产品不规则及包装袋反光干扰不易采集，追溯码包装位置不定，产品更换规格品种效率低下等问题。现在的袋类产品车间赋码布局如图 7-4 所示。

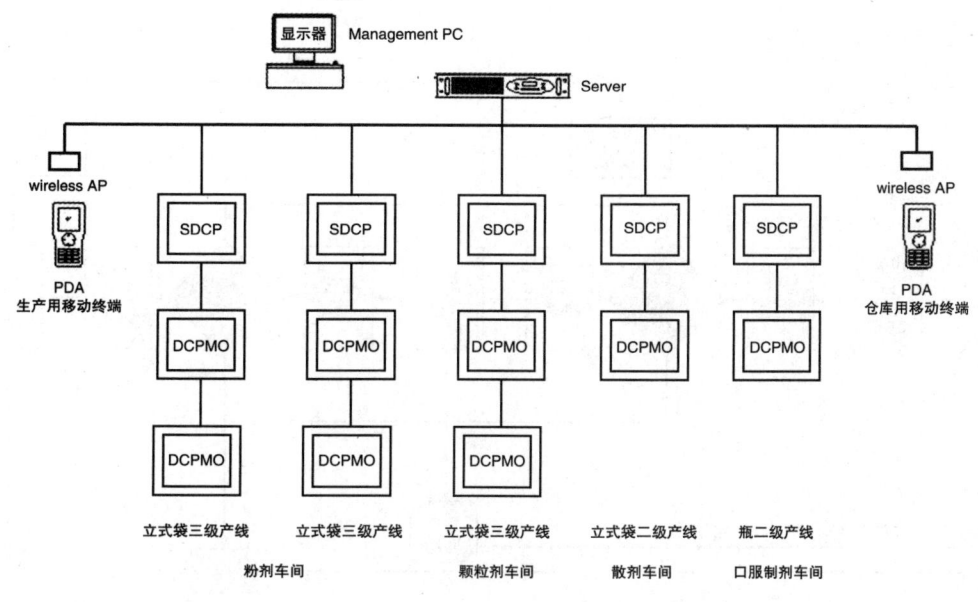

图 7-3 系统架构

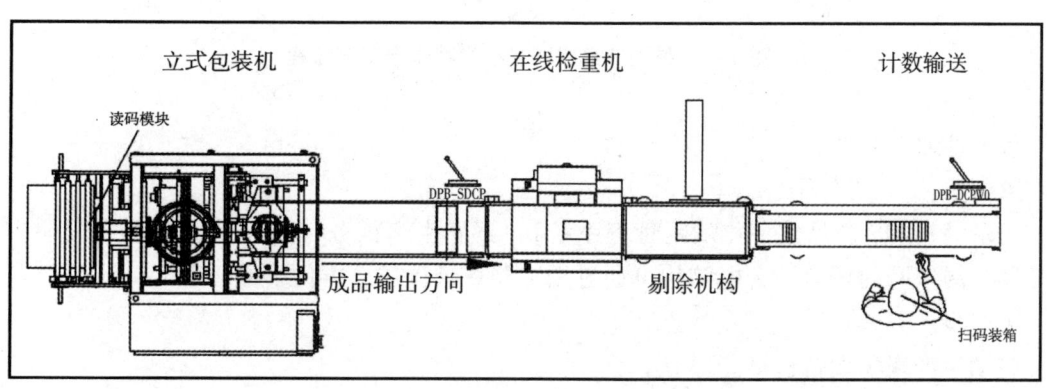

图 7-4 现袋类产品车间赋码布局

采用分布式终端管理方式,袋码管理终端袋码数据采集同时与包装设备及检测设备实时通信,最终将合格产品袋码数据递至外包的关联管理终端,保证了产品与实际数据信息的一致。袋类产品赋码系统方案生产工艺流程如图 7-5 所示。

(1) 生产前准备。

从指定追溯平台下载产品数据包,解压、导入【PDMS 产品数字化赋码管理系统】,将需要预印刷产品(袋、标签等)数据从【PDMS 产品数字化赋码管理系统】导出,发送给包材供应商。

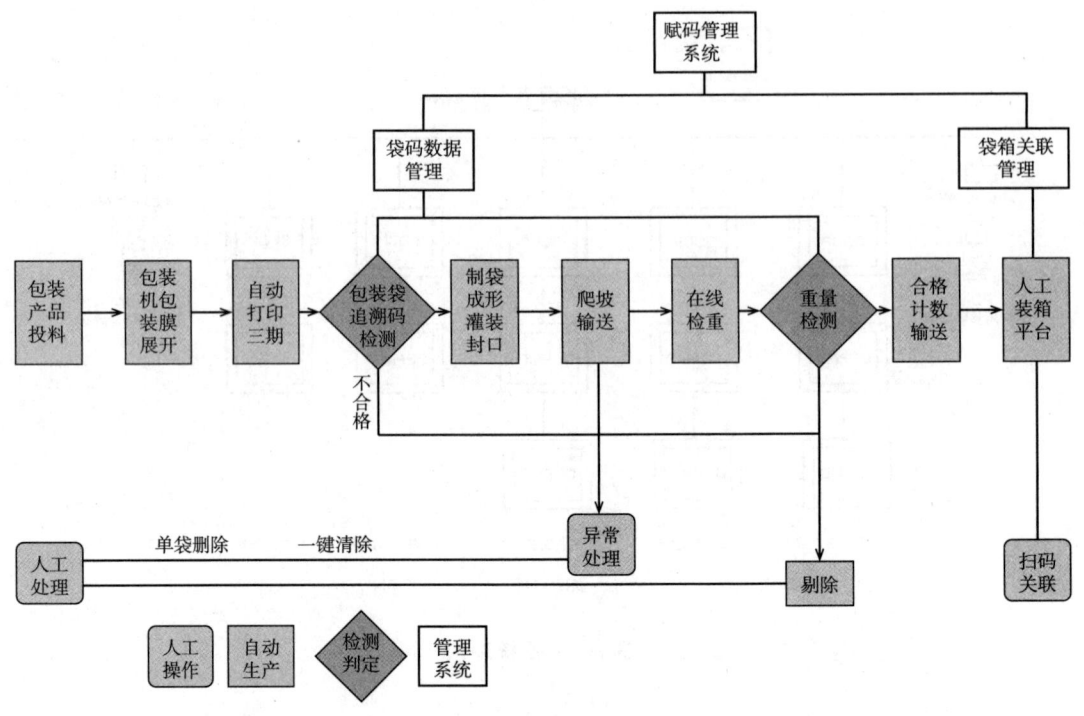

图 7-5　袋类产品赋码系统方案生产工艺流程

(2) 生产进行中。

第一步：

登录【PDMS 产品数字化赋码管理系统】、下发生产任务（该系统可部署在公司内部服务器，局域网内任何一台电脑均可通过浏览器登录操作，方便多端管理）。

第二步：

启动生产现场设备；

登录【DPB-DCPMO 袋箱数据关联管理】、开始任务（其他终端设备同步了生产任务）。

第三步：

【立式灌装机】自动放膜、自动打码完成，【读码模块（袋码）】自动读取追溯码，灌装、封口包装完成的包装袋进入【出料输送】；

【DPB-SDCP 袋码数据处理】记录管理包装袋码数据。

第四步：

通过【出料输送】进入【在线称重检测机】自动称重，重量合格、数据校验正确产品流入【计数输送】；

任意重量不合格、数据校验不正确，移除机构自动移除不合格产品；

【DPB-SDCP 袋码数据管理】记录管理包装袋的码数据（移除重量不合格、数据校验不正确的产品数据）。

第五步：

合格包装袋输送至【计数输送】，自动记录合格包装袋数量，当达到一定的预设值时，【计数输送】自动加速将后端输送的包装袋拉开距离。

第六步：

人工逐一装箱，当包装袋数量达到一箱数量时，人工扫描箱上的追溯码即可；（【DPB-DCPMO 袋箱数据关联管理】有语音提示操作人员）；

【DPB-DCPMO 袋箱数据关联管理】记录袋箱关联数据。

第七步：

全部任务完成后，【DPB-DCPMO 袋箱数据关联管理】同步生产数据至【PDMS 产品数字化赋码管理系统】，任务关闭即可；

产品直接可入库。

（3）生产完成后。

管理人员登录【PDMS 产品数字化赋码管理系统】，将生成的生产入库文件发送至指定追溯平台即可。

### 7.3.2　瓶类产线解决方案

郑州福源公司在瓶类产线上原自动贴标机上加装了视觉检测设备（检测二维码+三期信息），增加了漏标检测传感器，剔除分流装箱输送，封箱打包一体机。因老车间改造空间局促，装箱完成产品需人工搬运至封箱打包一体机处。现在的瓶类产品车间赋码布局如图 7-6 所示。采用分布式终端管理方式，瓶码管理终端通过视觉系统瓶码数据采集同时与包装设备及视觉设备三期检测、漏标检测实时通信，最终将合格产品瓶码数据递至剔除分流装箱输送的关联管理终端，保证了产品与实际数据信息的一致。瓶类产品赋码系统方案生产工艺流程如图 7-7 所示。

（1）生产前准备。

从指定追溯平台下载产品数据包，解压、导入【PDMS 产品数字化赋码管理系统】，将需要预印刷产品（袋、标签等）数据从【PDMS 产品数字化赋码管理系统】导出，发送给包材供应商。

（2）生产进行中。

第一步：

登录【PDMS 产品数字化赋码管理系统】、下发生产任务（该系统可部署在公司内部服务器，局域网内任何一台电脑均可通过浏览器登录操作，方便多端管理）。

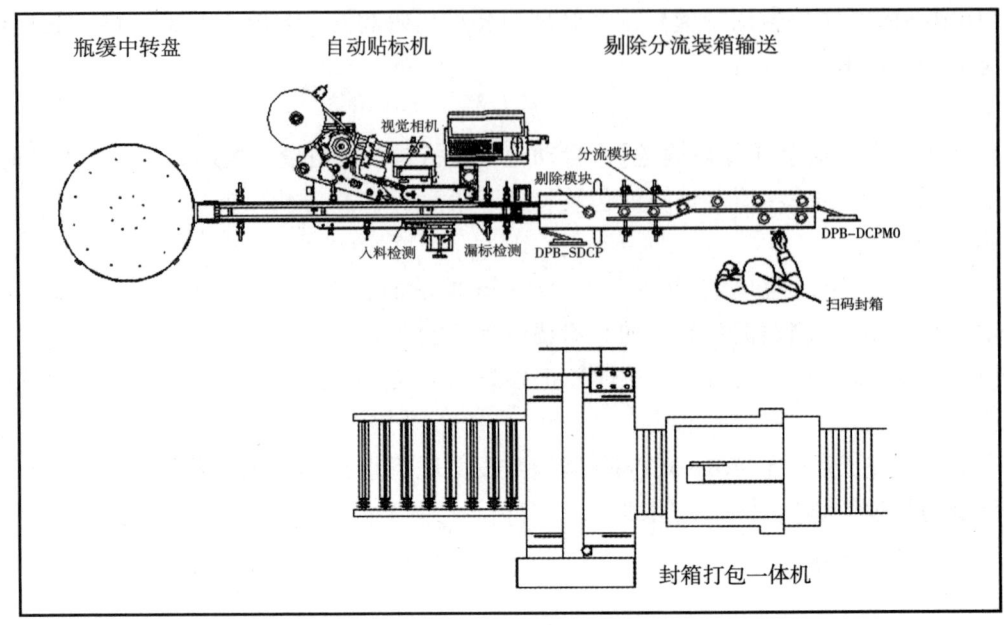

图 7-6　现瓶类产品车间赋码布局

瓶类产品赋码系统方案生产工艺流程如图 7-7 所示。

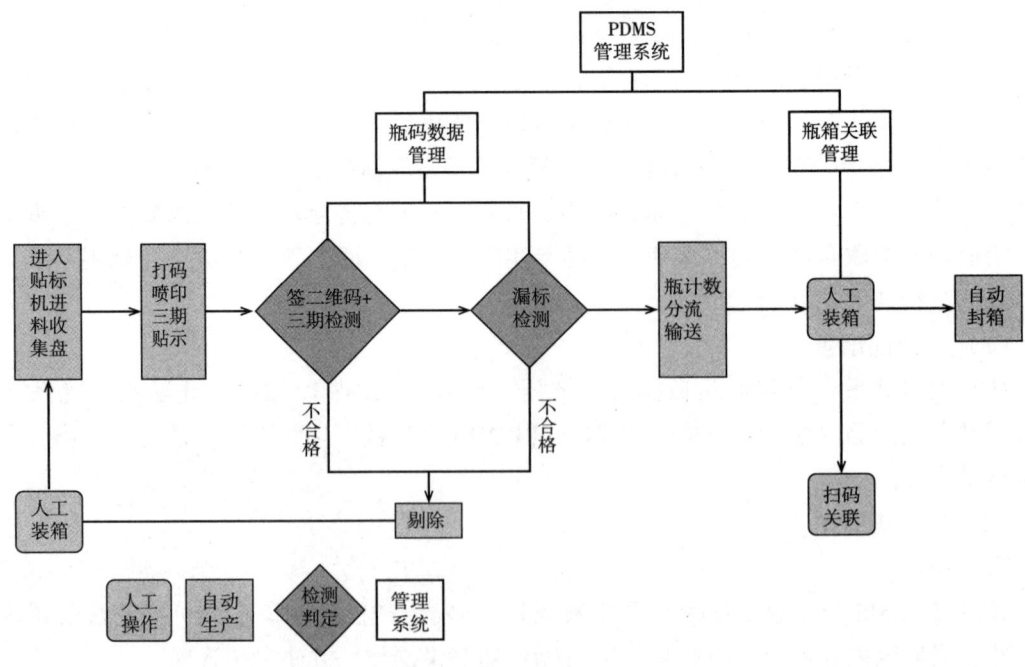

图 7-7　瓶类产品赋码系统方案生产工艺流程

第二步：

启动生产现场设备；

登录【DPB-DCPMO 瓶箱数据关联管理】、开始任务（其他终端设备同步了生产任务）。

第三步：

【自动贴标机】自动放标、自动打码完成，【视觉检测系统】自动识别追溯码及打印的三期信息；

【DPB-SDCP 瓶码数据处理】记录管理包装瓶码数据。

第四步：

包装瓶产品【自动贴标机】出口处经过【漏标检测】，进入【剔除分流装箱输送】；

【剔除分流装箱输送】上【剔除模块】自动剔除不合格包装瓶（剔除数据校验不正确、三期打印检测不合格、漏贴标签的包装瓶）；

【DPB-SDCP 瓶码数据管理】记录管理包装瓶码数据（数据校验不正确、三期打印不合格、漏贴标签的产品数据）；并将合格包装瓶码数据实时传送至【DPB-DCPMO 瓶箱数据关联管理】。

第五步：

【剔除分流装箱输送】上过【剔除模块】合格包装瓶输送至【分流模块】，自动记录合格包装瓶数量，当达到一定的预设值时，【分流模块】自动将后端输送的包装瓶分流至另外一侧；

如此循环往复；

【DPB-DCPMO 瓶箱数据关联管理】记录包装瓶码分流数据。

第六步：

人工逐一装箱，当包装袋数量达到一箱数量时，人工扫描箱上的追溯码即可；（【DPB-DCPMO 瓶箱数据关联管理】有语音提示操作人员）；

【DPB-DCPMO 瓶箱数据关联管理】记录瓶箱关联数据。

第八步：

全部任务完成后，【DPB-DCPMO 瓶箱数据关联管理】同步生产数据至【PDMS 产品数字化赋码管理系统】，任务关闭即可；

产品直接可入库。

（3）生产完成后。

管理人员登录【PDMS 产品数字化赋码管理系统】，将生成的生产入库文件发送至指定追溯平台即可。

## 7.4 项目实施效果

福源公司项目具体效果如下。

（1）多部门协同在赋码管理系统下运行，管理效率提升，管理成本下降。

系统布置在服务器端，不同部门在同一系统下协同；质量部门从追溯平台下载数据包，电脑端直接浏览器登录【PDMS赋码管理系统】导入数据；供应可在办公电脑浏览器登录，导出所要印制的包材数据，下发供应商；生产管理在办公电脑浏览器登录，根据订单情况下发生产任务。

（2）生产现场操作简单，生产效率提升。

生产现场数据处理终端设备采用分布式管理模式，各层级分别管理，使用人机界面，操作简单易行，不易出错；数据处理终端设备与现场设备及传感器通信协同，能及时发现异常，异常处理简单方便。

（3）数据准确率高、码识别率高，返工率低。

该系统采用校验模式，保证物理数量与数据一致，准确率100%；二维码读取成功率达到99.98%以上。

（4）产品更换规格调整方便快捷。

产品更换规格，外部调整只需要调节读码模块横纵向位置，终端设置分流数量及延时等设置参数即可，所有调整工作在5分钟内可以完成。

（5）企业后期可自由增加产线，无管理系统费用，为企业降低成本。

后期企业因产能需要增加产线只需增加产线的配套硬件，即可实现赋码管理。

（6）生产效率提升明显。

尤其瓶类产线效率提升近一倍，而且外包人员减少近一半人。

## 7.5 技术应用拓展

赋码管理系统是追溯系统重要的组成部分，赋码数据的准确性直接影响到追溯系统的质量。艾伟玛赋码管理系统通过数据终端设备与生产设备（袋类灌装机、瓶类贴标机、盒类装盒机等），各类检测传感器及检测设备（光电传感器、检重设备、封口检测设备、视觉检测设备等），各类集合类包装设备（装盒机、装箱机等），各类配套的标识设备（喷码机、打印机等），实现实时通信实时控制，为全自动化生产提供保证产品数据与物理数量的一致性。

艾伟玛还开发了多种数据终端模块：DPB-SDCP单码数据采集终端、DPB-DCBP自动关联管理终端、DPB-DCPMO手动关联管理终端、DPB-PM数据分流/聚合管理终端、

DPB-EXCON 数据处理终端通信执行模块，通过以上不同功能的终端产品搭配能适应各种不同类型的自动化生产线赋码需求，快速响应部署。

艾伟玛将继续坚持标准、合作、共赢理念，开发出更多更好的产品，以满足合作商和客户的需求。

# 8

# 江苏图码——商标图码食品追溯验证管理系统

## 8.1 公司简介

江苏图码信息科技有限公司（以下简称"图码公司"）是一家图码软件开发公司，地址位于江苏省盐城市。其主营产品包括：图形信息存储，信息解读设备，物联网配件，文具教具研发、制造、销售；新型计算机研发；图形设计；软件开发等。图码公司于2015年分别获得盐城市数形图码工程研究中心和盐城高新技术企业的资质认证。

## 8.2 项目背景

随着我国社会主义经济不断发展，食品安全逐渐成为备受关注的焦点，食品的种类越来越丰富，新的食品安全问题也不断涌现，如瘦肉精、染色馒头、回炉面包、牛肉膏、老鼠肉冒充羊肉、地沟油、药袋苹果……直接危害了人民群众的健康安全，严重打击了广大消费者的消费心理。加强食品质量管理，对食品从原料、生产加工等各个环节进行溯源管理，将有效地打击制假售假、以次充好等非法行为；保证食品信息的可查看、可溯源。

传统二维码每天生产传播出去的数量不能被追溯，此外，它在内容仿照、外形仿照、运行系统仿照上，现有公开技术全部能做到。多年来全国采用这种不能被追溯的二维码去防伪追溯产品后，假货、仿品并没有消减，且仿品都贴有与原厂家一致的二维码防伪追溯标贴，使得企业品牌产品价值损失惨重。这表明传统二维码失去了对产品的防伪追溯功能、信息管理能力差，不再符合追溯系统要求的可靠性、安全性和唯一性。

要想让防伪追溯可靠、安全、切实有效，首先就要让追溯产品的工具本身、平台系统及防伪技术能后被追溯，其次用这种能被追溯的码去追溯产品，才是有效的。商标图码外界无法实现内仿，其码内置信息、后台信息数据上，除厂家外，外人无法操作与仿制的。

商标作为企业的一种形象,在市场竞争中能够成为一个绝佳的工具去吸引消费者的目光;对于品牌企业来说,商标是传递与创办人、企业、产品及服务相关信息的一种载体和形式,彰显企业的价值。所谓商标图码,就是以企业的商标或LOGO的样式成码,利用图码技术商标与信息码相结合,让商标直接转成信息追溯码的功能,使商标的使用功能升级,让传统的商标变成商标图码,这样商标又有了图码的功能。

## 8.3 商标图码及追溯管理系统功能

### 8.3.1 商标图码

商标图码,是图码公司的新一代信息码技术产品,它的成码器集成了一维数形图码(ZL201510171801.9)、非线性二维码(ZL201610018419.9)、用于网络交易管理流程的信息码(ZL201610055487.2)、私信码(ZL201610018102.5)等专利技术成果,能根据用户设计要求,生成用户想要的图码样式,达到"个性化、定制化"的成码要求。商标图码是以企业的商标、LOGO样式进行定制的信息码,如图8-1所示的段祖商标码,他人肉眼就可识别该码的归属主。

图 8-1 段祖商标码

商标图码除了在外观样式上的创新,其安全性也大大提高,每个图码都有"专属的钥匙+唯一的云区块存储+维护平台"组合,使得图码的形状不可更改,图码的内置信息,除码主人和权限人外,也不可随便更改;用技术管理码品的外形与内置信息,唯一管理权限。这实现了对码本身直接监管、追溯,提高了对码品的直接管理能力。如图8-2所示,商标码的"1"四个角是位置探测图形,通过它可以确定视场中符号的位置和方向;有四个位置探测图形可以更好地矫正由于倾斜产生的图片变形,位置探测精度高、准确、迅速;图8-2中"2"方框内色块存储的是该码的钥匙规则。

图 8-2 商标图码

本项目系统将商标图码+二维码，与互联网进行交互，提供了一种"定制商标码"、"数学联合双码"和"绑定型验证码"三者合一的追溯验证方式。双码商标图码如图 8-3 所示。

图 8-3 双码商标图码

如图 8-3 所示的双码商标图码，其中普通二维码内存储的是该追溯验证管理系统的下载链接；定制商标码内存储了酒的品牌、类型、生产日期、时间等标识信息。通过该系统可以记录每瓶酒的生产、仓储、销售出厂的全过程，并可以自动统计产量、销量等信息，在达到防伪效果的同时，一举多得，实现管理的信息化。

### 8.3.2 六环管理码

在上述商标图码基础上,图码公司还提出了应用于网络交易流程管理的信息码及平台系统应用组件的一种六环管理码,如图 8-4 所示。该图码按照成码顺序,从内到外,依次命名为:第一级客户订单码、第二级产品码、第三级质量检验码、第四级发货物流码、第五级客户签收物流码、第六级客户支付码,各级码分别记录着各级运行单位的信息。它能根据企业或相关监管部门的要求,实时跟踪其线下扫码行为及线上与品牌互动数据,以及产品的分销流向数据等,确保实现实验原料、经销、分销到消费的每个步骤的精确记录与追溯。

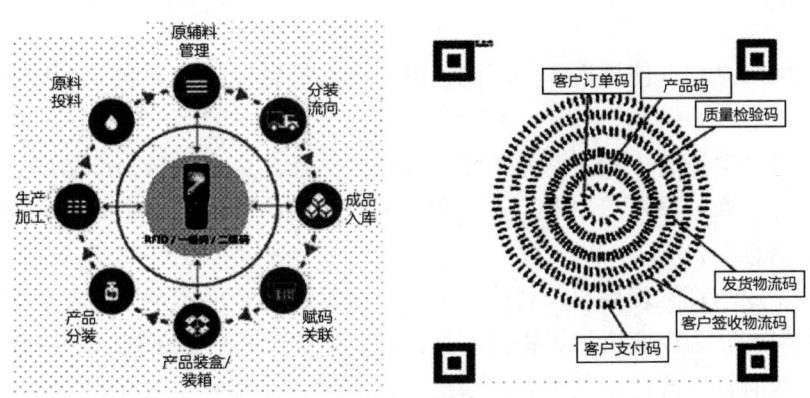

图 8-4 六环管理码

该六环管理码的每一个层级都对应了食品的原料、加工、质检、运输等全流程的相关信息,将码与系统平台进行交互,实现了以下功能。

(1) 身份证图码功能。

采用自动化技术、自动识别技术、信息加密技术为食品行业每件产品建立唯一的"身份证图码",通过对生产过程中产品赋码及流通信息的监管,实现对每件产品的物流、信息流进行监督管理和控制。

(2) 信息追踪。

每个产品赋予唯一的身份证,通过独特的交管码的每个环分别记录出货、退货扫描,记录每个产品的信息和代理商信息,最后通过数据追溯,实现窜货查找,打击窜货、制假的目的。单个产品流向一对一信息全程追踪记录,对各个流通环节的数据进行记录,为企业打击窜货行为提供强有力的可靠凭证;同时,也为食品安全事故发生后的追溯、问责提供可靠依据。

（3）信息记录。

进行系统的管理、控制、评价和追溯，以帮助食品行业提高生产率、降低消耗、保持产品质量的稳定及提高产品的质量水平。通过条码技术、工业控制技术和无线网络技术实现工厂物流、生产的透明性。不仅在仓库的物流作业中通过条码数据采集器实现仓储作业的数据采集，而且在生产制作过程和质量检验环节也通过实时的条码扫描获取即时的生产和质检信息。

（4）信息管理。

对产品流转、交易流程中各对象信息，做出实时跨界收集并以图码数据形式统一、分类管理，使监督管理部门的工作更简便、即时，社会公众和各流转单位对信息获取更加方便、直接，让食品的生产与消费环节中的信息公开化、透明化，同时增加了用户知情权的体验。

该商标码的信息根据使用群体的不同，可查看的信息权限也不同，主要分为以下三类用户。

一是面向公众消费者，利用商品条码，提供自助查询企业信息、产品信息和质量信息的在线查询服务；通过系统门户发布关于企业和产品的质量信息、企业和政府机构对于产品质量相关的信息公告等。

二是面向企业内部管理用户，利用标准化的质量信息管理体系，整合企业内其他信息系统中的信息资源，为企业决策者提供数据报表、数据分析、数据统计等决策支持服务。

三是面向政府管理部门，基于企业信息、产品信息、质量信息资源，提供可供监管的产品质量数据信息，为政府监管信息系统提供数据查询的相关接口。

该项目中涉及的"数学联合双码"，是通过数学加密运算一次生成通过数学算法相关联的两个商标码，分别为安全码和校验码；安全码和校验码具有一一对应的数学关系，可分别打印于食品的内外包装或食品包装和食品本身，通过系统App扫描安全码和校验码即可验证真伪。如图8-5所示，就是一组商标码对。每一组对应安全码、校验码可进行黑白、彩色码任意组合配对，并不影响验证效果与结果。

图8-5 商标码对

"绑定型防伪码"为了包装和内容分开生产的食品,或包装和内容一一对应成本比较高的食品设计。可以通过系统批量生成大量的智慧码,依次打印或粘贴于食品本身或外包装。在食品内容放入外包装时由操作人员手动或通过流水线机器自动将安全码和校验码关联在一起,通过系统 App 扫描安全码和校验码即可验证真伪。以操作员手动绑定为例,操作员登录账号后,在防伪追溯验证系统 App(如图 8-6)所示的页面中"防伪绑定",点击进入如图 8-7 所示的页面,根据页面提示分别扫码录入一组安全码和校验码,点击"绑定",提示如图 8-8 所示页面,即该商标码对绑定成功。

图 8-6 防伪绑定-1

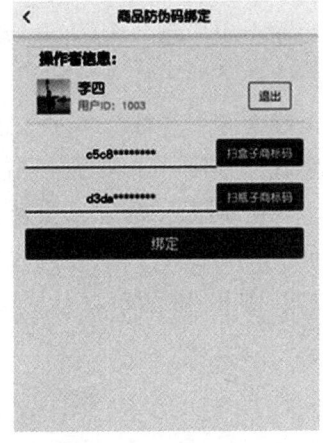
图 8-7 防伪绑定-2

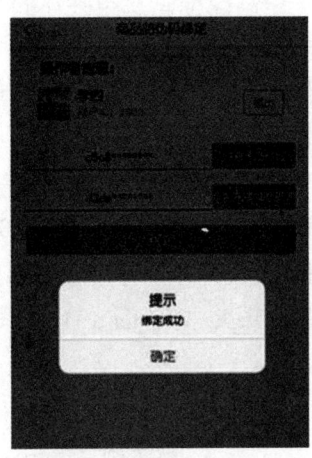
图 8-8 防伪绑定-3

防伪追溯验证系统的运行示意如图 8-9 所示。

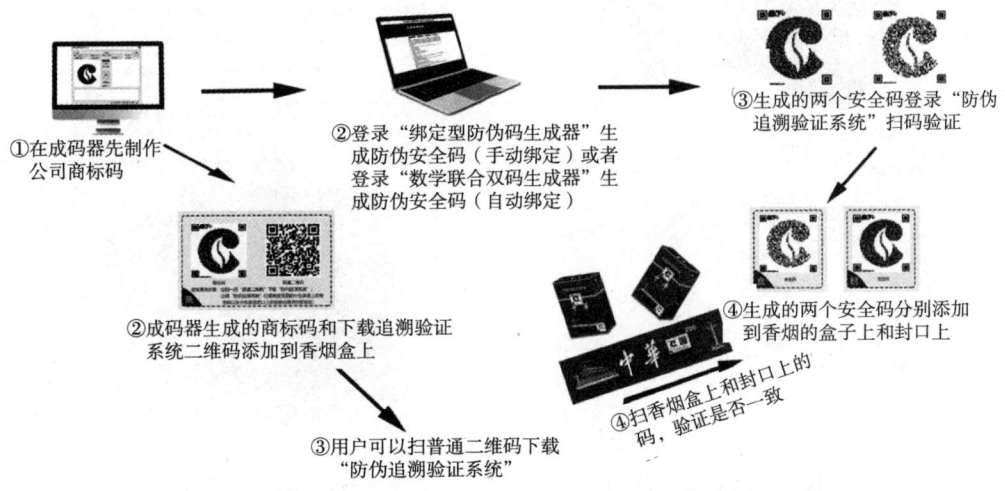

图 8-9 防伪追溯验证系统运行

## 8.4 系统使用介绍

本系统提供了信息追溯管理、防伪验证的多功能管理。以实际应用简述本系统的使用如下。

### 8.4.1 信息追溯管理

定制商标码是用来存储食品信息、扫码追溯的，每个或者某一批的食品拥有一个定制的商标码，在食品原料、加工、运输、出厂等各个环间，都将由该流水线上的员工将信息存储到码内，各环节的信息只能由该环节的工作人员扫码录入，其他流程的工作人员无法编辑、篡改，保证该环节信息的正确性和可靠性。该录入信息的员工保证所录入的信息与实际情况相符，若后期出现安全事故，方便厂家和相关部门对该批次的食品进行相关物料的检测，能够监测到每一个环节，责任到人，精确、快速找到事故原因，以便进行改正。扫描上图8-3双码标贴上的商标码，即可查看到该箱内批次的酒的介绍和企业介绍信息，结果如图8-10、图8-11、图8-12、图8-13所示。

图8-10 酒及企业介绍-1　　　　　　　图8-11 酒及企业介绍-2

图 8-12　酒及企业介绍-3

图 8-13　酒及企业介绍-4

## 8.4.2　食品防伪验证

本项目的防伪验证主要是通过"数学联合双码"和"绑定型验证码"来实现。每一组数学联合双码或绑定型验证码都由两个码组成，一一对应，一个为安全码一个为校验码。消费者购买该食品后，扫码外包装上粘贴或者印制的双标贴，通过图 8-3 系列上的二维码下载该系统 App，在该 App 中的扫码验证页面，如图 8-14 所示，点击"防伪验证"，在如图 8-15 所示的页面，分别扫描外包装上的安全码和食品本身上的校验码，点击"验证"，即可验证。

一般验证可能出现三种验证结果，一是正品，查询结果页面显示为正品的提示，如图 8-16 所示；二是当安全码和校验码被多次扫描后，提示如图 8-17 所示的页面，包括扫码验证的次数和首次被验证的时间；三是该组没有绑定关系时，提示为赝品，并将此次验证结果反馈给系统，提示厂家进行打假追溯。

图 8-14 防伪验证-1

图 8-15 防伪验证-2

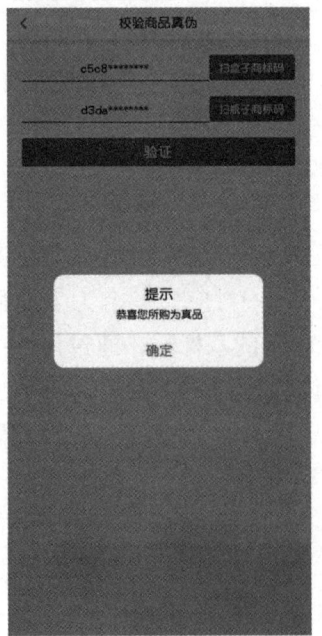

图 8-16 结果是真品

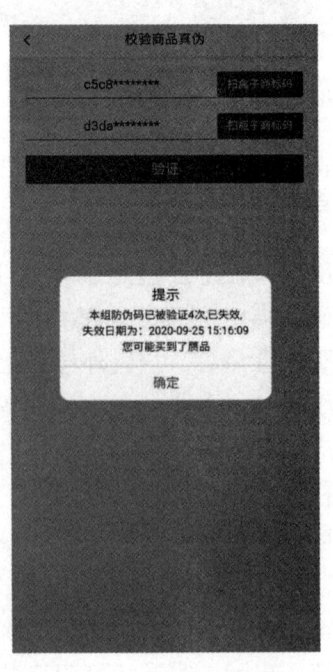

图 8-17 结果可能是赝品

## 8.5 应用案例

图码商标码的追溯管理能力，除了可以应用于食品的追溯管理上，还能应用于证书、文档的管理上。2017年年初，图码公司积极响应市教育局的号召，组织参办了2017年盐城市青少年科技模型竞赛，在此基础上开发了图码证书验证管理平台，该平台自研发成功至今，一直被应用于盐城市历年的县市区的青少年科技模型竞赛的获奖证书验证、管理工作中，并受到相关部门及学校、师生的一致好评。

图码证书验证追溯管理平台是一款简单易用的集证书设计、数据导入、生成、打印、追溯码、验证于一体的证书管理应用软件，既能够实现证书的批量高效的生成，又能对其进行统一编码、防伪防假，利用云数据进行追溯的功能。

该管理平台的主要功能包括"信息自动导入""验证码成码""证书批量生成""证书扫码溯源""证书补办"。该系统囊括了从证书信息植入、生成到后期追溯验证补办的全套流程。其主要面向各级政府部门和学校等需长期设计打印批量证书的用户，利用该证书验证管理平台提供的大量的证书模板和字体等，通过拖拉拽操作设计精美的证书模板，通过后台数据批量导入，一次性精准生成各类证书，其应用流程如图8-18所示。让用户的证书打印事务变得更加自动化、多功能化，提高了生产效率，降低以往因人工失误而产生的错印漏印等问题。

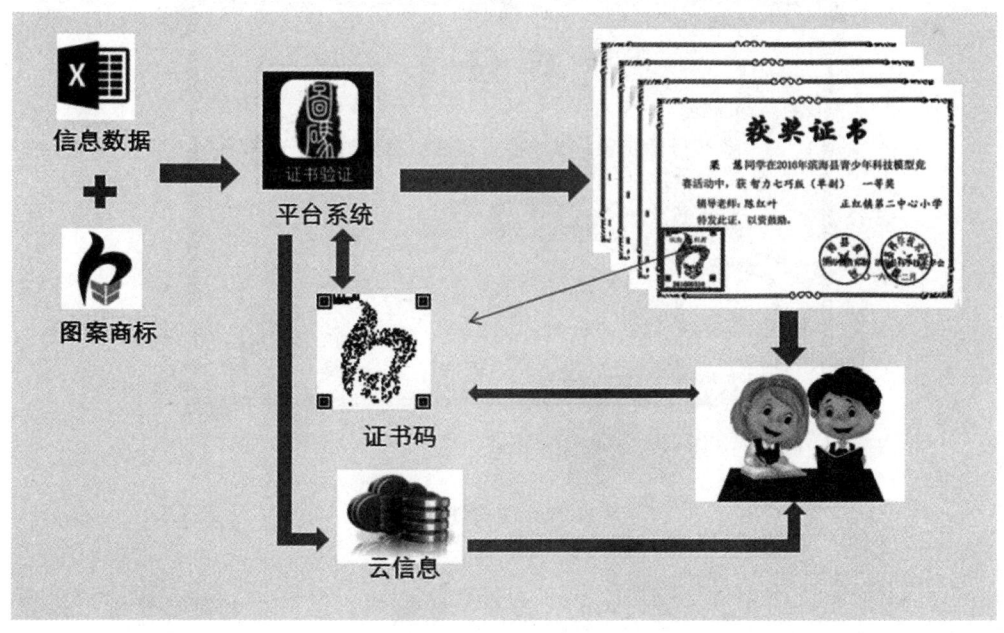

图 8-18　管理平台流程

该图码证书，如图 8-19、图 8-20 所示，证书左下角印制的证书码，是以政府部门名称或组织标志 Logo 样式生成，标志性很强。

图 8-19　图码证书-1

图 8-20　图码证书-2

如图 8-21 所示证书左下方证书码的下方有一串编码，这是平台对每张证书设置的唯一性编码，该编码与参赛学生的参赛证上的编码一致，便于查询、验证和管理。用户利用"图码验证追溯管理平台"的 App，如图 8-22 所示页面中的"查询成绩"，在掉转的图 8-

23 页面中"扫一扫",扫描参赛证或者获奖证书上的证书图码,以如图 8-24 所示证书为例,即可查询该学生的竞赛成绩,如图 8-25 所示。

图 8-21　图码证书-3

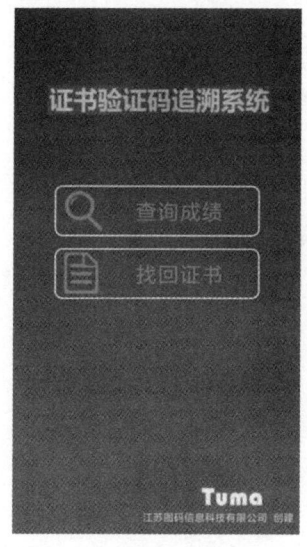 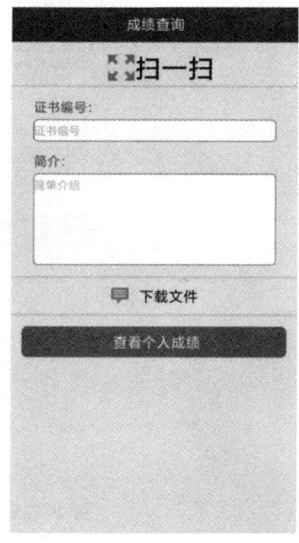

图 8-22　证书查询步骤-1　　　图 8-23　证书查询步骤-2

图 8-24 证书查询步骤-3

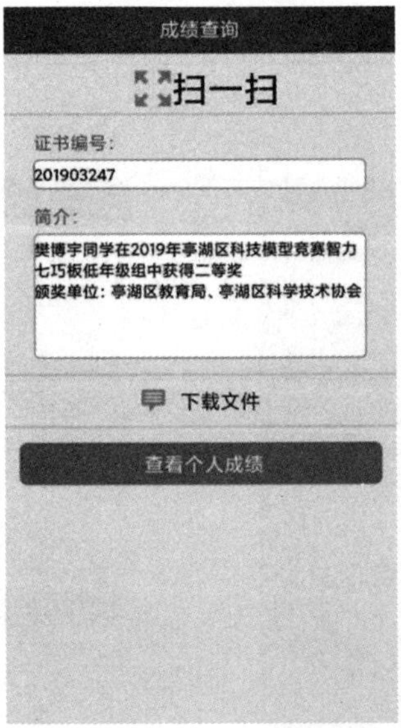

图 8-25 证书查询步骤-4

在图 8-25 中，扫描证书后，即可录入证书编号及获奖组别、奖次等基本信息。在该页面中有"下载文件"和"查看个人成绩"功能按钮。点击"下载文件"，即可下载该获奖学生参加的竞赛的完整获奖通知 PDF 文件，如图 8-26 所示。点击"查看个人成绩"，查看的信息与获奖证书上基本相似，如图 8-27 所示。

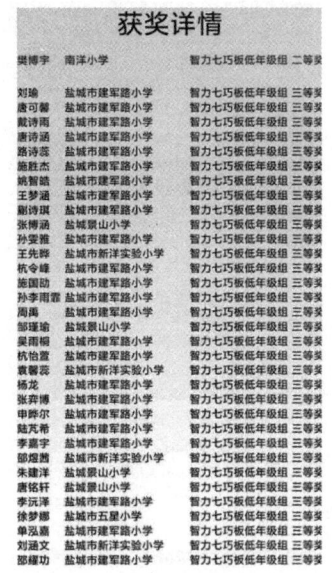 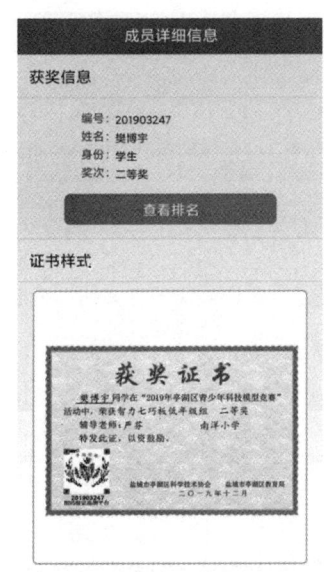

图 8-26　证书查询步骤-5　　　图 8-27　证书查询步骤-6

如果获奖学生的证书丢失，需要找回证书电子信息的，可以在如图 8-22 所示的界面，调转到如图 8-28 所示的界面，在搜索框内输入参赛学生姓名或证书编号，以输入姓名为例，即可查看如图 8-29 所示的该学生参加竞赛的参赛项目及其获奖信息。

点击如图 8-29 中获奖的信息栏，查看如图 8-30 所示的获奖信息及证书，证书样式点击下载保存，方便学生重新打印保存。在如图 8-29 所示中，查询到该学生参加了两个项目的竞赛，其中一个项目未获奖，点击该条信息栏，跳转查看是未获奖的界面，如图8-31所示。

上述该图码证书验证追溯管理平台的使用，突出了该系统以云数据的形式，实现实时扫码查询，实时调用证书信息的功能，说明了图码证书具有很好的信息验证、信息管理、信息追溯的能力。

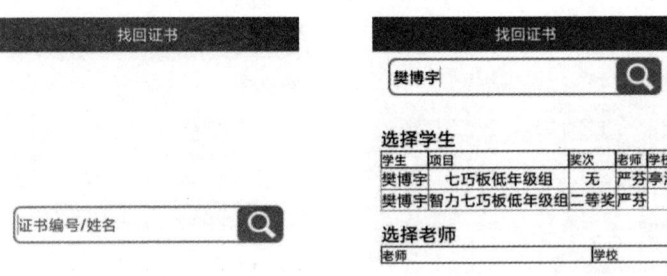

图 8-28　证书查询步骤-7　　　图 8-29　证书查询步骤-8

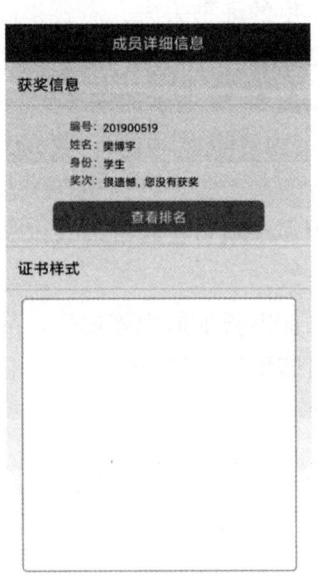

图 8-30　证书查询步骤-9　　　图 8-31　证书查询步骤-10

图码商标码采用编码钥匙对每个码进行控制、追溯，使得码本身具备直接追溯和控制码品本身的属性，提高对码本身的管理能力，利用能追溯的码去追溯、管理其他产品，才能更可靠、更有效、更严谨且更有说服力。已发放的图码商标码，若丢失或者损坏，都能找回原码，赋予终身使用的能力，这也使利用图码商标码对产品进行溯源变得有始有终。

"图码商标码+产品+系统"，形成完整的软件系统和硬件系统，作为升级版信息化系统直接应用于行业中，符合数字化智能化城市发展的要求，将带来可观的经济收益，推动社会信息化发展。

当今网络信息面临黑客入侵、恶意软件、信息失控等复杂环境，有的还会影响用户的判断力甚至危害企业或个人的财产安全，为了更好地为企业和个人服务，图码信息科技有限公司致力于维护企业和个人信息不被修改与破坏，为企业和个人信息提供保密性、完整性、真实性做出应有的努力，这也是我们未来为之奋斗的目标之一。

# 9 北京天成通链——基于区块链的食品安全溯源生态服务平台

## 9.1 公司简介

北京天成通链科技有限公司是一家提供区块链技术和应用综合解决方案的国家高新技术企业。北京天成通链科技有限公司聚焦数字政务和数字金融领域，已为数十家政府机构、金融机构和龙头企业提供数字政务、数字金融、数字产业、数字消费等领域区块链综合解决方案。北京天成通链科技有限公司具体承建并交付了广东省某市食品药品安全监督服务平台、北京市某区产业园可信服务管理平台、江苏省某市区块链数字底座、某金融产品多主体资产流动系统、某课题"双碳"场景数据资产管理等区块链基础设施和应用场景建设项目，成功申建全国第一个"数字货币+自贸区智慧园区"。北京天成通链科技有限公司是可信网络基础设施的重要参与方，成功入选省级区域产业创新环境提升支持项目，是中国银行总行首家数字人民币新体验机构子钱包准入单位。目前，已支持建成北京城市副中心首个区块链应用创新实验室，成为智慧城市、数字经济、区块链技术及应用的科技研究和成果展示基地。北京天成通链科技有限公司已经获得数十项区块链相关领域知识产权，并已完成十余项国家级区块链信息服务备案，可为各区域、各行业提供区块链技术定制服务，也可输出区块链标准化功能服务，致力于区块链基础设施建设及可信区块链网络服务。

## 9.2 项目概述

### 9.2.1 项目背景

我国每年都会爆出大量的食品药品安全问题，注水肉、甲醛海鲜、染色食物、超标的食品添加剂、各种高仿商标、不合规的生产流程，无处不在，让人防不胜防。针对种种食品安全事件频繁的发生，国家加大力度持续推进追溯体系建设，近两年陆续出台了多项法律法规，协助完善食品追溯体系建设。从 2015 年《食品安全法》到 2017 年《国务院办公厅关于加快推进重要产品追溯体系建设的意见》发布，该意见明确指出当前及今后一个时期，要将食用农产品、食品、药品、农业生产资料等作为重点，推动生产经营企业加快建设追溯体系；再到 2019 年国务院颁发了《中共中央国务院关于深化改革加强食品安全工作的意见》，提出深刻认识食品安全面临的形势，坚持"建立最严谨的标准，实施最严格的监管，实行最严厉的处罚，坚持最严肃的问责"四个最严原则，通过落实生产经营者主体责任，推动食品产业高质量发展，提高食品安全风险管理能力等方面，推进食品安全社会共治，开展食品安全放心工程建设攻坚行动。国家及地方各级政府对于食品安全及追溯体系非常重视，纷纷开始建设一些食品药品追溯系统。

通过建立食品安全溯源生态服务平台，可以更好地保证信息的真实性、实时性、同步性、可信性，一方面保障将安全健康的食品、药品等送到消费者手中；另一方面对生产者、销售者均产生良性引导，同时，也可以保证优质的产品能够卖出好的价钱。当前，食品信息追溯领域还存在一些困难和问题，通过区块链技术较好地解决行业发展中存在的痛点和难点。

（1）多主体参与、多环节流转，信息传递过程有断层。

各市场主体、终端消费者、各级监管部门等多主体参与，分别记账，信息在流转中相互割裂，信息的完整性、有效性随着信息传递路径延长而快速下降，甚至出现信息断层，事前全链条监管的努力并没有完全转化为事中、事后的可追溯的优势。

（2）涉众问题突出，快速定位难。

如果出现食品安全问题，涉众面广，居民关切度高，但对此没有快速、便利查验渠道。

（3）价格失灵。

有安全保证的食品，除了通过广告形成品牌效应，现有方式无法通过价格形式对品质、安全更有保证的食品进行识别，无法对经营规范主体在价格上得以奖励和体现。

（4）信息化水平低。

在业务流转链条上，各家主体规模和信息化水平参差不齐，存在大量手写纸质单据相互传递，效率低，保存不便利。

（5）区块链助力信息追溯。

区块链技术通过加密技术保障数据安全，利用数字签名保障每条上链信息的可追溯。同时，确保了信息的安全及不可修改。这些天然优势正是当前食品供应链所缺少的。

### 9.2.2 项目简介

食品安全溯源生态服务平台接入监管部门与各市场主体，食品、药品从生产到销售每一个环节的生产者或经营者都要建立信息记录、保存和传递程序，不同环节之间信息记录人、记录时间、记录地点、记录内容的一致性、连贯性得到交叉验证,追溯义务在不同生产经营主体之间得到履行,既鼓励了文明守法经营主体的市场热情,也提高了违规经营的操作成本。

过去食品溯源领域采用的各种防伪技术,乃至新的互联网技术、人工智能等,通过严格的法律法规进行管理和规范,但结果却总是不尽如人意。区块链是一种共享账簿技术,具有分布式、全网记录、低成本、高效率、安全可靠等技术特点,能够降低监管成本、交易风险及其复杂度,提高信息记录可信度,增加监管透明度,各环节共同执行可信流程。运用区块链技术的溯源,通过对物流管理、商品防伪、商品溯源、制造管理、行业协同等领域的深度结合,增加了商品的可追溯性、安全性。

以透明可感的区块链运行特性支撑,百姓在消费时可以方便、快捷地追溯到记录在区块链中真实、可信的产品信息,引导消费者养成购买有可追溯标志产品、发现问题积极举报等习惯,一方面增强对食品、药品安全的获得感和参与感;另一方面与监管部门一道对企业形成监督。

消费者通过追溯信息可以了解产品真伪以及产品的详细信息,对产品原料采购到生产加工、交通运输有了更全面直观的了解,促使消费者放心地去购买,通过追溯对企业的品牌及美誉度都有很好的提升。

## 9.3 技术方案

### 9.3.1 平台建设依据

基于区块链的食品安全溯源优势包括将食品生产从种植、生产、物流、销售等全产业链关键环节数据上链,保证数据真实不可篡改,实现基于区块链溯源系统的强信任背书。食品生产方可以利用互联网身份标识相关技术,通过食品溯源链跟踪记录其生产的产品信息,在区块链溯源系统上完成认证后,生成区块链食品生产信息链,形成透明和安全的记录。

### 9.3.2 平台建设内容

基于区块链的食品安全溯源生态服务平台拟建成一个通过接入食品流转链条中监管部门、相关市场参与主体的应用型平台系统,提供透明可感的区块链运行特性支撑,实现食品流转过程中信息的可追踪和易监管,逐步增强居民对食品安全性的获得感,保护合法、合规经营市场主体的利益,并为后期延长溯源链条、扩大溯源品类等项目奠定基础。基于以上平台建设目标,平台具体建设内容如下。

模块1:用户管理。包括用户注册和用户信息修改与注销。前者主要包含用户创建、基本信息修改和查询;后者包括基本信息修改、密码修改、冻结用户、注销用户,同时可以对账户进行实名认证。

模块2：交易管理。包括交易发起、多方交易确认和交易信息统计与管理。

模块3：交易追溯。包括两个部分，一部分是对交易信息的追溯，以时间为轴体现交易从开始到结束的信息和状态；另一部分是可查询交易在区块链上验证的过程。

模块4：监管模块。监管机构等部门可以通过统一账户查看和获取所有交易信息，并对所监管交易进行双向监控，即沿交易流程向源头的溯源和顺流程向后直到当前最新状态的流向监管，同时具备监管统计的功能。

### 9.3.3 平台架构

基于区块链的食品安全溯源生态服务体系总体架构包括四大层，即基础设施层、数据服务层、业务应用层、用户服务层。业务部署如图9-1所示。

（1）基础设施层：主要为信息平台的计算能力、数据源管理、数据存储、信息传输等功能。

（2）数据服务层：主要提供基于数据库的管理，并能提供数据挖掘和决策分析功能。

（3）业务应用层：要求应用系统从应用开发、扩展方式、服务提供等方面都具备开放性，才能保障应用可以结合业务进行随需扩展和服务能力开放。结合地方实际情况以及基于区块链的食品溯源建设项目建设要求做完整规划。

（4）用户服务层：主要为企业、居民提供基于区块链的食品溯源的实时查询和验证等功能。

### 9.3.4 服务主体

食品安全溯源生态服务平台现阶段使用对象主要包括三大类用户：市场企业、监管机构、公众主体，根据服务对象职能的区别，平台提供了不同的功能服务并配套形成平台整体运营流程。

（1）市场主体。

1）原材料批发商。

平台提供拍照录入合格证信息、生猪信息的功能，结合OCR识别技术，简化用户录入信息操作。同时完成纸质收据的电子化与线上传递功能，并与财务信息进行交叉验证，为企业节约了反复对账的成本。

2）生产厂。

平台提供了合格证导入功能，兼容现有合格证开立系统的导入文件，完成批量录入合格证信息，在降低了机械化操作烦琐性的同时，企业现有开具合格证机制相契合，避免同一事务反复操作；提供了拍照录入合格证信息、原材料信息的功能，结合OCR识别技术，简化用户录入信息操作，也兼顾到缺失产品的情况可以单独记录缺失产品数量；提供了客户关系管理功能，便利企业对原材料批发商与加工产品批发商的信息维护，建立批发商与客户代码的映射关系；提供了经营信息的维护，与收到的收据信息及开具的合格证信息进行交叉验证，为企业节约了反复对账的成本。

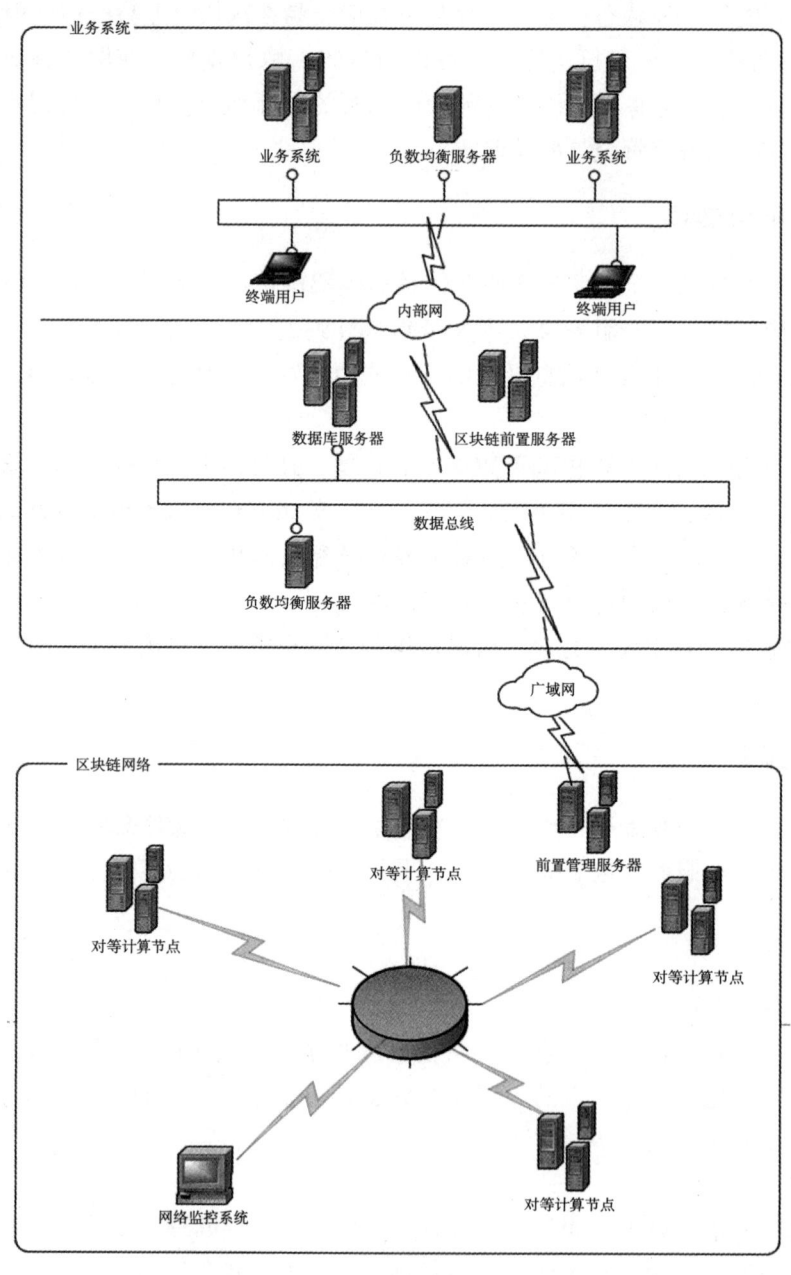

图 9-1 业务部署

3）加工食品批发商。

平台提供拍照录入合格证信息的功能，结合 OCR 识别技术，简化用户录入信息操作；提供了订单管理功能，可管理接收到的生产产品的采购订单，实现了订单信息的从无到有；提供了经营信息的维护功能，可与收到的电子收据、产品采购订单进行交叉比对，降低了财务的对账成本。

4）配餐企业。

平台提供了配餐单位的维护功能，建立配餐企业与配餐单位之间的关联，为公众监管提供了入口；提供线上下单采购食品功能，可在采购食品的同时查看食品的溯源信息及合格证的溯源信息，保证了食品来源的真实性与合规性；提供了每周菜单的维护功能，实现菜单电子化管理以及菜单与食品溯源信息的关联，直接向公众及监管部门证明了食品的来源的安全性及合规性；提供了经营信息的维护功能，可与订单信息进行交叉比对，降低了部分财物对账成本。

（2）监管部门。

平台提供了对食品原料采购信息的统计，可直观查看每日采购的食品原料分别来自哪些工厂及对应的合格证信息，可准确把握市场中食品的最终来源；提供了对各流转环节食品进出的统计功能及各主体录入信息追溯功能，可辅助监管部门判断该食品市场规模及流动性，并侧面证明食品在流转环节是否有过期、腐烂、变质等问题；提供了监管信息电子化，解决了纸质信息保存的不便利性，并将监管结果向公众公开，进一步做到透明监管。

（3）公众主体。

提供了查看配餐企业基本信息及监管记录功能，时刻监督配餐企业能够有良好的资质为各单位提供餐饮配送服务；提供了查看配餐单位每周菜单及对食品菜品追溯功能，在了解餐饮结构健康合理的同时查看菜品中食品来源是否安全可靠，对于来源异常的食品及时向监管部门举报。

## 9.4 应用案例

食品安全溯源生态服务平台以猪肉供销业务为例，给出对基于区块链技术食品安全溯源生态服务平台的具体方案。

### 9.4.1 系统建设目标

（1）实现完整猪肉供销业务流程。

如图 9-2 所示，通过毛猪货主将生猪耳标、猪肉批发商信息等进行关联，将现行的生猪养殖和猪肉批发商关键信息进行匹配，实现猪肉供应链关键信息的完整性和准确性。在此基础上，支持毛猪销售和屠宰，猪肉批发、销售等供应链业务流程的实现与确认。

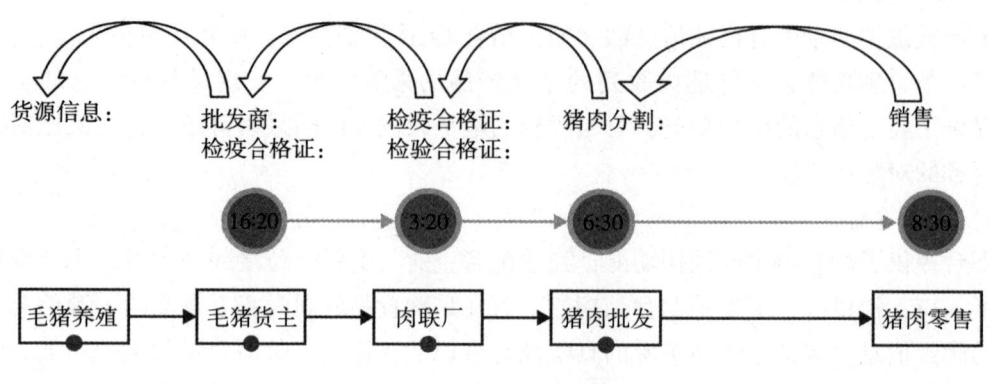

图 9-2 猪肉供销流程

(2) 实现猪肉供应链流程可追踪。

通过将肉联厂出具的检验合格证与猪肉批发商关联并登记上链，检验合格证跟随交易进入批发环节，实现消费者对猪肉从源头到批发过程的追溯，如图 9-3 所示。

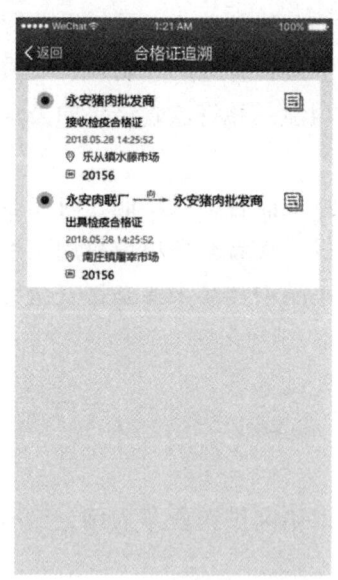

图 9-3 猪肉供应链追溯

(3) 实现政府监管。

实现监管的向前溯源追溯、向后去向追溯，便于监管部门灵活掌握食品来源和去向，如图 9-4 所示。

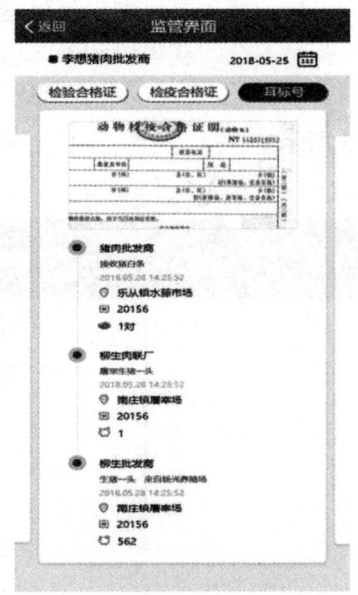

图 9-4 监管追溯

### 9.4.2 业务流程分析

生猪批发商采购生猪后录入生猪来源养殖场以及养殖场开具的检疫合格证;肉联厂对生猪完成检疫检验合格证后录入合格证信息,屠宰生猪后录入生猪的耳标信息;猪肉批发商收到屠宰后的猪白条录入收到的合格证与猪白条的耳标信息;配餐企业负责为学校制定健康饮食菜单并提供对应餐饮,采购猪产品时,向猪肉批发商下采购订单;监管部门定期对各企业进行合规检查,并在平台中提交监管记录,监控生猪的供应及销售情况。

(1) 业务目标。

本平台拟建成一个通过接入食品流转链条中监管部门、相关市场参与主体的应用型平台系统,提供透明可感的区块链运行特性支撑,实现食品流转过程中信息的可追踪和易监管,逐步增强居民对食品安全性的获得感,保护合法、合规经营市场主体的利益,并为后期延长溯源链条、扩大溯源品类等项目奠定基础。

(2) 业务方案。

食品溯源平台接入监管部门与各市场主体,食品从生产到销售每一个环节的生产商或经营者都要建立信息记录、保存和传递程序,不同环节之间信息记录人、记录时间、记录地点、记录内容的一致性、连贯性得到交叉验证,追溯义务在不同生产经营主体之间得到履行,既鼓励了文明守法经营主体的市场热情,也提高了违规经营的操作成本。

以透明可感的区块链运行特性支撑,百姓在消费时可以方便、快捷地追溯到记录在区块链中真实、可信的产品信息，引导消费者养成购买有可追溯标志产品、发现问题积极举报等习惯，一方面增强对食品、药品安全的获得感和参与感，另一方面与监管部门一道对企业形成监督。

食品追溯业务流程如图 9-5 所示。

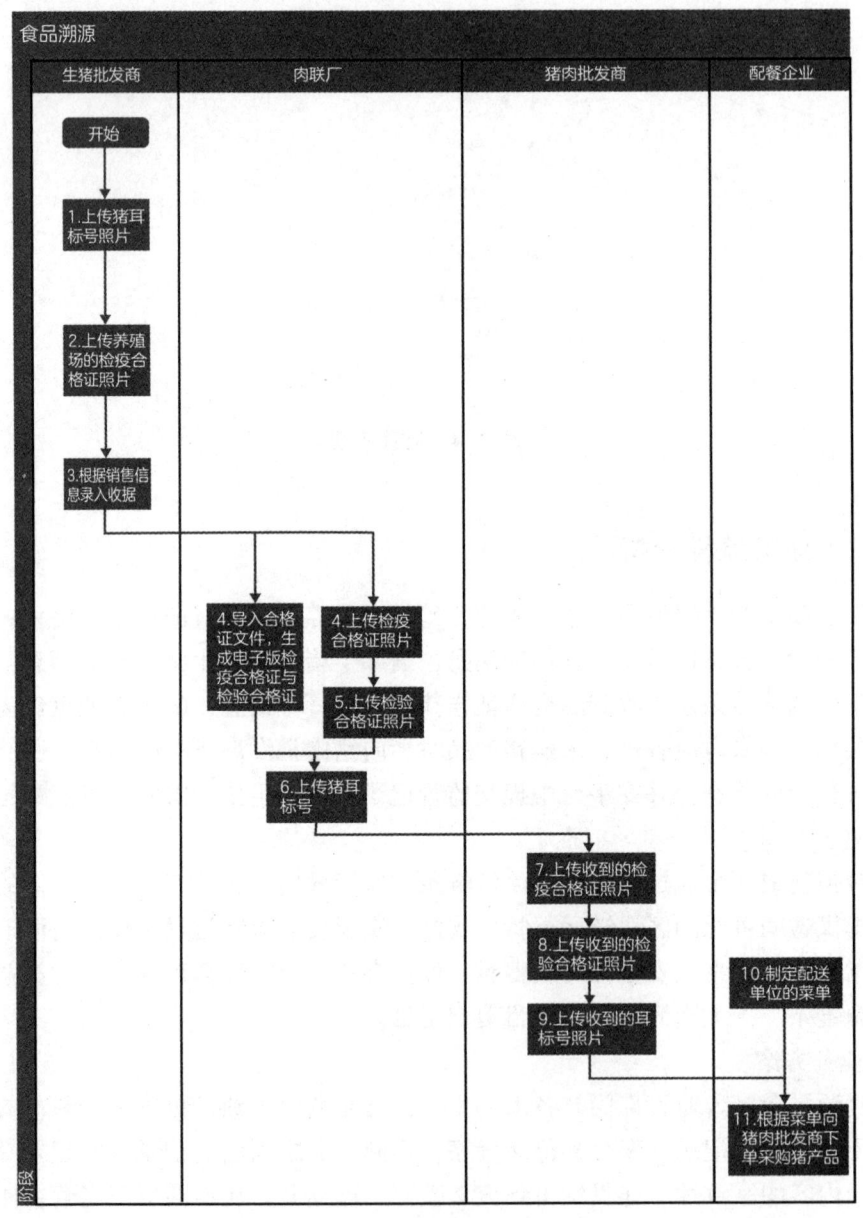

图 9-5　食品追溯业务流程

### 9.4.3 业务模块设计

根据以上食品安全溯源生态服务平台业务流程分析，整个业务的设计主要就是为了实现各个环节信息的可追溯功能，因此可以更加细化各环节，根据各自需求设计满足要求的业务功能模块。

食品安全溯源生态服务平台分为六大模块，即生产制作模块、加工模块、物流运输模块、销售模块、监管部门模块、消费者模块。每个模块都具备相应的业务功能，下面对各模块进行简要阐述。

生产制作模块主要是对动物养殖、食物原材料产出过程中产生的信息进行管理，包括信息录入和查询功能。以生猪为例，具体为以猪耳标编号为主键对养殖场编号、养殖场地址、养殖场负责人、环境卫生状况、猪只种类、猪只性别、入栏时间、喂食饲料种类、疫苗接种种类、疫苗接种时间、操作员编号等信息进行录入。

加工模块主要是对食品加工前信息和加工过程中的信息进行管理，包括信息录入和查询功能。以加工猪肉为例，具体为猪只编号、健康状况、检疫日期、猪肉批次、屠宰日期、排酸时间、环境温湿度、包装编号、包装材料、包装时间、肉的部位、操作员编号等信息进行录入。

物流运输模块主要是对食品在运输转移过程中的信息进行管理，包括信息录入和查询功能，具体为物流订单编号、企业名称、企业地址、企业负责人、运输车牌号、运输时间、运输起始地、运输目的地、车厢温湿度、司机姓名、操作员编号等信息进行录入。

销售模块主要是对食品的存储信息和销售信息进行管理，包括信息录入和查询功能，具体为销售信息编号、企业名称、企业地址、入库时间、销售地点、上架时间、操作员编号等信息进行录入。

监管部门模块主要是对基础信息进行登记、查询及验证，各环节节点若因失误造成录入信息有误，可填写信息变更申请并提交监管部门，监管部门提供信息变更服务，且对具有危害身体健康的食品监管部门拥有食品召回功能。

消费者模块主要是拥有食品生产加工销售全流程信息溯源查询及验证功能，购买产品时，消费者可以按照产品上的溯源码在溯源系统上查询信息，从而帮助顾客挑选自己中意的产品。若发现食品有质量问题，可通过溯源系统进行投诉，反映相关问题，监管部门在收到投诉信息后将及时进行处理，能够高效地找出产品问题所在，进而对相关责任人按流程进行追查。

### 9.4.4 应用系统构成

（1）业务处理中心。

该模块主要负责对机构客户提供 Web 服务，负责系统数据存储与管理，负责为外系统提供扩展服务接口。

该模块应包含用户管理、身份与权限管理、信息录入、信息鉴真、信息追溯与检索等功能。

按照具体参与业务机构实际需要，该模块应支持每个机构单独部署或多个机构合并集中部署。

（2）区块链前置系统。

该模块主要负责链上数据管理，为业务处理中心提供 web 服务。

该模块为业务处理中心提供地址管理、密钥管理、数据上链、查询、加解密、鉴真、追溯等特色服务。

按照具体参与业务机构实际需要，该模块应支持每个机构单独部署或多个机构合并集中部署。

（3）基本服务展现。

1）单证及标号的录入、追溯服务。

对纸质信息数字化加固：结合文字识别技术，将纸质单证和标号信息进行电子化，在区块链中存证加固，并确定唯一性，便利单证的保存和流转。

加强对食品市场的监管：促进市场主体互相监督，采购方对发生流转的单证及标号信息进行追溯，增强对市场监管的责任感。

提高多方协作效率：食品批发商录入收据信息，同时发送给生产厂和加工食品批发商，节省了食品批发商收到收据再递交至生产厂的重复传递过程。

自动化账务管理：通过智能合约，将各企业录入业务的信息与其经营信息进行自动化对账和管理。

2）政府及公众监管服务。

便利政府部门监管：监管机构等部门可以通过统一账户查看和获取所有交易信息，并对所监管交易进行双向监控，即沿交易流程向源头的溯源和顺流程向后直到当前最新状态的流向监管，同时具备监管统计的功能。

提升公众参与感：为公众提供监管猪肉市场的入口，逐步增强居民对食品安全性的获得感，同时保护合法、合规经营市场主体的利益。

### 9.4.5　系统安全设计

（1）安全域划分。

根据国家信息安全标准《信息系统安全等级保护定级指南》对业务和信息在受到破坏后所侵害的客体及侵害程度的分析后，将本项目平台定级为信息安全等级保护二级。

（2）安全体系建设。

1）安全技术体系。

① 物理安全。

物理安全对于整个平台建设是较基础要求,主要是指机房选址、机房管理、机房环境、机房设施、设备与介质管理。

② 网络安全。

本项目边界安全防护应关注如何对进出平台边界的数据流进行有效的检测和控制,且能够与其他层面的安全措施协同运作,以提供对域内信息系统的综合防护。

进行边界安全防护的首要任务是明确安全边界,本平台网络边界归为第三方网络边界、纵向网络边界和横向网络边界。

③ 主机安全。

业务主机服务器包括应用服务器、数据库服务器等,桌面主机是作为终端用户工作站的台式机与笔记本。

④ 应用安全。

通过本平台实现可靠的身份认证、完整资源管理、严密的访问控制、安全的单点登录、便捷的户信息共享等基本服务,建立平台内部的身份认证和授权管理体系,保证应用系统安全。

在系统建设层面,本项目数据与通信安全应采取如下方式:上链数据统一采取国密 SM3 算法;业务处理中心与区块链前置系统通信数据统一采取国密 SM4 算法或等效对称加密算法;业务处理中心对外服务建议采取双向 SSL 链接方式。

2)安全管理体系。

信息安全管理制度是信息安全领域各种规则的制度化的体现,在信息化相关活动中起着统一目标、规范流程、保障信息安全实施效果的重要作用。通过对信息安全制度规范的决策,首先从高层确保全民健康保障工程的信息安全工作"有法可依",推动信息安全制度建设工作,营造一个积极的信息安全控制环境。

## 9.5 平台实施效果及推广价值

### 9.5.1 平台应用效果

本平台的建设,主要围绕居民的需求提供基于区块链的食品溯源的查验服务,能够实现食品流转过程中各类票证数据和交易信息跨主体、跨部门的互认共享,便捷企业经营活动的信息化开展,把控风险,确保食品质量安全,提高企业的品牌和价值,提升居民和企业的满意度。通过食品安全溯源生态服务平台的建设,将进一步推进绿色食品的发展,不断创新食品监管方式,提高食品质量安全监管水平,注重用新技术提升监管效能。

### 9.5.2 平台推广价值

近几年来，国家高度重视区块链技术的发挥和应用，将区块链技术应用在食品安全溯源的过程中，利用区块链去中心化、不可篡改、公开透明、可完整追溯等特性，从技术上真正实现给予区块链的食品安全信息的全程追溯，保证整个溯源链上所有数据真实、安全、透明和完整。

本平台的建成将能推动食品安全溯源生态服务的发展，极大地推进公共服务的数字化、规范化、可感化和科技化建设；促使地方食品安全服务更便捷、更透明、更亲和，为科技赋能食品监管的建设提供示范效应。因此，本平台建设的成功将具有广泛的社会意义、工程示范效应和推广价值。

**参考文献：**

[1] 张瑞星. 基于区块链技术的食品溯源平台关键技术研究 [D]. 成都：电子科技大学，2021.

[2] 陈飞，叶春明，陈涛. 基于区块链的食品溯源系统设计 [J]. 计算机工程与应用，2021，57 (2)：60-69.

[3] 于坚，孙嘉笛，纪剑，等. 区块链技术在食品溯源体系中的应用 [J]. 食品工业科技，2021，42 (15)：377-382.

[4] 王伟，赵海军，王紫娟，等. 区块链在我国出口食品溯源的应用探索研究 [J]. 食品安全质量检测学报，2021，12 (20)：8234-8241.

[5] 刘佳琦，游新冬，吕学强，等. 区块链技术在食品溯源行业的研究 [J]. 食品工业，2021，42 (11)：273-277.

[6] 李明佳，汪登，曾小珊，等. 基于区块链的食品安全溯源体系设计 [J]. 食品科学，2019，40 (3)：279-285.

[7] 李军. 基于区块链的番鸭食品溯源应用研究 [D]. 阜阳：阜阳师范大学，2021.

[8] 吴远. 基于区块链技术的食品安全追溯方法研究 [D]. 上海：上海应用技术大学，2019.

# 10 爱创科技——华润雪花全产业链追溯与精准营销生态系统

## 10.1 公司简介

北京爱创科技股份有限公司(以下简称"爱创科技")是一家国际领先的追溯数字化解决方案提供商,由腾讯科技、国家发展改革委产业基金、同创伟业联合投资,是工信部指定的国家标识解析二级节点建设单位。

依靠自主研发的物联网数字技术,爱创科技为全球医药健康、快消品、工业品等行业客户提供"一物一码"数字化解决方案,通过采集真实、追溯可验证的商品唯一码数据,打通供应链、连接终端,触达消费者,帮助企业构建全产业链数字化体系。

爱创科技成立于2004年,总部设在北京,在无锡和广州分别建有产业园区和智能工厂,在美国、欧洲设有海外办事机构,业务遍及全球20多个国家和地区。

## 10.2 项目概述

### 10.2.1 项目背景

快消行业,渠道为王,终端制胜,对于渠道终端的把控一直是品牌商们激烈鏖战的商业主战场。而一如人们最熟悉的那句广告语"勇闯天涯",作为我国啤酒行业当之无愧的龙头企业,华润雪花正是其中高手。

然而,伴随市场竞争越发白热化以及数字经济时代的到来,传统产销运营模式的局限凸显。窜货假冒扰乱市场、供应链各环节信息割裂、营销费用跑冒滴漏、无法触达终端和消费者等问题深深困扰着各大厂商。为更好地应对产业变革与消费升级带来的挑战，包括华润雪花啤酒在内的食品快消品牌都在积极探索生产端、渠道端和销售终端等供应链关键场景数字化转型升级，期待找到一种能够进一步突破局限，满足新时期品牌方数字化战略雄心的全新产销运营管理工具。

（1）啤酒行业现状。

啤酒行业自2013年进入成熟期以来，市场规模扩张速度远远超过消费需求增速，因而一直处于烈度竞争态势。一方面，由于成本上涨，原本"薄利多销""跑马圈地"的玩法无法持续，向内生长成为各大品牌的共同选择。另一方面，后继增长发力和消费升级推动啤酒消费向高端化、精品化、个性化方向发生结构性转变。

（2）亟待解决的问题。

尽管华润雪花在国内啤酒行业市场销量第一，但和其他快消品行业一样，普遍存在三个方面的管理和运营难题。

第一，供应链管理能力薄弱，采购、生产、分销、运输、配送、存储等流程衔接不流畅，针对假货、窜货问题缺乏有效的防范措施，使得再好的营销策略、产品宣传投入收效甚微。

第二，部分环节信息不够透明，不够准确。供应链管理的缺失影响企业对市场需求的预测，生产供应不均衡问题尤为突出。

第三，市场运营模式仍停留在并购扩张、低价竞争、有奖盖发放等传统手段上，无法满足消费终端的多元化需求，分销网络的复杂性，决定了不同层次渠道的售价差异，导致窜货现象频繁发生，致使企业对渠道难以管控，成本随链条增长而不断增加。

为此，究竟如何加强对供应链下游渠道终端的管控能力，实现提效降本？如何满足消费者个性化需求？伴随互联网、物联网、大数据、云计算等新一代信息技术的蓬勃发展，全产业链数字化转型浪潮加速到来，为啤酒行业突破传统桎梏提供了一道重要且必要的良方。

### 10.2.2 项目简介

作为领先的全产业链追溯数字化运营服务商，同时也是华润雪花的长期战略合作伙伴，爱创科技以"一物一码"为核心，为雪花打造了一套独特的"全产业链追溯与精准营销生态系统"，通过构建真实、追溯可验证的商品溯源体系，精准赋能从生产、渠道、终端到消费者的全链路数字化，助力构建"以客户为中心"的高效精益数字供应链。

华润雪花项目建立的啤酒行业全产业链追溯体系，既符合政府监管部门对酒类产品食品安全的要求，更是产业数字化转型大趋势下，啤酒生产企业提升自身内控能力、加强市场竞争手段和布局全产业链追溯生态体系的有效途径。

## 10.3 项目实施概况

### 10.3.1 系统架构和主要内容

(1) 系统整体技术架构。

该项目基于"云+管+端"系统架构建设而成。云,即爱创追溯云平台,是企业面向产业链上下游的数据整合平台和连接外部数据的接口,可以使企业数据与全产业链上下游数据实时共享、高效协同。管,即企业内部部署的信息化管理系统,在本项目中包括 CDS 协同平台、MDS 工厂管理系统、CMC 发码中心、TTS 供应链追溯系统、EDI 数据交换系统、TERMS 终端管理系统和 JPS 数字化营销平台等,这些系统可通过建立追溯系统与 ERP、WMS 等管理系统进行数据互联互通,打通企业内部各个环节,消除信息孤岛,使数据在企业内部共享并建立协同管理体系。端,即软硬件产品部署,可采集、记录、分析设备层、产线层、工厂层、企业层、市场层各环节数据。系统整体技术架构如图 10-1 所示。

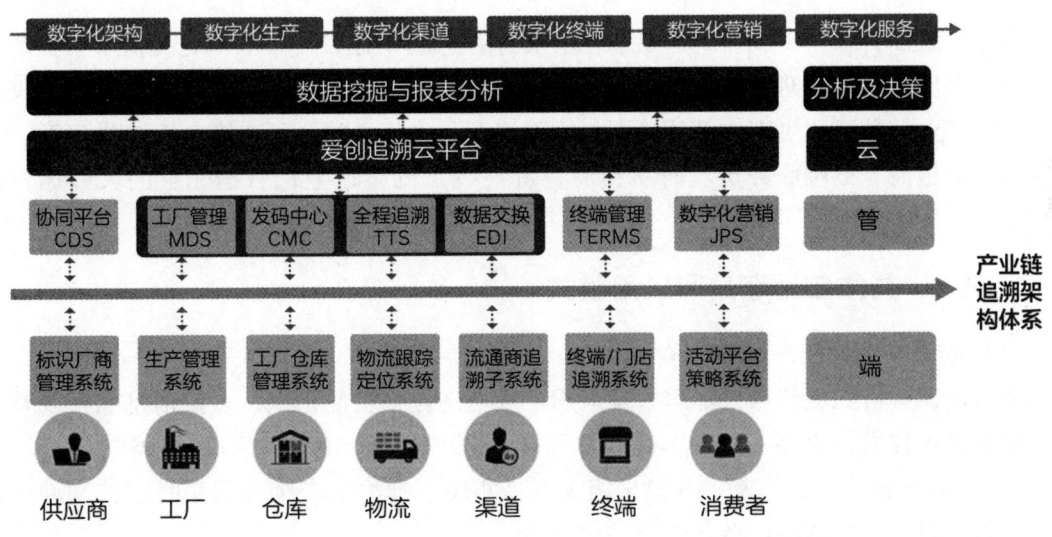

图 10-1 系统整体技术架构

(2) 数字化业务架构。

基于"云+管+端"模式,该系统项目帮助华润雪花有效破解了数据采集难题,做到全链条、全环节、全场景数据一站式协同,从而实现对于整个供应链网络的实时可视化观察和全链条透明化管理,准确掌握各个节点的流量、流向、流速信息,形成以产品为核心，以市场为导向的生态体系。系统数字化业务架构如图 10-2 所示。

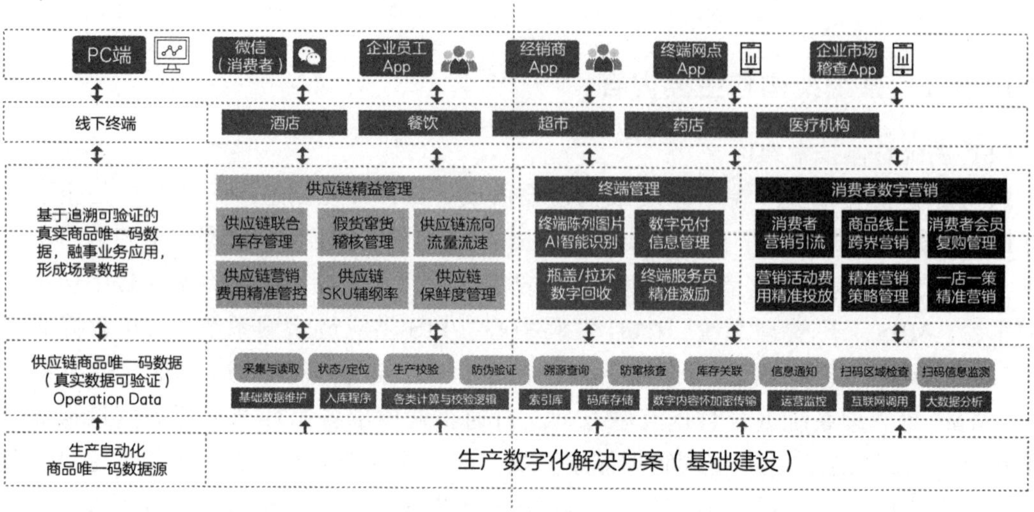

图 10-2　系统数字化业务架构

在业务层面，以"一物一码"为核心，该系统项目的建设为华润雪花提供了集全产业链追溯、供应链精益管理、终端管理、消费者数字营销服务于一体的一站式系统解决方案。在全产业链数字化生态体系环境下，构建以商品为核心的、可连接一切（供应商、生产企业、渠道商、终端服务员、商品和消费者……）的全产业链数据完整的大数据管理平台。

### 10.3.2　具体应用场景和应用模式

（1）场景一：智能产线实时监控。

通过标识解析二级节点，华润雪花采用工业自动化、智能识别、多重信息加密及软硬件系统集成等技术，为每一件最小销售单元产品赋予标识，建立"一物一码"或"一物多码"，并通过瓶（罐）—箱—托盘多级关联，实现了啤酒生产全过程实时监控和动态追踪，进而实现可视化透明化精益生产。

（2）场景二：产品全产业链追溯。

通过对每一件最小销售单元商品赋予唯一产品标识，系统可以准确采集从原料进厂、产品生产、商业配送、物流运输、终端销售到消费者使用全流程真实、追溯可验证的商品唯一码数据，使得各级管理部门能够快速从市场中查询产品相关信息，有效提高质量问题产品追回效率，借助物联网、大数据等新一代信息技术进一步加强市场监管力量，全面提升行业智慧监管水平。而消费者通过扫码包装上的二维码可以快速获取产品相关信息查验真伪并参与品牌活动，有助于维护品牌形象和品牌价值，提升品牌信任度和美誉度。

(3) 场景三：供应链精益管理。

以产品身份码为基础，通过对产品全链路流量、流向、流速的准确实时掌控，在防窜货方面，系统实现了从生产出库、经销商物流、终端销售到消费者的层层扫码稽查，基于LBS位置信息的自动比对判别，帮助品牌以多种方式有效进行窜货异常预警，防止经销商恶意窜货扰乱价格体系，损害品牌利益；而在进销存管理方面，系统帮助获取各业务环节精准的产品相关数据，主动预警提醒库存上下限，并提供可视化报表分析，在实现商品动态流转信息跨区域跨环节实时监控、集团级统筹管理的同时，有效提高产品新鲜度KPI指标管理，防止经销商库存滞留、减少产品的促销，助力构建全渠道"一盘货"的精益数字供应链。

(4) 场景四：终端数字管理。

传统深度分销模式下，厂商对下游流通渠道的管控能力非常弱，产品一出厂门便如同"石沉大海"，终端被经销商所把控。而在本项目中，基于产品唯一身份标识的多级关联关系，以爱创科技自主开发的门店小程序为载体，在经销商送货环节，店主通过小程序扫码签到完成收货，通过简单的一步操作便建立起产品、经销商与门店间的关联关系，从而使得原本不透明的经销网络按照华润雪花需要的渠道关系在系统中关联固定，帮助品牌真正触达终端，建立可视化透明化的销售网络。而在此基础上，为解决终端客情维护难、新品动销难、费用浪费严重和营销活动成本高等问题，爱创科技帮助华润雪花进一步实现了多样化的终端管理。

1) 瓶盖/拉环数字回收：再来一瓶是啤酒水饮料行业常用的促销方式，但传统瓶盖回收流程不仅费时费力，同时瓶盖造假问题的存在也带来了大量的费用损失。而爱创科技门店小程序支持通过扫描瓶盖内部二维码的方式实现智能兑奖，以数字化方式最大限度简化流程，不仅能确保营销费用真实有效，而且能实现全面提效降费。

2) BC联动：B端门店通过推荐产品，告知消费者活动，消费者购买产品并扫码参与消费者活动后，门店店主和消费者都分别获得奖励，从而大大推动B端主动销售，增加终端动销能力。

3) 门店分级管理：系统提供对终端市场的ABCD多级管理，同时，通过横纵交叉细分管理，精确把控关键终端；一地一策、一批一策、一品一策、一单一策、一店一策实现业绩单店引爆、区域引爆和全国引爆。

4) 促销员管理：支持对门店老板、商超导购、促销员/服务员、厨师、意见领袖等关键人的定向激励，以口碑裂变助力品牌销量提升。

5) 市场活动管理：线下活动线上发布、门店自主执行、AI智能审核以及活动自动核销，有效解放人力、节约费用成本。

6) 营销费用管控：根据三码关联及产品与门店的关联关系，完成进货搭赠、累计折扣、实物奖励、限时返点等各种销售激励的线上统计和发放，可以精确到单个服务员的业绩，彻底解决市场费用失控问题。

（5）场景五：精准营销。

传统营销活动普遍存在营销方式不精准、活动效果难评估、获客拉新成本高、留客复购黏性差等问题，同时，在移动互联网时代，"移动化、碎片化、场景化"正成为当前营销环境最为显著特征。而以"一物一码"为典型应用的物联网技术的飞速发展，以成千上万的产品为触点，不仅可以有效打破品牌与消费者既有的沟通边界，帮助低成本精准触达消费者，实现"以消费者为中心"的营销互动体系，同时，"一物一码"还以"可连接、可运营、可洞察"的独特优势，受到越来越多快消品牌的青睐。

通过数字化营销平台的建设，爱创科技帮助雪花实现了 BC 一体化的产品动销。其中，2B 以供应链管控和消费者驱动业务为核心，数字化定义"人—货—场"场景，通过一物双码：绑定门店、绑定消费者、绑定库存、绑定服务员、绑定销售、绑定位置、绑定流向、绑定返点、绑定流量等，通过数字化技术的驱动，强化业务和管理协同，给门店和消费者赋能，激发门店工作与消费者兴趣，提高转化率，消费者、服务、营销和商品互通，帮助门店服务质量实施监督和运营决策，解决企业在终端大量浪费人力资源、费用资源、流程资源的问题。

2C 将含有红包、卡券、积分、游戏、娱乐、品牌等信息的二维码标记在商品包装上，让每一个商品二维码都成为一个互联网入口，将消费者、促销员、服务员、门店终端、经销商等进行利益捆绑，从而提升消费者忠诚度，获取消费者精准数据、消费行为标签并对其进行画像。提高粉丝量、进店率、渗透率、活跃度、转化率和客单价，驱动营销投资的有效率和准确度，实现数字化营销的"品效合一"。

## 10.4 项目创新点和实施效果

### 10.4.1 项目先进性及创新点

华润雪花项目是爱创科技与华润雪花合作打造啤酒行业第一个以"一物一码"为核心的全链条数字化样板，其中包括了瓶装产品、听装产品（含卡包产品），以及纸箱、塑箱等全部包装形式，并创新性地采用了"一盖双码，明暗关联"的防破坏赋码解决方案，其中外码用于防伪追溯，内码用于营销，在外码被破坏的情况下，依然可以依靠内码关联关系完成追溯流向监控。此外，华润雪花项目还应用了爱创科技自主设计研发的 12W/h 易拉罐高速产线赋码技术，在线识别精准度高达 99%。这一技术不仅弥补了国内的空白，在数字化生产科技领域也达到了世界绝对领先水平。

### 10.4.2 实施效果

（1）精益生产。

通过应用产品标识，实时监控生产效率和产线运营状态，最终实现管理效率提升30%，产品合格率提升25%，生产成本节降15%。

（2）产品全产业链追溯。

实现问题产品100%准确召回。

助力食品安全追溯体系建设，加强社会共治和智慧监管。

（3）供应链精益管理。

在防窜货方面，系统应用之后有效减少"80%+窜货"，减少费用损失4000万元。

在出入库环节，流向数据采集的准确率提升60%。

在进销存管理方面，通过追溯大数据应用，实现了精准库存管理、终端销量预测及SKU优化，促使供应链库存准确率提升80%，进销存管理效率提升33%，SKU数量减少18%。

在经销网络管理方面，有效建立可视化经销网络，覆盖近10个地区，注册的经销商数量达数千家。

（4）终端管理。

在触达门店方面，帮助触达210679家门店，覆盖辽宁、山西、深圳、福建、黑龙江、天津、河南、吉林、广州等9个省市，注册促销人员数量达40万元，累计扫码1.3亿次。

在节省人力方面，减少了10%的市场稽查人员，一线业务员工作效率提升15%。

在营销费用管控方面，实现营销费用100%真实落地，减少黑产、无效费用等资源浪费近30%。

（5）精准营销。

累计扫码超过1亿次，带来泛会员超过300万人，复购率最高可达到30%。与以往活动相比，扫码营销拉动销量成长30%，帮助带来会员增长200%，复购率增长55%。

截至目前，本项目已经成功覆盖华润雪花六大区域公司、15家生产工厂，改造产线近40条，累计采购赋码瓶盖超5亿枚，帮助雪花一站式解决了防伪防窜、数据采集、营销费用管控、消费者精准营销等多重难题，同时实现了渠道管理、数据管理、终端管理和消费者营销能力的全线提升。系统每年帮助雪花节省数亿元营销费用，在创造巨大业务价值之余，通过生产企业数据、渠道数据、终端门店数据、市场稽查数据、销售人员数据、业务人员数据、服务员数据、消费者数据等流通全链路海量数据整合分析，为产品新品研发、渠道布局、销售策略、物流优化等提供了有力的决策数据支持，助力华润雪花全产业链数字化转型，同时，也为更多啤酒企业乃至行业的数字化转型之路提供了重要参照。

# 11 中检溯源——食品生产过程智能化追溯服务应用案例——打通食品生产安全监管"最后一公里"

## 11.1 公司简介

中检溯源,是中国检验认证集团(以下简称"中国中检"或"CCIC")追溯服务领域的专业品牌。根据国家建设重要产品追溯体系、提升质量安全与公共安全保障能力等相关政策,中国中检在2016年8月设立中检溯源公司,基于"溯源+检验检测认证"的服务模式,专注于为全球商品提供产品质量溯源解决方案及追溯系统建设服务,为政府部门、生产企业、国内外贸易商、消费者传递信任。在国家发展改革委专项资金支持下,中检溯源建设了"基于检验检测技术的全球商品溯源云平台",通过新一代信息技术与质量服务手段融合,为政府部门、农业组织、生产贸易企业等各类客户,围绕生产、加工、物流、贸易、消费等关键环节,提供第三方公信力赋能的全流程、全链条追溯体系建设服务,在工业智造、乡村振兴、扩大进口、市场监管、社会信用体系建设等领域发挥央企担当,为消费者选择优质商品提供依据和品质指南。

自2010年中国中检首创进口商品溯源服务开始,中检溯源已对来自30余个国家的82类上千种进口商品以及国内各地特色产品开展了溯源服务,累积发放溯源标签超9亿枚。依托中国中检CCIC和CQC两大品牌公信力,将溯源服务与质量评价验证活动相融合,以"互联网+"为导向,以中国中检全球商品溯源云平台为支撑,以集团遍布全球的服务网点、商品检测实验室为线下操作实体,综合运用实地验证、商品检验、检测、认证、工厂检查等手段,对商品的产地、质量、特定属性等进行第三方评价验证,并利用物联网防伪、二维码等技术,将验证信息与商品进行匹配,通过互联网和自主研发的全球商品溯源云平台实现商品来源的可查询、可追溯,如图11-1所示。

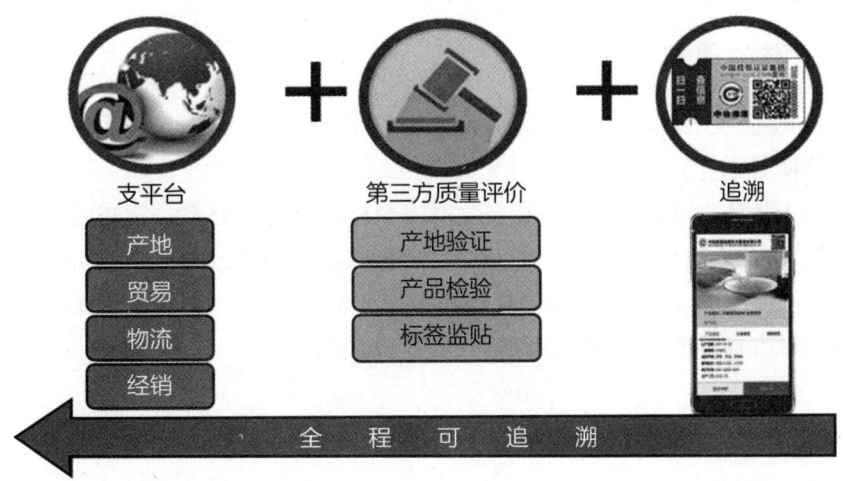

图 11-1 中检溯源

## 11.2 建设背景

为进一步加强食品（含食品添加剂）生产企业食品安全追溯体系建设，贯彻落实《中共中央 国务院关于深化改革加强食品安全工作的意见》的要求，根据本市食品安全追溯体系建设的整体部署，前期在金山区试点开展了试点推进工作，成效明显。为了推广上海全市食品生产企业推进生产过程智能化追溯体系建设，上海市市场监督管理局出台《上海市市场监督管理局关于推进食品生产过程智能化追溯体系建设的指导意见【沪市监食生〔2019〕476号】》，推动企业从原料到成品，建立全环节的追溯信息数据链，实现食品质量安全顺向可追踪、逆向可溯源、风险可管控。由上海市浦东新区市场监管局作为监管单位，中检集团作为浦东新区食品生产过程智能化追溯体系项目建设实施单位，区内食品生产企业为主体单位，共同进行项目落地。

## 11.3 建设目标与原则

### 11.3.1 建设目标

食品生产企业通过信息化手段建立食品安全智能化追溯体系，形成覆盖生产全过程的追溯信息数据链，客观、有效、真实地记录和保存食品质量安全信息，实现食品质量安全顺向可追踪、逆向可溯源、风险可管控，发生质量安全问题时产品可召回、原因可查清、责任可追究，切实落实食品安全主体责任，保障食品安全；帮助市场监管部门，丰富监管手段、延伸监管链条、加强事中监管、支撑数据分析。

### 11.3.2 基本原则

（1）企业为主体。食品生产企业承担建立生产过程智能化追溯体系的主体责任，属地监管部门负责督促指导。

（2）记录为基础。以法律法规和相关食品安全标准规定的原料进货查验、生产过程控制、产品出厂检验、产品销售记录等制度为追溯的数据基础，记录数据真实、准确、完整。

（3）切合企业实际。突出可操作性，不要求形式的一致，但应确保追溯体系中采集的数据信息和上海市食品安全追溯信息平台实现实时对接。

## 11.4 建设内容

中检溯源生产企业智能化追溯是一个综合性的行业解决方案，中检溯源生产过程智能化追溯平台系统总体结构如图11-2所示。智能化追溯平台通过建立基于满足企业质量管理体系要求的环节追溯软件，与企业的生产流通相结合，服务企业日常管理需求，同时满足政府监管要求。平台利用信息化手段，与浦东新区食品安全综合监管平台、上海市食品安全信息追溯平台对接，确保食品安全追溯信息真实性、完整性。追溯系统结合企业实际，根据上海对于食品生产企业的供应商检查评价、生产过程的追溯、质量管理体系的应用、产品的可追溯、投入产出物料的平衡为框架的"五位一体"的相关要求，采取信息化、智能化手段优化数据采集方式并实施有效控制，保证数据的及时、真实、准确、完整。

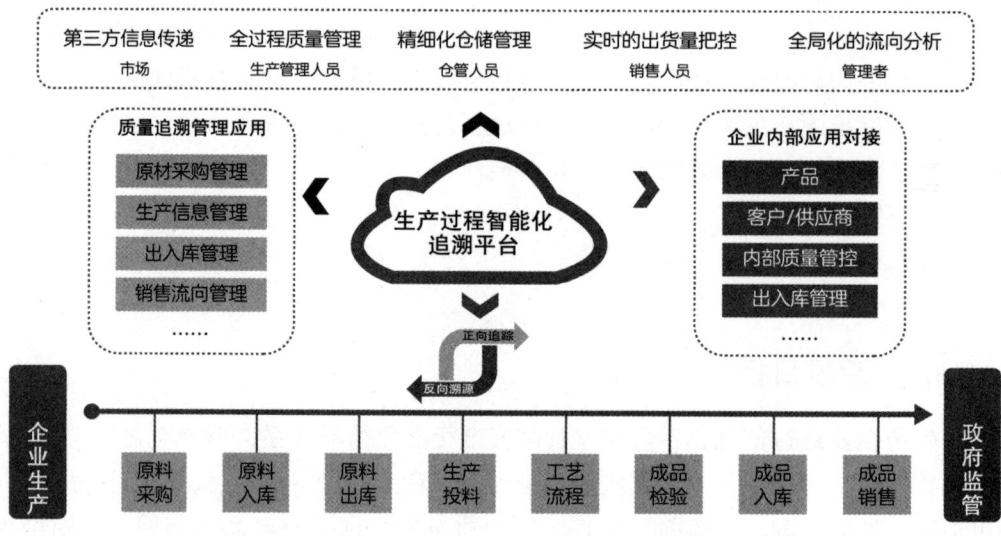

图 11-2 中检溯源生产过程智能化追溯平台系统总体结构

智能化追溯系统加强数字化运用，对追溯数据进行处理整合，追溯系统建立企业与产品的关键环节信息化管理档案，实现产品整体流程的信息化管理，满足行业标准及体系审核要求。智能化追溯系统实现原料采购、原料入库、生产投料记录、成品检验、成品入库、成品销售出库等内部生产过程追溯管理。体现"预防为主、处置及时"的原则，落实对风险的有效管控，实现追溯数据集中化、追溯链条可视化、追溯应用场景化，做到食品安全信息来源可查、去向可追、责任可究，切实助力企业质量提升、实现数字化转型。

追溯体系的建立健全了数据传送，推进食品"从农田到餐桌"的全链条追溯，为企业及政府对产品生产、销售过程的信息监管追溯提供依据，降低企业经营风险。为监管部门的"智慧监管""信用监管"提供支持。

### 11.4.1 追溯系统内容范围

企业根据自身生产工艺和产品特点等，确定需要录入追溯系统的具体信息内容。对相关追溯内容调整时，应记录调整的相关情况。生产过程追溯系统至少应有以下数据信息。

（1）产品信息。追溯系统中的产品信息主要包括产品基本信息、储存信息和运输销售信息。

产品基本信息，包括产品名称、执行标准及标准内容、配料、生产工艺、生产日期或者生产批号、保质期、标签标识等。

储存信息，包括产品的仓库所在地，入库、出库时间，交接人员姓名等保障食品安全储存要求的信息。需冷藏、冷冻或其他特殊条件储存的，还应当记录储存的相关信息。

销售信息，如实记录食品数量、销售日期以及购货者名称、地址、联系方式等内容。食品的运输过程需冷藏、冷冻或其他特殊条件运输的，还应当记录运输过程的相关信息。

（2）生产信息。追溯系统中信息记录应覆盖生产全过程，重点是原辅材料进货查验、生产过程控制、检验三个关键环节。

原辅材料进货查验信息，包括原料、食品添加剂、食品相关产品进货查验记录信息，如实记录原辅材料名称、规格、数量、生产日期或者生产批号、保质期、进货日期以及供货者名称、地址、联系方式等内容。

生产过程控制信息，包括原辅材料入库、储存、出库、生产使用的相关信息；配投料信息（数量、配比、生产班次、工艺参数、配投料人员等）；根据需要记录相关操作人员和设备设施的信息，确保风险原因可查清，责任可落实。

检验信息，包括检验批号、检验日期、检验方法、检验结果及检验人员等内容等。开展过程检验的还应包括生产过程检验的相关信息。

（3）人员信息。人员信息包括与食品生产过程相关人员的培训、资质、上岗、编组、在班、健康等情况信息，并与相应的生产过程履职信息关联。质量安全管理、原辅材料采购、技术工艺、生产操作、检验、储存等不同岗位、不同环节，切实将职责落实到具体岗位的具体人员，记录履职情况。

（4）召回销毁等信息。对存在问题而召回的产品，企业应当记录发生召回的食品名称、生产日期或生产批号、规格、数量、来源、发生召回原因、召回情况等信息，对问题产品销毁的还应当记录对召回食品进行无害化处理、销毁的时间、地点、人员、处理方式等信息，监管部门实施现场监督的，应当记录相关监管人员基本信息。

### 11.4.2 系统主流程设计

系统主要应用流程如图11-3所示。

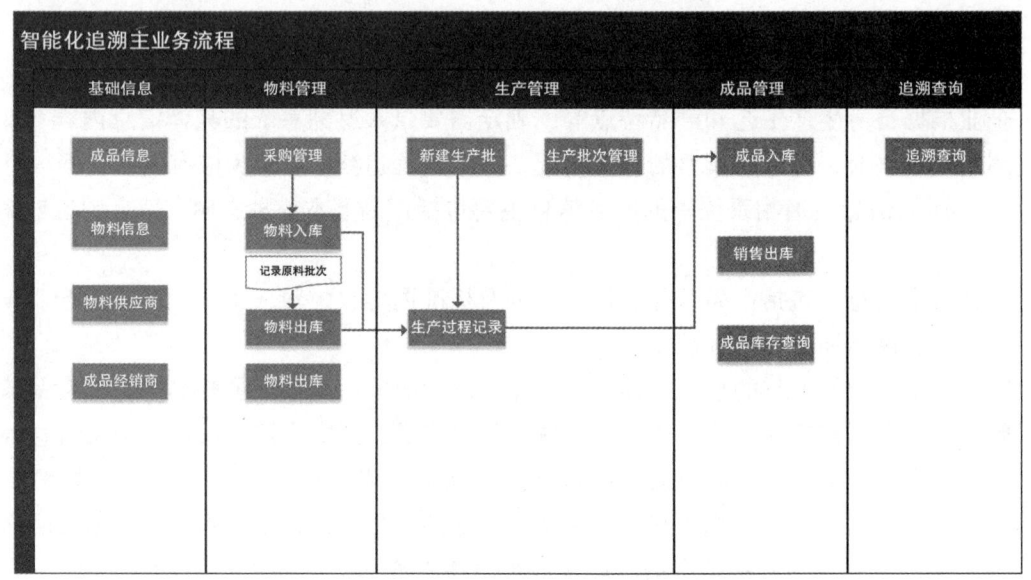

图11-3 系统主要应用流程

（1）基础信息管理：初始化维护企业的基础信息主要包括成品信息、物料信息（如原料、辅料、添加剂、包材）、物料供应商信息、成品经销商信息。

（2）物料管理：实现物料采购和物料出入库及投料管理。通过系统采集原料、辅料、添加剂、包材出入库数据，记录物料出入库信息。

（3）生产管理：采集日常生产批次信息，如每批次生产产品、数量、以及系统中内置生产管理节点信息如煮制、杀菌、金属检测、生产设备设施、检验检测信息。

（4）成品管理：实现成品的出入库管理，采集成品的出入库相关的数量、库存，及最终销售的客户等信息。

（5）追溯查询：实现从原料到生产及最终销售的全过程追溯，用户查询每批产品的原辅料、添加剂信息、生产关键节点、最终流向销售客户信息。

### 11.4.3 系统功能设计

智能化追溯系统主要分为 13 个功能模块：基本信息、系统管理、采购管理、物料管理、生产管理、成品管理、销售管理、追溯查询、库存管理、监测信息、综合管理、种植/养殖追溯、关键控制点数据采集（App 端）。

（1）基本信息。

常用基础数据进行初始化维护，主要通过基本信息维护主要物料供应商和成品经销信息，如供应商和经销名称、地址、联系电话、资质证明材料等。

（2）系统管理。

系统管理供用户初始化常用的基础信息包括物料、成品、仓库等基础数据信息。对于物料信息用户可以维护物料名称、规格、单位、存储环境等；对于成品信息用户可以维护产品名称、规格、单位、保质期、存储环境等；对于仓库用户可以维护编号、仓库名称、地址等信息。

（3）采购管理。

采购管理供用户维护日常采购订单信息，用户可以维护供应商、原料名称、采购数量等订单信息。

（4）物料管理。

物料管理主要供用户对原料出入库信息进行登记管理，同时提供物料库存情况查询。

物料入库：登记送货的供应商、原料批号、数量、检验报告等，同时可以关联到相应的采购订单供后续追溯查询。

领料出库：登记物料发放的具体的生产产品、生产批次、发料数量、发料仓库、发料人等信息。

（5）生产管理。

生产管理主要供用户管理生成批次信息以及生产过程管控信息。

生产批次：登记企业实际生产批次相关产品、生产日期、数量等信息。

生产过程管理：登记每批次产品生产过程重点管控环节数据信息，如当前按照上海市智能化追溯建设规范要求定义的投料信息、添加剂使用记录、工艺流程、生产设备设施、检验信息、关键控制点信息等。

（6）成品管理。

成品管理主要供用户管理成品出入库信息，及查询成品库存信息。

成品入库：登记成品入库的产品名称、数量、批次、生产日期、操作人等。

销售出库：登记出库产品的名称、数量、经销商、批次、生产日期，出库可以关联到具体的销售订单供后续追溯查询。

（7）销售管理。

销售订单供用户维护日常销售订单相关的产品名称、数量、经销商等信息。

（8）追溯查询。

追溯查询提供用户查询从原料到成产及最终销售出库的相关信息，用户查询每批产品的原辅料、添加剂信息、生产关键节点、最终流向销售客户信息。

对于原料用户可以查询每次原料的具体发料批次，具体追溯该批原料的入库单信息。

对于每次生产过程信息用户可以查询到相关生产环节采集的追溯信息，如检验信息。

对于成品销售用户可以查询到销售到的具体经销商及相关的出货单的信息。

（9）库存管理。

库存管理主要提供给企业处理生产发生退货和库存调拨情况时进行相关处理信息登记管理。

（10）监测信息。

监测信息供用户登记仓库环境温度相关数据信息，如仓库名称、仓库类型、监测时间、环境温度等。

（11）综合管理。

综合管理提供给维护企业生产过程相关规章制度、召回销毁信息、人员健康证等发生频次不是很高的相关数据信息。

（12）种植/养殖追溯。

种养殖追溯提供给企业对食品生产使用的原材料上游的种植过程、养殖过程进行信息追溯。

种植追溯：提供给企业采用供应商的种植追溯信息如食用农产品名称、销售数量、销售日期、收获日期、产地证明、质量安全检测报告、农药使用信息、化肥使用信息等。

养殖追溯：提供给企业采用供应商的养殖追溯信息如食用农产品名称、销售数量、销售日期、收获日期、产地证明、质量安全检测报告、兽药使用信息、饲料使用信息等。

（13）关键控制点数据采集（App 端）。

关键数据采集提供给用户 App 端采集录入生产过程中的关键数据，系统初始化产品信息时，企业用户需要在成品信息维护页面预先为每个产品自定义生产过程中的 CCP 点字段，设置完成后用户可以在 App 端录入已设置的关键控制点数据、关键控制节点信息如煮制、杀菌、金属检验、生产设施设备、成品检验。

### 11.4.4 追溯体系制度标准建设

（1）信息管理制度。

智能化追溯系统按照《上海市市场监督管理局关于推进食品生产过程智能化追溯体系建设的指导意见》，结合《上海市食品安全信息追溯管理办法》，建立智能化追溯体系信息管理制度，明确数据采集、传输、汇总、保存、使用等过程的职责、权限和要求。厘清原料来源、生产环节及衔接、物料流向、信息采集要求及记录规则等，建立顺向可追踪、逆向可溯源的生产过程追溯制度，明确追溯目标、措施和责任人员，并定期实施内部审核，以评价追溯体系的有效性。

（2）信息采集标准。

智能化追溯系统根据企业生产过程要求和科技发展水平，科学设定信息的采集点、采集数据和采集频率等技术要求。采集标准参照上海地方追溯标准：

《食品和食用农产品信息追溯第1部分：编码规则》（DB31/T1110.1—2018）。

《食品和食用农产品信息追溯第2部分：数据元》（DB31/T1110.2—2018）。

《食品和食用农产品信息追溯第3部分：数据接口》（DB31/T1110.3—2018）。

《食品和食用农产品信息追溯第4部分：标识物》（DB31/T1110.4—2018）。

系统按照上海地方追溯信息标准要求设计编码原则、标识方法、标识载体与数据接口等规则，确保追溯对象标识的唯一性和各环节间标识的有效关联，形成闭环。

信息采集方式应与生产实际相匹配，易采取便捷、快速的方式予以采集如移动端录入。所采集的数据应及时归集到溯源系统中，形成可识别、可应用的溯源数据链。做到原辅材料使用清晰、生产过程管控清晰、时间节点清晰、设备设施运行清晰、岗位履职情况清晰。

（3）关键控制点数据定义标准。

系统应根据生产工艺、生产过程要求等，结合 HACCP 体系的应用，确定关键节点并采取信息化手段实施智能管控，实现预警、异常限制等功能。关键节点至少应包括以下六个方面。

原辅料验收/入库：原辅料是否从合格供应商处采购，供应商是否证照齐全并在有效期内，原辅料索证索票是否完整，验收结果记录及验收合格方可入库，原辅料信息录入是否完整（批号、生产日期、有效期等），预警及异常处理记录。

原料/限量添加剂：原料/限量添加剂保质期管理，限量添加剂使用管理，仓储温度/湿度管理，预警及异常处理。

CCP 点：CCP 点及日常监控记录、偏离报警、纠偏记录。

产品检验/出库：产品检验记录及判定，合格评定及放行控制，出库及物流管理（温度/湿度等）。

人员健康证：健康证及有效期管理。

设备状态：生产使用的设备及其状态，维保及异常处理。

## 11.5　建设成效

项目按照浦东新区市场监管局的工作安排，截至 2021 年 12 月底已完成智能化过程追溯体系的食品生产企业15家上线，基本覆盖区域内高风险食品生产企业。智能化追溯体系建设不仅推动企业从原料到成品，建立全环节的追溯信息数据链，实现食品质量安全顺向可追踪、逆向可溯源、风险可管控，也为政府打通了监管的"最后一公里"，与企业的业务紧密结合。

（1）企业成效。

建立企业与产品的关键环节信息化管理档案，实现产品整体流程的信息化管理，满足行业标准及体系审核要求。

结合企业实际，加强数字化运用，体现"预防为主、处置及时"的原则，落实对风险的有效管控，切实助力企业质量提升、实现数字化转型。

实现追溯数据集中化、追溯链条可视化、追溯应用场景化，做到食品安全信息来源可查、去向可追、责任可究。为企业对产品生产过程的信息监管追溯提供依据，降低企业经营风险。

为产品添加"信息化、互联网、可追溯"属性，形成品牌塑造基础。

（2）政府成效。

实现"从农田到餐桌"的全链条追溯，实现食品质量安全顺向可追踪、逆向可溯源、风险可管控，发生质量安全问题时产品可召回、原因可查清、责任可追究，切实落实食品安全主体责任，保障食品安全。

市场监管部门的系统平台可通过对接企业全过程信息追溯平台，辅助政府日常监督检查，通过智能化追溯系统，实现了食品生产、流通和消费各环节、每个流程的监管整体高效联动，强化企业主体责任和监管责任双落实，实现企业落实主体责任的监管闭环。提升食品安全风险管控水平，进一步提高食品安全产业链每个流程、每个环节风险管控的科学性、及时性和有效性。

系统对接政府监管实现数据归集共享、信息互通准确，强化数据分析和呈现，总结数据规律，监管情况一目了然、高风险企业一眼定位，在数据整合基础上形成动态的"一企一档"，节约行政资源，提高监管效率，便于监管部门随时监管检查。

助力政府部门"智慧监管""信用监管"，结合企业的产品类别和生产实际，进行质量分析和评估，及时提出相关情况分析，辅助监管部门分析，智能管控发现的异常信息，及时提醒政府食品安全综合监管平台，助力智慧监管，提高监管部门快速发现、快速反应、快速处置等能力。

# 12

# 兆信科技——品品食品溯源体系案例

## 12.1 公司简介

### 12.1.1 兆信科技

北京兆信信息技术股份有限公司（兆信股份 430073），是专精于产品数字身份管理技术与应用的国家高新技术企业。自1996年以来，兆信科技基于"一物一码"的物联网技术，为5000多核心企业提供品牌防伪、品质溯源、数字化赋码、数字化供应链、数字化营销及数据洞察等服务，为企业提供从产线数字化到营销数字化的全链路数字化转型解决方案。

兆信科技以双线驱动的产品策略，为中小企业提供标准化的 SaaS "一码通"，为大型企业提供定制化的自建"一码通"系统建设以及咨询服务，打通企业原有的 IT 系统和数据孤岛，实现供应链数字化、营销智能化、数据可视化，从而极大提升企业生产、经营和流通的效率，从而实现企业真正的数字化转型。

作为防伪溯源标准起草单位及企业产品数字化转型的积极推动者，兆信科技为食品饮料、酒类、母婴、药品、化妆品、宠物、润滑油、汽车配件等十多个行业提供数字化解决方案。在白酒、化妆品、宠物、润滑油领域，兆信科技已经建立了先发优势，典型的客户包含中石油、郎酒、贵州茅台、泸州老窖、同仁堂、君乐宝、特斯拉、百雀羚、3M 等各行业龙头企业。

兆信科技拥有100多人的研发团队、超过百项国家专利与软著，年赋码量超过300亿枚，以及1.5亿次消费互动。其先后获得慧聪集团（02280.HK），与复星集团旗下复星星元投资，为兆信科技在企业产品数字化转型领域高速发展增资助力。兆信科技凭借在数字化转型等领域的突出表现，入选北京市"专精特新"小巨人，北京民营中小百强企业，

2020 中国（软件与信息服务行业）十大好口碑品牌等。

### 12.1.2 品品食品

四川品品食品有限公司（以下简称"品品食品"）成立于2013年，位于成都市郫都区安德镇中国川菜产业功能园区蜀雅路272号，公司注册资本5500万元，总占地面积35亩，建筑面积30000余平方米，公司是一家集休闲食品研发、生产、销售于一体的食品企业。公司员工530人，年销售规模达到3亿元，税收超过1000万元，是郫都区优质税源企业。

品品食品是一家专业致力于研发、生产、销售肉类休闲食品的企业，严格执行国际质量标准管理，结合科学的研发、生产、营销模式，生产出"品品"牛板筋、"逗嘴"泡椒凤爪、"逗嘴"印度风味鸡肉系列、"品品"Q豆干等食品。

品品食品自营品牌以传统的全国大型商超销售为主，以及OEM电商定制、自营电商、新零售、微商等业务。品品食品经营的牛板筋是国内行业龙头品牌，"逗嘴"泡椒凤爪一直为北上广深等大城市满足高端需求，鸡系列产品成功研发咖喱、香辣、奥尔良等口味，深受年轻消费者喜爱。

品品食品目前已投入三条生产线，拟投入运行全自动化生产线六条。为了提升企业自动化和数字化管理能力，品品食品通过与兆信科技牵手建设和改造产线，建立覆盖品牌内部包括原材料管理、加工环节、仓储环节、品控管理、工序汇报、物料平衡的产品追溯体系，强化企业产生及品控管理，提升成本控制，满足政府监管，提升食品安全保障能力，同时满足政府监管需求、企业管理需求、全程溯源质量保障、移动营销提高份额、提升企业品牌形象。

## 12.2 项目背景

### 12.2.1 政策背景

党中央、国务院高度重视重要产品追溯体系建设。《国务院关于促进市场公平竞争维护市场正常秩序的若干意见》（国发〔2014〕20号）、《国务院关于推进国内贸易流通现代化建设法治化营商环境的意见》（国发〔2015〕49号）等重要文件提出了明确要求。根据《国务院办公厅关于加快推进重要产品追溯体系建设的意见（国办发〔2015〕95号）》和《商务部、工业和信息化部、公安部、农业部、质检总局、安全监管总局、食品药品监管总局关于推进重要产品信息化追溯体系建设的指导意见（商秩发〔2017〕53号）》，当前及今后一个时期，要将食用农产品、食品、药品、农业生产资料、特种设备、危险品、稀土产品等作为重点，分类指导、分步实施，以落实企业主体责任为基础，以信息化追溯和互通共享为方向，建设覆盖全国、统一开放、先进适用的重要产品追溯体系，促进质量安全综合治理，提升产品质量安全与公共安全水平，更好地满足人民群众生活和经济社会发展需要。

此外，《中华人民共和国食品安全法》于 2015 年 4 月 24 日修订通过（2015 年 10 月 1 日施行），其中第四十二条规定：国家建立食品安全全程追溯制度。食品生产经营者应当依照本法的规定，建立食品安全追溯体系，保证食品可追溯。国家鼓励食品生产经营者采用信息化手段采集、留存生产经营信息，建立食品安全追溯体系。

2020 年年初，突如其来的新冠肺炎疫情，使经济的方方面面受到了巨大冲击。2020 年 6 月以来出现的一些局部疫情又给经济的方方面面带来了严峻的考验。随着疫情防控进入常态化，经济在整体上会长时期受到影响，食品加工制造行业也会面临艰巨的挑战和机遇。

疫情使得人们倾向于宅居家中、减少聚会并注意饮食卫生，这使得餐饮企业遇到前所未有的挑战。不能出门时，人们只能在家自己下厨；能出门时，为了保持身体健康，大家也会尽量少去公共场所，也是尽量自己下厨。这样，人们逐渐走入大家都自己下厨的时代，但并不是每个人都是大厨师，这也是一门学问，不是天生就有的，能胜任的人不多，所以，食品加工制造行业的产品或半成品的需求会随之不断增加，像调味品、佐料和速食品等的需求都会稳健增加。

现今，拉动经济增长的投资、出口对经济增长的作用在逐渐减弱，而居民消费正在成为经济增长的重要推动力量。2020 年 3 月，国家发展改革委等 23 个部门联合印发《关于促进消费扩容提质加快形成强大国内市场的实施意见》来促进消费升级，给食品加工制造行业带来了长期成长的政策基石。其中提出的全面提升国产商品和服务竞争力，就要求了食品加工制造行业必须完善和提升企业内部的信息化建设。

### 12.2.2 行业背景

食品加工制造行业的产品具有种类数量多，更新速度快，保质期要求严格，单位价值低，储存运输条件要求严格等特点，随着行业激烈竞争的加剧，大多数企业的经营理念和管理模式都已经不再能适应激烈的竞争。比如，绝大多数的食品企业都是通过人工单据流转程序，来实现信息流对商品流的跟踪；通过财务库存资金账来控制进销过程；通过仓库账来核查物流过程；通过定期盘点对账来调整账目和商品的损益。由此而造成物流、资金流、票据流分离，财务信息滞后于实际业务，并且需要通过盘点才能较准确地了解经营情况。尤其是对各类票据、应收账款等信息的查找比较困难，差错率也比较高，商品的进、销、存数量以及金额记录统计工作量都较大，准确性较差，各类经营数据严重滞后于实际业务需要。

面对激烈的市场竞争，再用传统低效的管理模式对食品加工制造进行管理，无疑是更加严峻的挑战,食品的品种越来越多,产品的更新也越来越快,各种企业活动的节奏加快,调价、移库各种情况,信息量很大,对于赊销、代销、折让等方式频繁应用,这些都增加了经营管理中的结算和统计难度,传统管理已经不能胜任。强化库存管理,加强配送管理,规范业务流程,提升生产加工和品控监管,提高透明度,建设食品溯源体系,加快商品资金周转,以及为流通领域信息管理全面网络化,是众多食品加工制造企业未来的发展方向。食品加工制造行业的信息化管理,是所有行业中最为复杂的一个类型,因为食品保质期短的特性,使得在原料采购、原料质检、生产加工、品质管控、仓储物流、商品分销管理业务中的所有环节,从订单开始到入库管理、物流配送管理等都要求有很高的效率及精确性。在这种形势下,唯有高度契合的信息化系统,才能够帮助食品加工制造企业降低商品损耗和财务风险,达到降低成本、增加效益的目的。

建立追溯系统是政府的监管需求,也是社会需求和企业需求。于政策而言,追溯系统迟早要建,早建的企业可以根据当地政策向政府申请一定的补贴,既能响应国家政策,也能节约成本;于社会而言,通过食品追溯体系的建设可以打消社会广大消费者对公司产品的安全顾虑,从而获得可观的社会效益;于企业而言,追溯系统的建成能够极大地提升企业自身的管理水平、品质内控水平和信息化水平,未来的营销拓展还可以为企业带来巨大的经济效益。因而,建立追溯系统成为食品、药品等企业的刚需,是符合政府监管、满足社会需求、提升企业管理的必要举措。在大环境中,品品食品等企业携手兆信科技迅速建立溯源管理体系,实现企业的数字化升级管理。

## 12.3 项目现状及问题

(1) 原料采购源头多。

目前,品品食品的原料采购管理基本上是由采购部门直接负责,大宗原材料,如牛板筋、凤爪、豆干、食用油等固定且需求量大的原料,通常按年度计划统一采购,采购商家多且不固定,偶尔也会发生香辛料、添加剂的零星采购行为;从采购量的角度来看,海外肉食原料占比63%,其余部分为国内供应,原料采购源头多且分散,对食品安全造成隐患。

(2) 信息化水平低。

项目建设前,品品食品仅上线了金蝶 K3 ERP 系统,主要用于处理财务相关数据。生产过程还是采用传统手工记录的方式,手工填制生产任务单、投料单、检验单等各类单据,并对车间用料的进、用、存报表进行汇总。各个产品的编码、名称、分类都还没有完全统一,形成的纸质数据在企业层面不具有可比性。传统人工操作的管理方式在管理效率、管理成本、风险防范、信息共享以及标准建设等方面已无法满足信息共享、实时追溯、动态管理的精细化管理要求。

(3) 缺乏有效的全过程管理平台。

品品食品的生产过程管理具有类别广、品种杂、涉及供应商多的特点。这就意味着食品安全管理一直处于运态变化中，需要随着每一次生产任务的下达，来对生产和物料关系进行食品安全的把控。由于品品食品信息化建设的滞后，生产过程中食品安全管理的各个环节处于信息分离的状态，食品从源头到消费的各个环节的各类信息无法整合，缺乏有效的生产过程管理的观念和手段。

(4) 缺乏统一的信息共享平台。

由于信息化建设的滞后，品品食品的食品安全管理缺乏统一的信息共享平台，无法实现供应商与原料的质检材料、物料验收情况、内部品控情况和第三方抽检结果等信息在采购部门、品控部门和各生产车间之间的实时共享，从而增加了在食品安全管理信息对接上的管理效率和效果。

(5) 缺乏产品的实时追溯系统。

品品食品的原料采购品种繁多，并且涉及不同的配送商和生产厂家。作为食品生产方，产品的追溯涉及环节多，信息量大。由于缺乏产品的实时追溯系统对供应商与原料质检、采购订单、原料配送和验收入库等各环节的信息进行自动化录入，品品食品的原料采购还无法达到链式的动态管理要求，也无法实现全部原料追溯信息的实时高效查询。

(6) 缺乏高效的系统管理工具。

品品食品的产品销售过程涉及大量产品、不同渠道商和频频发生的配送关系，整个食品安全管理过程中需要大量的信息处理。没有一个信息系统工具的支持，无论是在不同环节的信息共享、渠道商与产品质检材料的审核查验，还是在具体产品追溯信息的实时查询、配送关系和监管要求的调整、销售过程各环节的沟通反馈等方面，都容易产生巨大的工作量，并容易出现各环节人工操作的管理漏洞，从而给食品安全监控带来隐患和风险。

(7) 食品安全管理缺乏科学手段。

近年来，市场监督管理局和各食品生产企业在食品安全管理方面做出了很大的努力，建立了食品安全检查机制，但依然存在不少问题和隐患，发生了食品安全事故，对于事故发生的原因、环节缺少可追溯信息的数据支撑，食品安全管理仍停留在监督检查的状态，对整个采购、运输、库存、加工过程的安全控制无法落实，缺乏科学的控制手段。

## 12.4 项目设计方案

### 12.4.1 设计原则

(1) 全面性。

全面性是一个长期的目标，但这是信息服务所必需的，以偏概全的信息服务没有任何意义，还有可能产生误导，我们将在提供信息检索服务时尽可能地考虑多角度、深层次、全方位。

（2）准确性。

保证信息的准确性非常重要，当然由于计算机系统本身的局限性，有可能在信息录入或者数据转换过程中会产生信息的差错，这将给系统的建设带来不利影响，因此我们将在应用系统的开发过程中加强信息输入和数据转换的有效性、合法性、规范性校验，确保万无一失。

（3）系统性。

对于一个较大规模的建设项目来说，加强各模块、各子系统之间的联系和信息交流非常重要，任何孤立的系统都没有意义。松耦合、强内聚是信息系统建设的基本原则，需要在系统建设过程中考虑模块的独立性，但同时必须将各模块在统一的平台上进行集成，形成一个完整的系统。

（4）及时性。

信息资源是一笔宝贵的财富，信息的及时性尤为关键。传统纸质数据的管理和利用非常麻烦，要从浩如烟海的纸质材料中找到所需要的信息犹如大海捞针。利用追溯系统的建立将大大缩短数据检索的时间。另外，海量数据库的检索性能也非常关键，本项目将引入全文检索技术，从网络、数据库、应用等各个层面提高系统性能。

（5）方便性。

从计算机辅助生产过程管理，到将纸质表单电子化、海量数据归档管理，计算机始终是一个工具，它的使命是为生产人员和制造过程管理提供便利，因此一个成功的信息系统必须考虑系统的方便性，否则就难以被最终用户接受。方便性体现在统一美观的界面、详尽方便的帮助、智能化的提示和简便的操作等方面。

（6）安全性。

系统安全性的重要程度不言而喻，安全问题涉及企业、集体利益，对系统的建设方具有很高的要求。整个系统必须具有良好的安全性和保密性，提供全面的安全保障措施（包括访问控制和身份认证等手段），采用多级权限控制方式，提供完整的操作日志、完善的应用审计功能，在确保安全的前提下提供信息服务。

（7）标准性。

应用系统的规范性和标准性对于追溯系统来说非常重要，由于本系统的建设涉及多部门、多应用软件，如果各部门、各产品、各数据库之间没有一个统一的标准，系统建设将难以想象。我们将在国家有关食品安全追溯系统建设规范的基础上，利用先进的计算机接口技术 XML，建立 XML 标准数据接口，完成数据的汇总和转换。

（8）稳定性。

追溯系统必须稳定可靠，能够确保各项工作正常运转，尽可能实现"7×24 小时"不间断运行,每年的宕机时间不超过 4 小时(正常运转率 99.99%),不会因错误的操作或其他原因导致数据错误或系统失败,特别是保证数据库的存储和备份安全。全面提高操作系统、数据库、应用服务器、应用系统等各个环节的系统稳定性。

(9)扩展性。

扩展性体现在三个方面。

1)系统平台的扩展性:可移植性、跨平台性,充分考虑今后系统升级扩容的需要。

2)技术构架的扩展性:选用的技术构架必须具有开放性和平台性,系统设计模块化、构件化,并且能在统一的平台上集成。

3)需求变化的扩展性:充分考虑应用系统需求多变的特性,易于进行功能扩充,并为其他业务应用软件提供灵活的接口,在用户需求和系统运行环境变化时,最大限度地降低由此引发的系统维护。

### 12.4.2 顶层设计

溯源业务流程基本符合企业现有生产经营流程,不同环节间以二维码为信息载体向下传递。每个环节将溯源信息上传企业追溯管理平台,最终各个环节溯源信息前后贯通,形成完整追溯链条。

通过建设和改造,建立覆盖品品食品内部包括原材料管理、加工环节、仓储环节、品控管理、工序汇报、物料平衡的产品追溯体系,实现产品来源可追溯、去向可查证、责任可追究,强化企业产生及品控管理,提升成本控制目标,满足政府监管需要,提高食品安全保障能力,如图 12-1 所示。

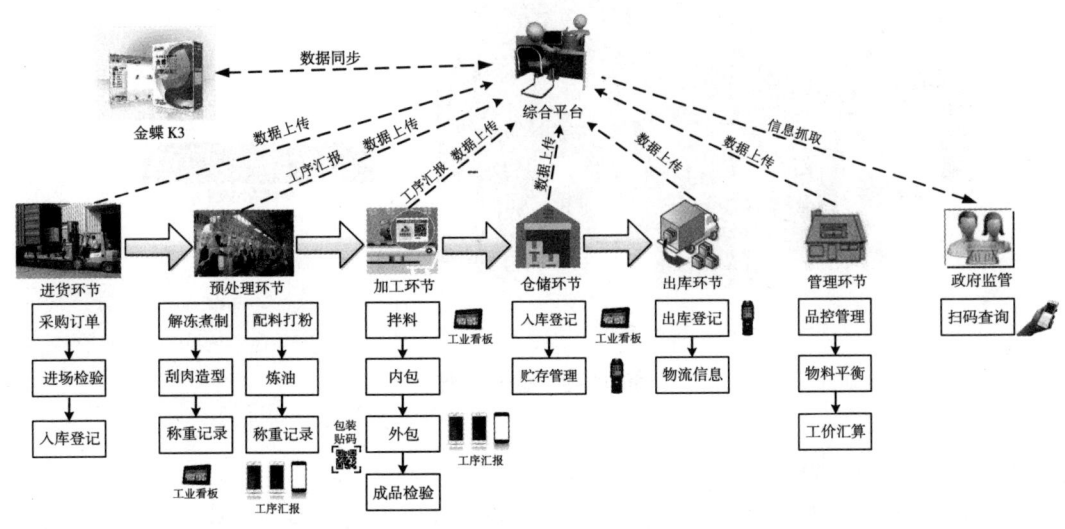

图 12-1 顶层设计

### 12.4.3 解决方案

物料追溯系统功能模块预留了接口与企业第三方系统进行对接，共包括 10 个模块：基本信息管理模块、智能仓储管理模块、生产加工管理模块、品控质检管理模块、工序汇报管理模块、物料平衡管理模块、追溯信息管理模块、系统预警管理模块、数据统计管理模块（见图 12-2），以及追溯管理客户端（见图 12-3）。

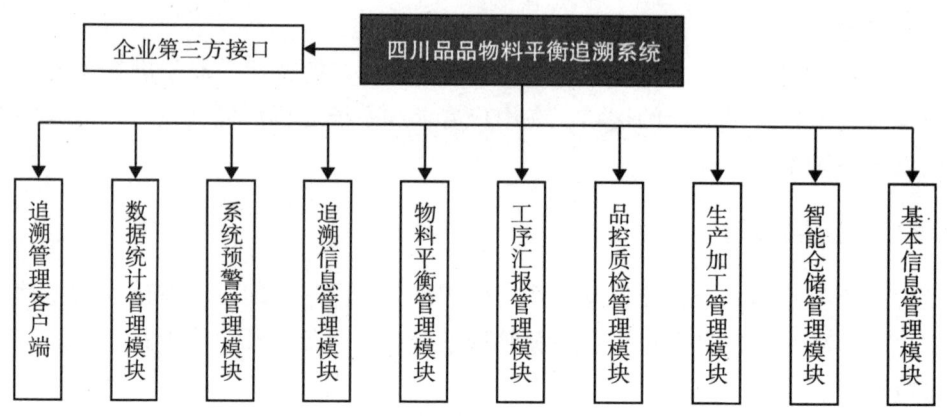

图 12-2 功能模块

图 12-3 登录界面

（1）基本信息管理模块。

如图 12-4 所示，基本信息管理包含了：企业信息、公司公告、产品信息、工价信息、人员信息、供应商信息、客户信息、原辅料信息等管理功能模块。企业基础信息备案对企业的基础信息进行信息备案管理。

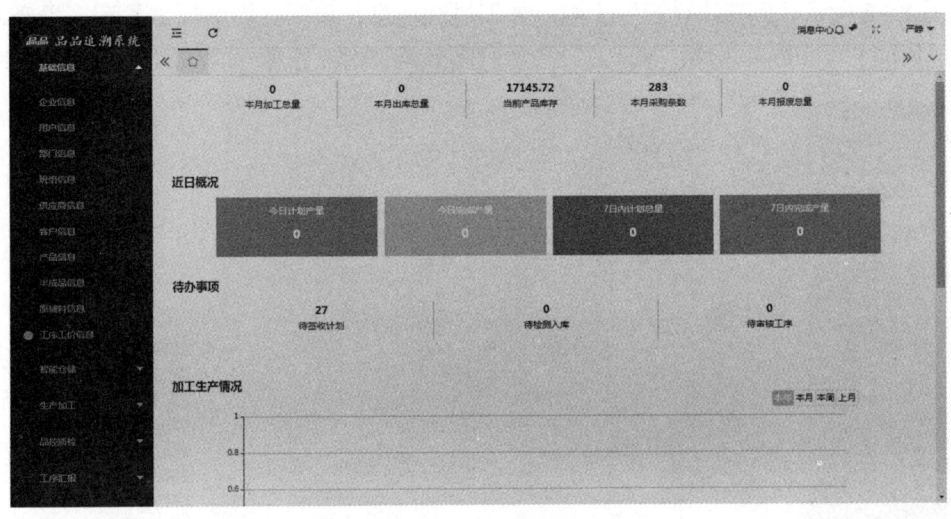

图 12-4 基本信息管理

(2) 智能仓储管理模块。

如图 12-5 所示，此模块通过智能仓储管理，进行原辅料、半成品、成品的仓储管理。产品出场时扫描托盘码，登记出场批次信息。智能仓储管理包括：进货检验管理、进货管理、进货库存、半成品库存、产品库存、物料配送、产品出库、库位管理功能模块。

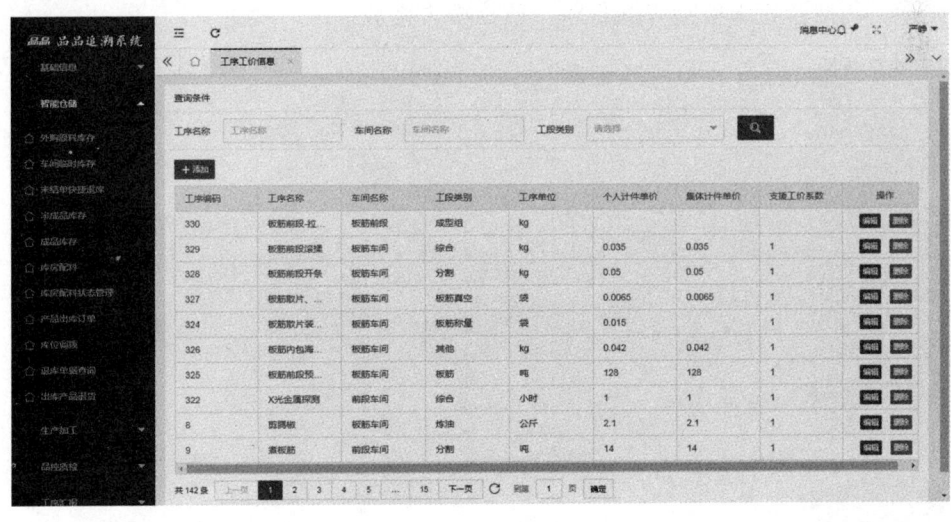

图 12-5 智能仓储管理

（3）生产加工管理模块。

如图12-6所示，此模块登记整个生成加工过程信息，包括：物料配送管理、生产计划管理、半成品加工、半成品入库、半成品计价、打印赋码、报废处理、成品加工、成品入库。

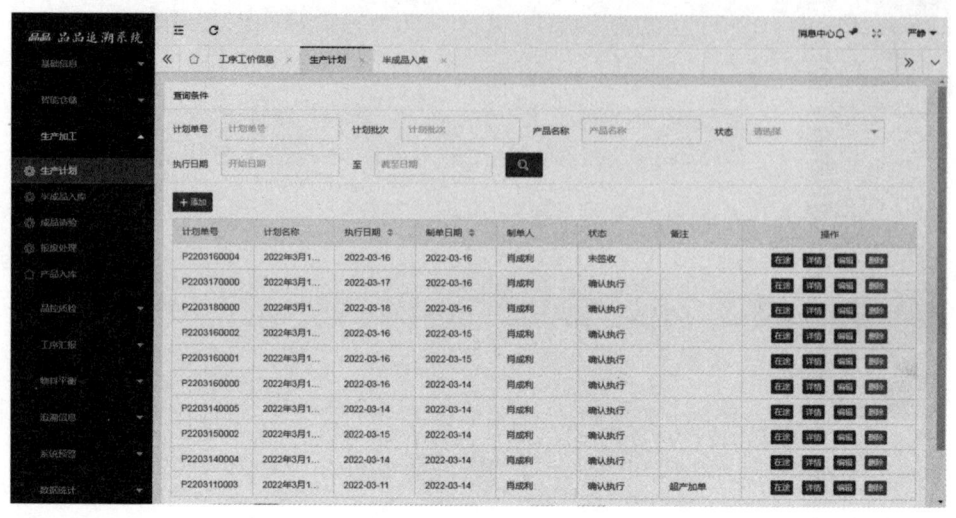

图12-6　生产加工管理

（4）品控质检管理模块。

如图12-7所示，此模块由品控部进行物料进货检验、生产过程巡查、成品入库检验等环节登记。包括：检验检测查询打印、质检报告生成。

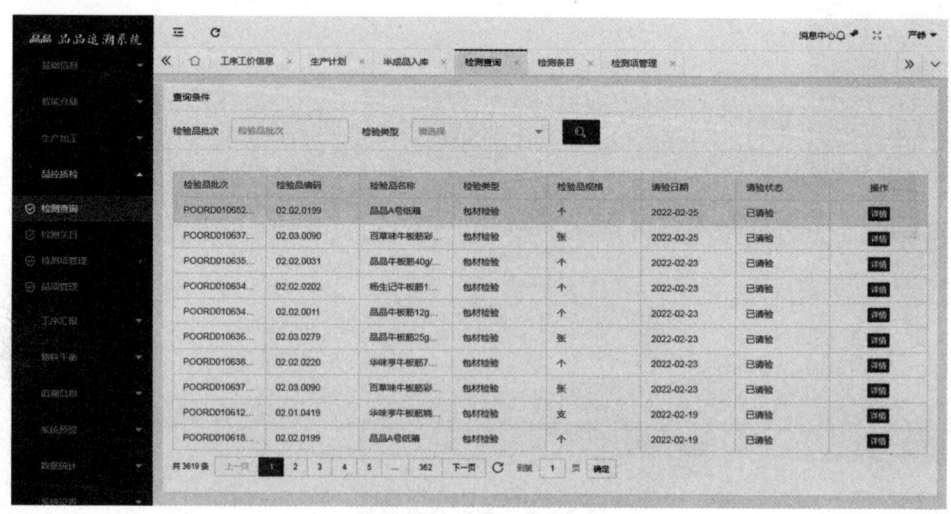

图12-7　品控质检管理

（5）工序汇报管理模块。

如图 12-8 所示，此模块由生产部进行各工序加工成果汇报和结果查询，可按个人或班组进行汇报，包括：工序汇报、人员支援、工序汇报查询、工序汇报修改等。

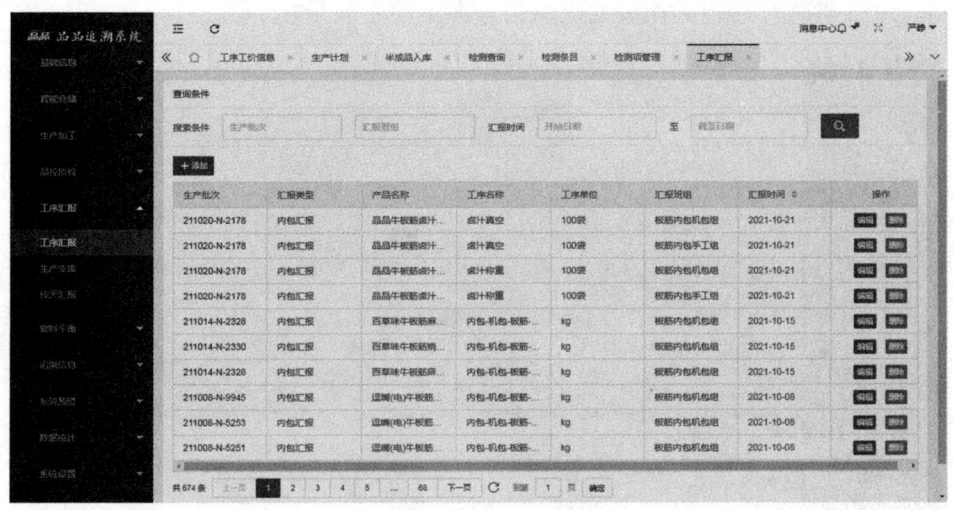

图 12-8　工序汇报管理

（6）物料平衡管理模块。

如图 12-9 所示，此模块按生产批次对物料投入和产出进行平衡性的统计，用于指导生产。以列表形式按生产批次查询该批次的物料平衡信息，只能查询已经完成生产的产品批次物料平衡统计。

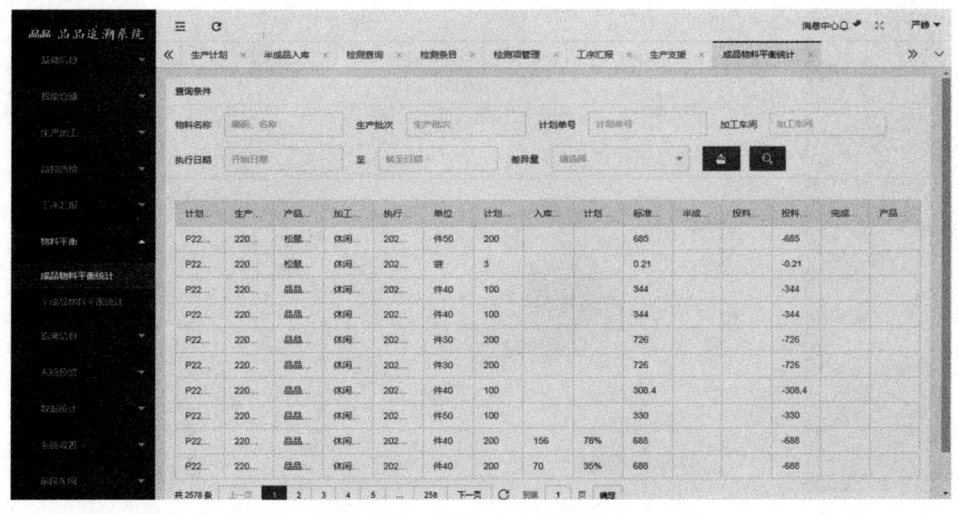

图 12-9　物料平衡管理

（7）追溯信息管理模块。

如图12-10所示，此模块进行产品追溯查询展示以及问题产品召回功能。追溯链条合成将以页面形式展示产品信息、工序流程信息、检验检测信息、时间信息、人员信息、物料信息等，并能够将产品追溯相关的流通信息在页面中展示。

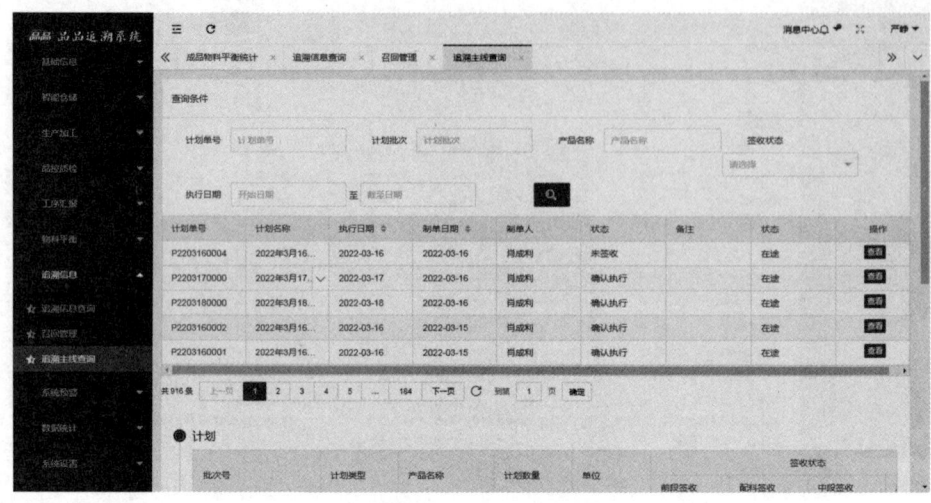

图 12-10　追溯信息管理

（8）系统预警管理模块。

如图12-11所示，此模块根据系统预警阈值对物料库存、物料质保期、成品半成品质保期进行系统预警。包括：库存预警、保质期预警、供应商预警。通过预设的各物料库存警戒值进行各物料的库存预警提示，此模块为预警信息列表。

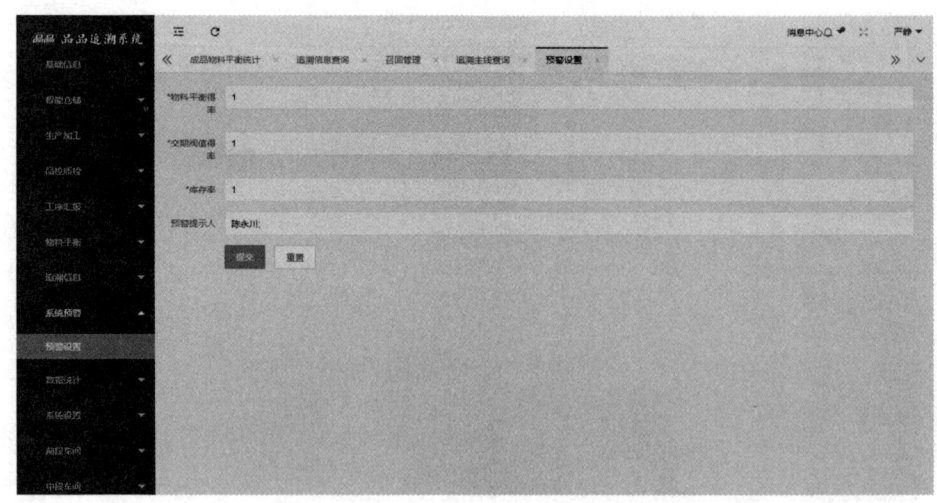

图 12-11　系统预警管理

(9) 数据统计管理模块。

如图 12-12 所示，此模块进行系统数据汇总统计，包括进货统计、产品生产统计、销售出库统计、工价汇总统计。

图 12-12 数据统计管理

(10) 追溯管理客户端。

开发客户端 App 供企业生产人员工序汇报、品控人员品控质检使用，包括：账号管理、品控管理、扫码查询、工序汇报等功能。

## 12.4.4 涉及技术

在进行溯源体系改造过程中会用到很多技术，最常用到的有物码关联技术、区块链技术，以及产线改造的能力，也会用到云计算、AI、5G 等，涉及技术范围较广。

(1) 物码关联技术。

如图 12-13 所示，物码关联是食品企业实现追溯体系建设的基础关键，码的应用贯穿"原料采购→生产→质检→包装→仓储→物流→经销商→门店→消费者"全生命周期。物码关联，即赋码改造为产品赋唯一标识二维码，在产线上实现袋码、盒码、箱码、托盘码等的采集关联，基于二维码的管理系统平台，实现产品追溯、防伪防窜、消费者互动、渠道库存管理等功能，产品端数字化改造将有利于进一步提高经营管理效率，增强市场掌控力。

不同层级的码，通过前关联和后关联的方式进行信息嵌套，能够通过从内到外、从小到大的任何包装上的码，对应找到相关的产品，这种对应关系让产品的批次管理、品控溯源等过程非常高效。

企业在产线改造上都期望能够更精确无误地实现物码关联，兆信科技对品品食品产线进行改造过程中，关联改造的实施验收标准非常高，采集一次性通过率、关联一次性准确性、异常产品剔除率等可达99.99%，精确度极高。

"码"在生成、回传、唯一性、激活、信息传递等都会依靠加密技术机制保障它在流通过程中的安全性。在制码过程，每生成一个码都进行加密处理，难以破译，在信息回传过程中也会进行加密，即使被截获也无法获取有效信息，且每个新生成的数码都是唯一的，在防伪和生产管理中更易进行定位，数码随用随激活，更利于数码的安全管理，数码信息再传递过程中也会加密处理，保障安全。

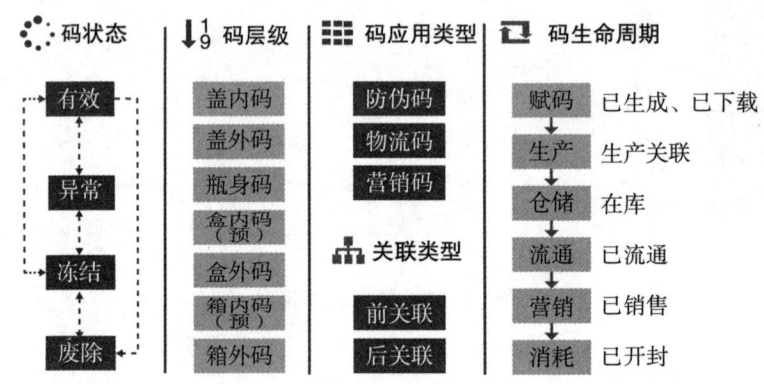

图12-13 物码关联

（2）区块链技术。

兆信科技在品品食品追溯项目上，以区块链技术为基础，配合云计算、物联网及传统企业互联网信息技术，打造整体的端到端、从原料直到消费者的物料平衡追溯系统，主要分为三层架构。

底层是基于云计算的分布式基础架构层，包括专属服务器、网络安全、内容加速、负载均衡等部分。在多个云商平台部署实时同步节点，既保证整体分布式系统的安全性，又兼顾系统的高可用性及用户访问性能。

中间层为区块链应用层，分为区块链网络层、区块链软件层和应用接口层（API）。区块链网络层由区块链全节点和特殊功能节点组成，全节点主要实现区块链网络的分布式部署及同步运行，功能节点实现各种区块链级别的管理功能，例如私钥管理、区块链浏览器、技术管理员、全网监控维护等，让企业用户可以实时监控区块链运行状态并轻松管理维护；区块链软件层主要由模块化的智能合约组成，这种模块化的智能合约是为了将包装食品（或者其他商品）在现实中的业务逻辑过程映射到区块链上，每一个智能合约都对应了相应的一种业务操作，比如商品生产、所有权转移、销售、合规性状态更新等；应用接口层则是实现了企业应用和区块链系统的对接，通过标准化的 API，企业终端应用可以灵活方便地调用各种智能合约。

最上层为企业应用层，根据不同的应用场景及用户操作习惯，提供 Web、Android App 和 IOS App 的接入方式，既可以满足企业用户对商品的管理操作，也可以让消费者使用智能手机即可通过单一渠道获取所需的商品信息。随着用户习惯的培养，App 的方式也可以不断积累消费者用户，更多地实现和消费者的数字化互动和应用。

区块链在品品食品追溯项目中的应用如图 12-14 所示。

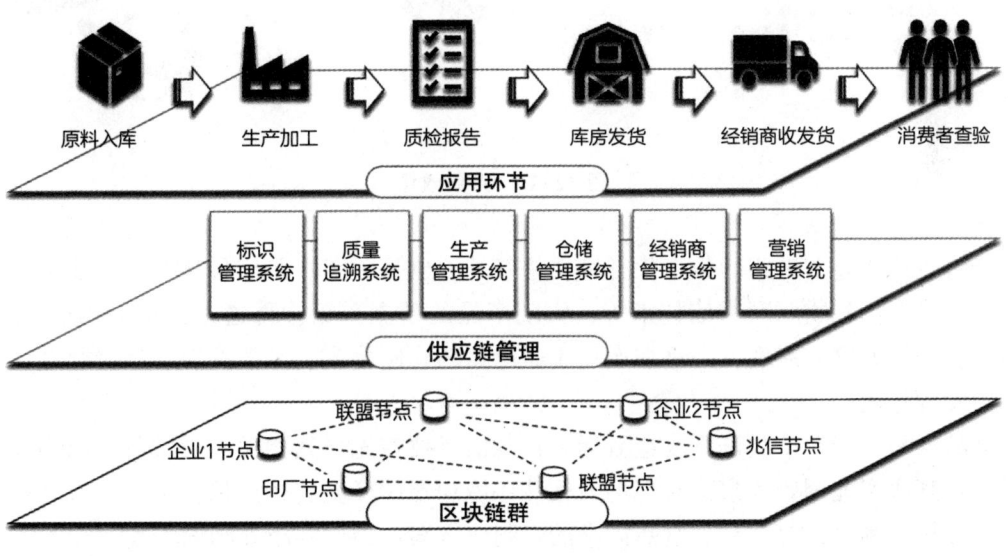

图 12-14　区块链应用

（3）产线改造能力。

产线改造其实也是对企业进行数字化赋能，解决原来产线生产或者是包装、组装过程的问题，通过产线改造，给产品赋码，并收录系统采集关联，是产品数字化赋能的重要过程。当产线无法满足企业当前数字化转型需求时，需要对产线的结构、设备进行改装升级，如图 12-15 所示。

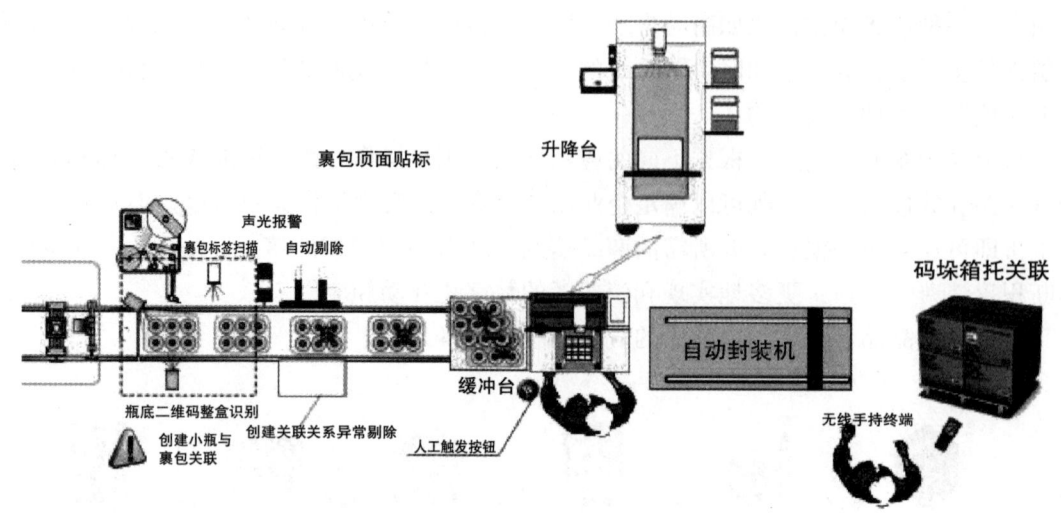

图 12-15 产线改造

产线改造在整个链路的数字化升级中是基础，也是关键。兆信科技在对企业进行产线改造时，会应用到物联网通信技术等，实现产品的数据采集，再通过兆信一码通 SaaS 平台对信息进行处理、展现，并将在产品流通链路的仓储物流、品质溯源、经销管理、营销互动中发挥作用。

品品食品确定对产线进行改造目标后，兆信科技首先与其相关人员进行需求沟通，收集需求；其次实地调研考察，对现场的软件环境和硬件环境进行评估，进行需求分析和需求限制分析，制订出符合品品食品需求的定制化方案；最后实施并圆满验收。

## 12.5 项目推广价值

### 12.5.1 实施成果

品品溯源体系理顺了原材料和半成品的混批问题，梳理了溯源要素，建成集"原辅料—预处理—成品加工—仓储"为一体的生产管理通路，以工序汇报为切入点，实现生产任务完工计算、物料平衡计算、工价计算以及智能仓储功能，真正实现了原辅料管控、生产工序汇报、生产任务监督、智能仓储和产品溯源，并且以公开透明的生产溯源数据迎接上级部门监督检查。

品品食品通过建设和改造，覆盖包括原材料管理、加工环节、仓储环节、品控管理、工序汇报、物料平衡的产品追溯体系，实现产品来源可追溯、去向可查证、责任可追究，强化企业生产及品控管理，提升成本控制，满足政府监管，提升食品安全保障能力。

## 12.5.2 推广意义

食品溯源体系基于食品安全和企业管理的需求，实现产品的来源可追溯、去向可查证、责任可追究，能够通过移动营销提高市场份额，提升企业品牌形象的产品综合溯源管理平台，这对所有的食品企业都有足够的应用价值。

不仅如此，从现有的传统加工模式提升到数字化加工模式，从对生产加工管控到实现降本增效，随着全流程追溯的逐步实现，生产大数据能更好地指导企业和产品销售的发展，助力企业盈利。全流程追溯系统可以将企业经营管理和追溯体系进行无缝融合，追溯系统就是企业ERP系统的有机组成部分，两者合二为一，数据真实可靠。企业完成全流程追溯系统建设后，依靠其为基础深入拓展，进而推动产品营销、会员管理、电商推广等深层次的业务模式，进一步扩大企业销售渠道，从而提升企业营收。

食品溯源体系建设也是企业数字化的一部分，能给企业带来诸多成效。从企业管理的角度来看，确保了追溯信息准确性，自动生成追溯码，形成上下游追溯信息链；能进行高效工序汇报，通过对业务环节调整，通过生产人员自助汇报工序计件，达到高效的运营模式；自动信息采集，全自助的物料平衡追溯系统，收集的信息齐全、准确、自动化程度高；规范辅助管理，建立健全追溯系统及ERP系统操作制度和规范，通过全流程的覆盖，有效提升对生产线的监督管理。

从服务员工的角度来看，全流程实现电子化作业，从生产任务单到生产领料单再到产品入库单全电子化，且能自动代入数据；按实统计，使用统一标准分按天/按批次进行工序汇报，精确到小数点后两位，不会对员工"缺斤少两"；计件工资，工资自动按工价计算准确无误。质量：专业检测流程，与产品批次关联，严把质量关口。

# 13 旺链科技——红星集团区块链溯源应用案例

## 13.1 公司简介

上海旺链信息科技有限公司是高速成长的国家高新技术企业，总部位于上海，在宁波、合肥、长沙、西安、雅加达、新加坡设有分公司。2020年，荣膺"亚洲创新企业Top10"。旺链科技以数据中心运营、云计算为依托自研云管平台和全球云操作系统为客户提供前沿的高新技术解决方案，包括智慧农业、区块链溯源、工业互联网、边缘计算、元宇宙模型渲染、高速分布式存储、自治组织管理等多个应用场景，已成功服务包含航空、政府、金融、能源、农业、医疗、教育、房地产和快消等在内的十数个行业数百家客户。

## 13.2 项目简介

2019年5月，旺链科技推出自主研发的基于区块链技术的商品追溯SaaS平台——红星溯源平台。红星溯源平台专注食品产业，目前服务国内农产品行业龙头企业——红星大市场。不同于传统的追溯平台，红星溯源平台利用区块链技术实现食品的真实溯源，真正实现源头品质管控，帮助客户提升产品信任度，轻松提升企业品牌形象，为消费者打造真正可信的产品溯源平台。

旺链科技基于区块链的红星大市场溯源项目融合了区块链、人工智能云计算和物联网三大前沿技术，使用区块链所擅长的去中心化及加密技术，保障了食品安全问题可追溯，不可篡改；助力红星大市场保证食品安全的同时进行农贸市场智能化改革的目标；解决食品安全的可信任问题。红星溯源平台产品架构如图13-1所示。

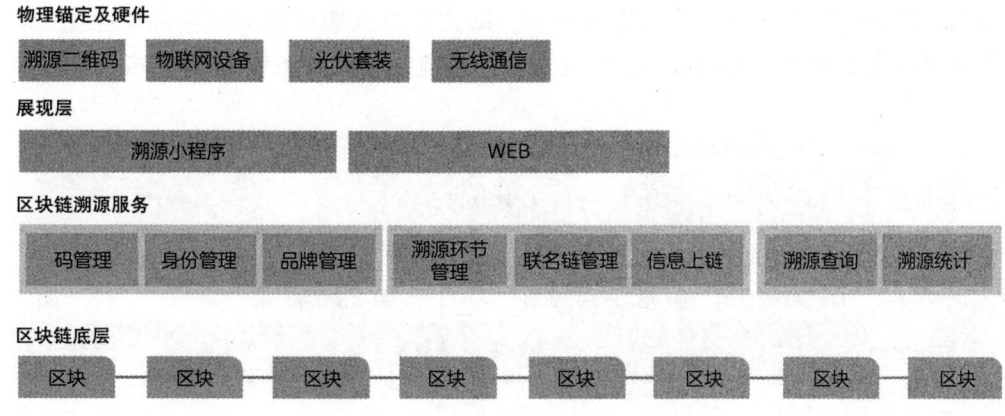

图 13-1 红星溯源平台产品架构

## 13.3 项目痛点和难点

（1）粗放式种植管理。

缺乏有效的技术手段采集农作物生长环境参数：很多基地仍然采用手工控制实现对灌溉、水帘、遮阳网、抽风机等的控制，耗费人力、耗费时间，农户基本依靠过往经验对农作物进行播种、施肥等操作，具体过程中出错率比较高。

（2）现代化程度低。

基地交通情况、硬件设施、网络搭建水平参差不齐，很多基地 4G 信号差，导致信息传达过程相对滞后。传感数据相对单一；对获取的数据还需进行手工统计和分析；缺乏智能化的数据管理和分析平台；基地无法做到灾害预警和应对联动。

（3）人员难以统一管理。

农户素质参差不齐，老龄化严重，互联网信息接受能力较弱。整个片区单单依靠片区管理员人力采集无法做到信息实时、准确记录与反馈。农户在配合科学技术人员进行种植过程中存在不按时、按量施肥种植等情况。

## 13.4 解决方案

### 13.4.1 应用模式与流程

红星溯源平台是旺链科技团队潜心研发的基于区块链技术的农业追溯平台，致力于营造安全可追溯的食品生态环境。红星溯源平台充分发挥区块链技术的分布式记账、智能合约等特点,将生产过程与链上数据进行关联,助力营造健康可追溯的食品安全生态环境,从而做到食品来源可查,去向可追,责任可究,其应用模式与流程如图13-2所示。

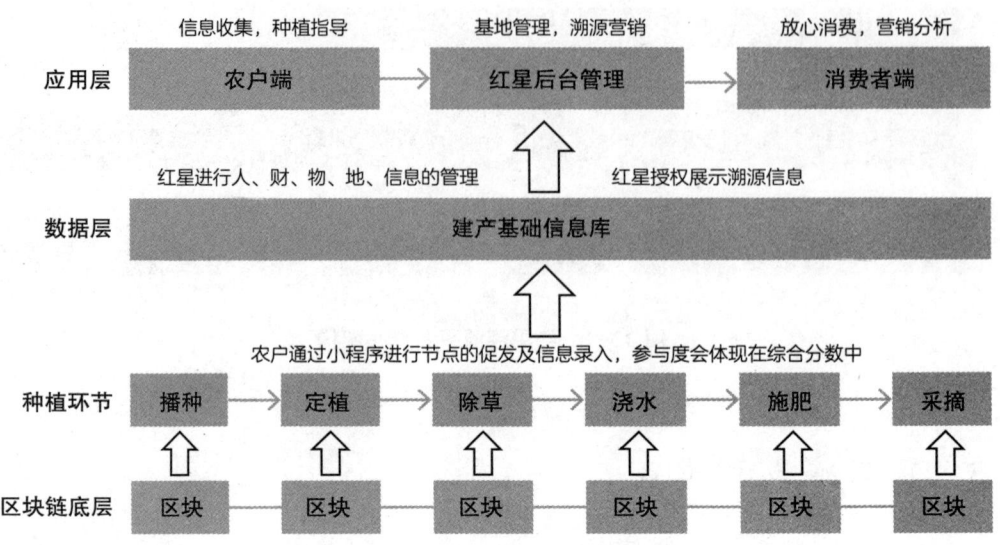

图 13-2 应用模式与流程

### 13.4.2 产品特点

(1) 多溯源领域使用。

1) 品牌溯源。

红星溯源平台通过生产企业 GPS 定位、时间戳、生产过程记录等方式证明产品的制造者,防止窜货,让消费者能准确地识别假货。

2) 原产地证明。

红星溯源平台通过对产地 GPS 定位,时间戳和原产地的物联网进行结合记录,证明一些有地方特色的产品,为原产地产品背书。

3) 过程溯源。

红星溯源平台可以对产品制造、流通、转手交易等环节进行数据录入、上链,从而追溯整个过程环节,实现全过程溯源。

(2) 低成本易使用。

无须软硬件投入;无须运维,入驻即用;无须承担开发风险;设备简单,手机电脑即可;导航式操作引导;三步完成溯源上链;精美溯源模板修改即用;支持导出溯源编码。

(3) 助力企业成长。

多维度的大数据分析功能,提供详情分析表格及直观的各种图表,帮助企业分析消费者扫码溯源后的相关行为，如溯源查看、扫码地址、扫码时间、广告推广、溯源引流、验真与否、链接跳转、消费者反馈等，为企业提供用户行为画像，助力企业增长。

（4）支持多级编码。

1）产品编码——编码。

一物一码一记录，每个产品都有一个产品编码，可以自定义产品编码。

2）产品编码——码包。

用户可以导入自己已经使用的编码。

3）子批次编码。

用于主批次的产品分割/分解后的再跟踪批次。

4）主批次编码。

每个批次都有一个批次编码，一个批次共用过程信息。

5）企业唯一识别码。

每个企业认证后将获得企业唯一识别码，用于区分不同企业。

### 13.4.3 应用优势

（1）分布式与去中心化。

红星溯源平台通过动态追溯模式，从生产、仓储、批发零售整条供应链各环节信息动态采集，消费者可以实时远程浏览企业整个生产加工等过程，提高企业透明度，体现企业品牌形象。

（2）共识记账。

红星溯源平台通过区块链加密技术，将数据同时写入节点，写入后不可篡改与复制。

（3）链式结构。

防删除，可追溯。

（4）智能合约。

自动规则。

（5）密码机制。

安全和隐私保护。

### 13.4.4 实施过程

红星溯源平台实施前期对现有部分基地进行了为期两周的调研，调研过程中发现各基地现有的网络条件、4G信号、电力情况、人员管理情况各有不同。因此，针对基础设施相对完善的其中之一进行溯源试点。

（1）项目调研。

如图13-3所示，针对试点基地的人员结构、现有规模、大棚数量等进行调研。

1）大棚硬件设施齐全，山与基地间均有池塘以供地灌。

2）基地为家庭责任制，年龄阶段为23~55岁，年轻者对网络及部分互联网信息有所了解，人员管理到位。

3）基地相对交通便利，电、网络、4G信号较为稳定。

4）辣椒生长良好。

**图13-3　大棚现场**

（2）硬件铺设。

如图13-4所示，调研后结合人员意见，进行物联网设备采购与铺设。

1）硬件选用1.5米棚内探头，针对太阳光照、土壤水分等进行实时监控，对接后台系统。

2）选用4.5米棚外云台监控，所有设备连接太阳能板/电池组。针对无线通信、大气温度、大气湿度、太阳光照度、海拔、经纬度等环境因素进行实时监控。

（3）实施难点。

1）项目试点初期为雨季，太阳能板利用率低，大部分时间依靠电池组进行监控记录。

2）农户使用小程序进行种植记录时，过程存在遗漏、延期等情况。虽然会有专业人员进行种植指导，但是具体种植过程中，例如定植、施肥等过程仍会存在一定偏差。

3）试点基地网络情况虽相对稳定，但仍有监控画面获取失败等情况发生。

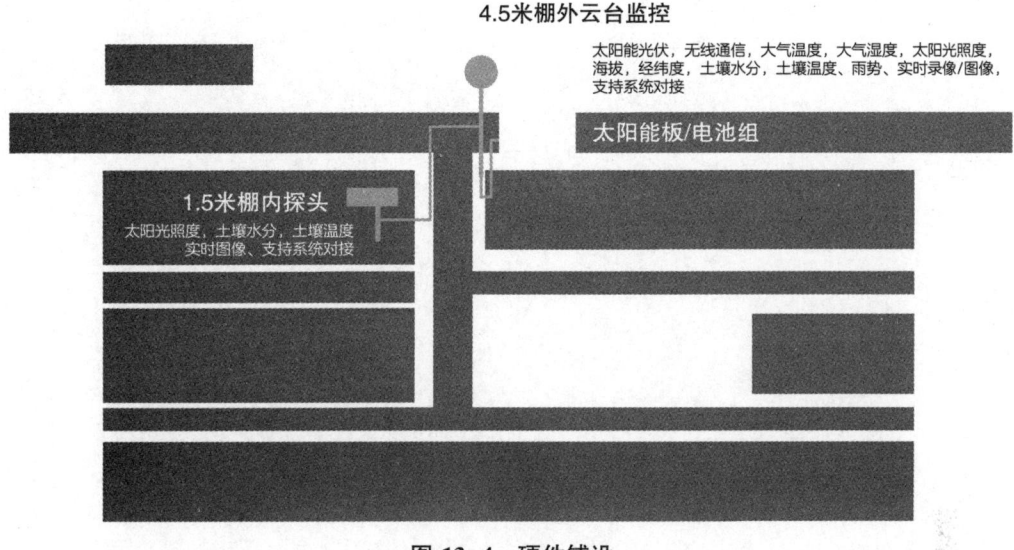

图 13-4 硬件铺设

## 13.5 取得成效

(1) 通过方案的落地后，解决了红星溯源平台对基地情况的管控问题，从种子、种植、生产环节做到了全流程可控，从源头对产品进行全时效溯源。

1) 让消费者吃到放心的产品，实时了解基地产品溯源及动态，溯源查验率同比提升213%，动销率提升40.4%。

2) 减少红星溯源平台对基地的监管成本，数字信息化管理每个月从人、财、物上大幅减少65%。

3) 数字信息化管理所带来的收益受到领导的重视，自项目结束后半年内红星集团加大硬件铺设搭建力度、网络铺设，目前拥有电力完善基地40个，新增26个溯源试点基地。

(2) 应用推广情况。

首期通过红星集团找了湘西基地试点，在2019年5月开始引进旺链科技溯源解决方案，利用"区块链+物联网技术"进行智慧农业种植与实时监控，结合光伏套装及物联网设备进行精准种管，进一步提升了地块管理质量和效率，实现了辣椒增产。2021年辣椒亩单产预计较2020年增产1.3倍。同时结合旺链科技溯源解决方案，科学管理农场的农户、农事、农资，在农药价格上涨的情况下，2021年农场农药使用成本通过精准管理预计较2020年同期节省42.3%。后续将面向红星集团在全湖南省基地进行推广，真正实现基地的溯源管理，让消费者吃上放心的蔬菜水果。

(本篇编写人员：刘　涛、吕　雯、顾正锁、谢朝晖、王同超、徐昆鹏、张永红、周　庆、周　勇)

# 资料汇编篇

# 14

# 2021—2022年食品行业信息追溯相关政策文件

## 14.1 山东省市场监督管理局关于应用"山东食链"开展食品追溯的通告

为贯彻《中华人民共和国食品安全法》《国务院办公厅关于加快推进重要产品追溯体系建设的意见》《山东省人民政府办公厅关于加强食品安全工作的若干措施》等法律法规规定要求,山东省市场监督管理局会同有关部门建设了山东省食用农产品和食品信息化追溯平台(以下简称"山东食链"),实行食品追溯管理。现就有关事项通告如下。

一、食品生产经营者应当按照《中华人民共和国食品安全法》规定如实记录并保存进货查验、出厂检验、产品销售等信息,保证食品可追溯。"山东食链"是食品信息化追溯平台,食品生产经营者使用"山东食链"记录食品信息、连通上下游环节,有助于食品生产经营者快捷高效进行追溯管理,实现产品源头可溯、去向可追。

二、省内食品生产经营者应建立追溯体系保证食品可追溯,企业信息化追溯体系应与政府部门追溯平台对接,实现信息共享。已经建立信息化追溯体系的食品生产经营者,可采用对接数据接口或者批量导入方式,将追溯信息传输至"山东食链"。未建立追溯体系的食品生产经营者,按照要求使用"山东食链"进行追溯管理。

三、2022年6月30日前,省内食品生产经营者应全部在"山东食链"中完成用户注册激活。电脑用户可通过360、QQ、谷歌等浏览器登录"山东食链"网站(https://sdsl.amr.shandong.gov.cn/login)完成用户注册。手机用户可在微信小程序、爱山东App、爱山东支付宝小程序中搜索"山东食链"完成用户注册。

四、2022年7月1日起,蔬菜、水果、水产品、粮食及其制品、肉制品、乳制品、食用油、酒类、保健食品、婴幼儿配方食品等10类食用农产品、食品及学校食堂、集体用餐配送单位、中央厨房3类餐饮单位,全部上链使用"山东食链"上传食品信息,先行实现信息化全程追溯。

五、食品生产经营者应按照"山东食链"要求,准确、完整、及时上传各类食品信息。上链信息真实完整、准确有效符合《食品安全法》第五十一条、第五十三条规定内容的,视同建立了出厂检验和进货查验等记录,可不用再另行建立纸质记录。

六、"山东食链"系统部署在山东省政务云平台,系统采用先进数据保护工具,确保企业信息数据存储、传输、使用安全,筑牢食品生产经营相关信息安全防线。

七、各级市场监管部门将加强日常监督检查,指导督促企业严格遵守追溯管理制度,规范使用"山东食链",确保"山东食链"有效运行。对违反规定不履行相关法定义务的,按照《食品安全法》等法律法规依法进行查处。

特此通告。

山东省市场监督管理局<br>
2022 年 4 月 13 日

## 14.2 江门市农业农村局关于全面启用广东省农产品质量安全追溯平台开具承诺达标合格证的通知

**江门市食用农产品生产有关主体:**

为更好推进食用农产品安全监管工作,我局定于 3 月 15 日启用广东省农产品质量安全追溯平台(以下简称"省溯源平台")开展食用农产品承诺达标合格证等相关工作,同时停用江门市农产品质量安全溯源公共服务平台的开具合格证相关功能(以下简称"市溯源平台"),现将有关事项通知如下。

一、启用省溯源平台开展食用农产品承诺达标合格证后,已经在市溯源平台申请后尚未激活使用的旧版合格证将一律不可使用。为避免浪费,请各生产主体尽快使用完现有的合格证标签。

二、各生产主体于 2022 年 2 月 18 日前自费购买且在 3 月 15 日省溯源平台启用前未用完的合格证标签,我局将在核实数量后统一补发相同数量的新版合格证标签给相关主体。

三、省溯源平台与市溯源平台的登录账号密码一致,新版合格证标签的使用可通过手机访问:粤农合格证;电脑端访问:广东省农产品质量安全追溯管理平台(qsst.gdagri.gov.cn)。

附件:1. 广东省承诺达标合格证(4 种样式)
　　　2. 广东省农产品质量安全追溯平台使用流程

江门市农业农村局<br>
2022 年 2 月 17 日

## 14.3 上海市农业农村委员会 上海市市场监督管理局关于进一步推进食用农产品合格证制度与食品安全信息追溯衔接工作的通知（沪农委〔2021〕364号）

各区农业农村委、市场监管局：

根据《中华人民共和国食品安全法》《中华人民共和国农产品质量安全法》《中华人民共和国食品安全法实施条例》《上海市食品安全条例》《农产品质量安全信息化追溯管理办法》《食用农产品市场销售质量安全监督管理办法》《中共中央、国务院关于深化改革加强食品安全工作的意见》《农业农村部办公厅关于加快推进承诺达标合格证制度试行工作的通知》等法律法规和文件要求，现就推进我市食用农产品合格证制度与食品安全信息追溯衔接工作有关事项通知如下。

一、总体要求

深入贯彻习近平总书记关于农产品质量和食品安全的一系列重要指示精神，落实市委、市政府深化改革加强食品安全工作要求，坚持高标准要求，高起点谋划，创新完善农产品质量安全制度体系，统筹推进食用农产品合格证制度与食品安全信息追溯制度衔接融合，推动食用农产品合格证信息化管理，督促种植养殖生产者严格质量安全控制，有力提升我市农产品质量安全治理能力和现代化水平，助推都市现代绿色农业高质量发展。

二、实施范围

（一）实施时间。自2021年12月1日起实施。

（二）实施区域。全市范围。

（三）实施主体。已实施食用农产品合格证制度的食用农产品生产企业、农民专业合作社、家庭农场。鼓励种植养殖户参与试行。

（四）实施品类。已实施食用农产品合格证制度，并已按农业农村委员会要求推进实行食品安全信息追溯的品类，包括蔬菜、水果、食用菌、家禽、禽蛋、淡水养殖水产品等食用农产品，在养殖环节重点推进韭菜、芹菜、豇豆、鸡蛋、乌鸡、肉牛、肉羊、大口黑鲈、乌鳢、鳊鱼、大黄鱼等11种食用农产品。

三、实施方法

按照农业农村部要求，结合我市当前实际，推进食用农产品合格证制度与食品安全信息追溯衔接工作，将追溯信息与食用农产品合格证进行衔接融合，一体运作。食用农产品追溯信息是指已办理营业执照的食用农产品生产主体入驻上海市食品安全信息追溯平台（以下简称"追溯平台"），录入上传追溯平台的种植、养殖环节生产记录相关信息。食用农产品合格证是指食用农产品生产者根据国家法律法规、农产品质量安全国家强制性标准,在严格执行现有的农产品质量安全控制要求的基础上,对所销售的食用农产品自行出具的质量安全承诺合格证。

(一)统一样式。根据农业农村部规定的食用农产品合格证内容要求进行改版,将食用农产品合格证主要要素和基本样式与追溯二维码进行衔接、融合,统一凭证样式,通查通识。种植养殖环节的新版承诺达标合格证参考样式(详见附件1)。

1. 体现"达标"内涵。"达标"内涵即生产过程落实质量安全控制措施、附带承诺达标合格证的上市农产品符合食品安全国家标准。现阶段,承诺达标合格证的"达标"主要聚焦不使用禁用农药兽药、停用兽药和非法添加物,常规农药兽药残留不超标等方面。

2. 突出"承诺"要义。承诺达标合格证是承诺证,首先要展示承诺内容。新版承诺达标合格证参考样式,在全国试行方案中合格证参考样式的基础上,调整了承诺内容和基本信息的位置,将承诺内容放在承诺达标合格证最上端,生产者及农产品信息放后。

3. 调整承诺内容。明确是"对生产销售的食用农产品"作出承诺。将承诺内容中"遵守农药安全间隔期、兽药休药期规定"调整为"常规农药兽药残留不超标"。

4. 增加承诺依据。增加可勾选的"委托检测、自我检测、内部质量控制、自我承诺"4项承诺依据。生产主体开具承诺达标合格证时,根据实际情况勾选一项或多项。

新版承诺达标合格证参考样式自此文件印发之日起开始使用。各区农业农村部门应加强对生产主体的指导,开具电子承诺达标合格证或通过打印方式开具承诺达标合格证的,要在文件印发之日起1个月内按要求调整样式。已印制的原样式空白合格证,可在用完后调整。凡是新印制的,都要使用新版样式。

(二)统一做法。按照《上海市食品安全信息追溯管理办法》要求,我市食用农产品生产主体按现有农事操作系统录入农事操作信息,及时、规范、完整上传生产记录,开具承诺达标合格证,将相关信息推送至市食品安全信息追溯平台,并逐步与国家农产品质量安全追溯管理信息平台对接。尚未纳入农业农村部门农事操作系统的,可以应用市食品安全信息追溯平台录入农事操作信息,及时、规范、完整上传生产记录,开具承诺达标合格证。

(三)出具方式。食用农产品进行交易时,应以购销同一品种同一批次为单位,由生产者通过我市农事操作系统或农业农村部门认可的其他相应系统开具承诺达标合格证,打印纸质合格证或二维码电子标签随货同行,系统留档保存备查。鼓励包装的食用农产品在最小包装上粘贴承诺达标合格证或二维码电子标签。

(四)承诺内容。食用农产品生产企业、农民合作社、家庭农场出具承诺达标合格证,必须承诺"不使用禁用农药兽药、停用兽药和非法添加物,常规农药兽药残留不超标,对承诺的真实性负责"。积极推动种植养殖户交易时出具合格证,鼓励有条件的乡镇配备合格证智能机,方便种植养殖户快速打印开具合格证。

(五)入场查验。各级市场监管部门要严格按照《食用农产品市场销售质量安全监督管理办法》要求，监督指导食用农产品批发市场、超市等经营主体严格落实食品安全主体责任，建立入场销售者档案，对进入市场销售的食用农产品要严格查验，留存"承诺达标合格证"等合格证明文件、购货凭证。销售者无法提供"承诺达标合格证"等合格证明文件、购货凭证的，市场开办者应当进行抽样检验或者快速检测，合格后方可进入市场销售。鼓励批发市场、超市等经营主体建设农产品入场查验系统，提升追溯效率。

四、重点工作

（一）全面调查核实。各区要在前期已纳入追溯平台监管的食用农产品生产主体的基础上，农业农村部门要进一步做好与市场监管部门沟通协调，对已办理营业执照的食用农产品生产主体名录库再次进行甄别比对，全面摸清，将新增的、遗漏的食用农产品生产主体全部纳入追溯监管。镇、村两级监管人员要充分发挥调查摸底作用，对名录库的食用农产品生产主体进行全面实地核查，切实做到应纳入尽纳入，不得瞒报、漏报。

（二）强化培训指导。市、区、镇、村四级联动，分级负责、分级管理、分级培训。各区要制订培训计划，认真开展试行工作业务培训。镇、村两级要主动跨前，结合日常巡查，对生产主体进行培训指导。要组织培训实行食品安全信息追溯的食用农产品生产主体，解读相关政策要求，讲明食用农产品合格证制度与食品安全信息追溯信息的关联性，2021年12月底前完成首轮全覆盖培训，充分发挥食用农产品生产主体的示范带动作用。要做好农业农村系统相关工作人员培训，确保每名监管人员、执法人员和相关技术推广人员至少接受1次专题培训，掌握食用农产品合格证制度与食品安全信息追溯制度衔接工作各项要点。

（三）加强政策宣传。要深入农村一线，在生产基地、农村主要路口、农贸批发市场等重要位置和人流密集区域，通过印发告知书、张贴宣传彩图、悬挂宣传标语、制作专题展板等方式，广泛宣传食用农产品制度和食品安全信息追溯政策要求。要加强媒体宣传，通过报纸、广播、电视、网络、微信等多种渠道，宣传报道食用农产品合格证制度与食品安全信息追溯制度衔接工作，全方位进行宣传造势。要举办专题活动，在重要时节、重点地段，开展形式多样的主题宣传活动，提高生产者、消费者知晓度和参与度。

（四）严格监督检查。各级农业农村、市场监管部门要加强沟通衔接，建立协作机制，加强对承诺达标合格证工作落实情况的监督检查，加强对开证生产主体的日常巡查检查，每年对试行主体的巡查要达到全覆盖。重点检查主体是否落实《农产品质量安全法》规定和《农产品生产主体质量安全控制基本要求（试行）》（附件2），是否按照要求持续规范开具承诺达标合格证。要查看生产主体留存的承诺达标合格证开证记录，对检查过程中发现的问题及时督促整改，对于未落实食用农产品合格证制度与食品安全信息追溯制度的有关情形（详见附件3），要依据《上海市食品安全信息追溯管理办法》相应条款进行处理，在监督抽检、区镇快检、日常巡查、专项检查时，要核查承诺达标合格证内容的真实性，检查食用农产品质量安全控制要求落实情况。

五、有关要求

（一）加强组织领导。食用农产品合格证制度与食品安全信息追溯制度衔接工作是一项全新制度创设，也是一项系统性工程。各相关单位要提升思想认识，切实增强责任感、使命感，加强组织领导，提高行动自觉。各区要相应落实负责部门制订工作方案，及时调度工作进展，统筹推进试行工作；各产业部门要加强政策宣传，做好生产指导，督促落实间隔期、休药期等质量安全控制要求；执法部门要加强监督检查，加大食用农产品合格证制度与食品安全追溯制度衔接落实情况的检查和执法力度；其他各有关部门分工协作、密切配合，确保职责范围内任务有效落实。

（二）加强条件保障。各区农业农村部门要积极争取政策支持，积极与市场监管部门加强沟通会商，按照《上海市食品安全信息追溯管理办法》的要求，推动市场查验承诺达标合格证。要积极与编制、财政部门沟通，争取加强人员、经费、设施设备保障。特别是各乡镇要完善基层农产品质量安全监管站建设，针对腐霉利、啶虫脒、百菌清及菊酯类等易发生超标的农药品种，配齐配足快速检测设备、检测技术人员和监管人员，鼓励农产品生产企业、合作社配备快速检测设备做好自检工作，为承诺达标合格证监管查验工作提供有力支撑。

（三）加强奖惩挂钩。要将食用农产品合格证制度与食品安全追溯制度落实情况与农业农村重大创建认定、项目申报、农业品牌推选、农产品认证、农业展会参展等挂钩，充分调动食用农产品生产主体的积极性、主动性。同时，要建立健全农产品质量安全信用体系，将食用农产品合格证制度与食品安全追溯制度衔接工作落实情况纳入生产者信用档案，对于虚假开具承诺达标合格证的，实行联合惩戒。

（四）加强绩效管理。各区农业农村委员会、市场监管局要定期汇总分析本区承诺达标合格证与食品安全追溯制度衔接工作情况，加强督促指导。《农产品质量安全法》修订公布后，按照法律有关规定抓好贯彻落实。此项工作落实情况已纳入对各区食品安全考核评议、农业农村系统绩效管理，各区要及时总结好经验、好做法，强化食用农产品合格证制度与食品安全追溯制度衔接工作的调研指导，深入生产基地、交易市场等第一现场开展全面调研，分析存在的问题，督促指导整改到位。

附件：

1. 新版承诺达标合格证参考样式
2. 农产品生产主体质量安全控制基本要求
3. 未落实食用农产品合格证制度与食品安全信息追溯衔接的有关情形

上海市农业农村委员会<br>
上海市市场监督管理局<br>
2021 年 11 月 24 日

## 14.4 上海市市场监督管理局：食品安全信息追溯管理有关公告

根据《上海市食品安全信息追溯管理办法》的规定，上海市市场监督管理局、上海市农业农村委员会、上海市商务委员会、上海市卫生健康委员会等部门研究，并报经上海市食品药品安全委员会批准，现将《上海市食品安全信息追溯管理品种目录》（2021年版）向社会公布。

实施食品安全信息追溯管理的具体品种和实施信息追溯管理的时间按照《上海市食品安全信息追溯管理品种目录》（2021年版）执行。

上海市市场监督管理局
2021年11月24日

## 14.5 国家粮食和物资储备局关于印发优质粮食工程"六大提升行动"方案的通知（国粮规〔2021〕236号）

各省、自治区、直辖市及新疆生产建设兵团粮食和物资储备局（粮食局），有关中央企业：

为深入贯彻习近平总书记关于深入推进优质粮食工程、做好粮食市场和流通文章的重要指示精神和党中央、国务院有关决策部署，认真落实财政部、国家粮食和物资储备局《关于深入推进优质粮食工程的意见》（财建〔2021〕177号），确保优质粮食工程升级版建设取得实实在在成效，我局制订了粮食绿色仓储、粮食品种品质品牌、粮食质量追溯、粮食机械装备、粮食应急保障能力、粮食节约减损健康消费提升等"六大提升行动"方案。现印发给你们，请结合实际认真试行，并认真总结完善，务求好事办好。

附件：
1. 粮食绿色仓储提升行动方案（试行）（略）
2. 粮食品种品质品牌提升行动方案（试行）（略）
3. 粮食质量追溯提升行动方案（试行）
4. 粮食机械装备提升行动方案（试行）（略）
5. 粮食应急保障能力提升行动方案（试行）（略）
6. 粮食节约减损健康消费提升行动方案（试行）（略）

国家粮食和物资储备局
2021年11月13日

附件3　粮食质量追溯提升行动方案（试行）

# 粮食质量追溯提升行动方案
## （试行）

为深入贯彻习近平总书记关于深入推进优质粮食工程、做好粮食市场和流通文章的重要指示精神，认真落实党中央、国务院有关决策部署，抓好财政部、国家粮食和物资储备局《关于深入推进优质粮食工程的意见》（财建〔2021〕177号，以下简称《意见》）落地见效，现制订粮食质量追溯提升行动方案。

一、总体要求

以习近平新时代中国特色社会主义思想为指导，认真贯彻习近平总书记"四个最严"重要指示精神，强化绿色导向、标准引领和粮食质量安全监管，充分运用粮食质量安全检验监测体系建设现有成果，以建立粮食质量安全监测平台为基础，以完善粮油标准体系和提升粮食质量安全检验监测体系能力为支撑，逐步实现粮食特别是"好粮油"产品全链条质量安全全程可追溯，让人民群众吃得安全放心、吃得营养健康。

（一）坚持权责一致、压实主体责任。按照粮食安全省长责任制和食品安全属地管理的要求，进一步压实粮食质量安全属地管理责任。严格落实企业保障质量安全和质量追溯主体责任，鼓励"好粮油"产品生产企业先行先试，建立健全产品追溯体系。

（二）坚持问题导向、着力补齐短板。聚焦粮食标准包括"好粮油"标准不完善、部分粮食质量安全检验监测机构能力不适应、追溯制度不健全等问题，加大补短板、强弱项、促升级力度，加快完善粮食质量安全保障体系。

（三）坚持目标导向、实行全程追溯。以保证粮食产品质量安全为目标，健全粮油标准体系，充分发挥粮食质量安全检验监测机构作用，强化企业内控制度建设，提高粮食产品全链条质量安全追溯能力。

到2025年，粮食质量安全监测平台、粮油标准体系、粮食质量安全检验监测体系和"好粮油"产品追溯技术规范、追溯标签标识制度和追溯管理办法"一平台两体系三制度"基本建立，实现"好粮油"产品责任主体、产品流向、检验检测、监督抽查等信息可追溯和查询，保障从田间到餐桌的质量安全和绿色优质、营养健康。

二、重点任务

（四）建设粮食质量安全监测平台。

建立粮食质量安全监测系统。各省（区、市）充分利用现有信息管理系统，建立本省份统一的粮油产品质量安全监测平台，整合集成粮食特别是"好粮油"产品产购储加销各环节检验监测等信息资源，形成粮食产品质量安全动态信息数据库。强化数据采集、传输、应用和共享，整合建立集保障粮食产品质量安全检验化验、监测预警、信息通报、应急处置、监督检查于一体的信息系统。

提升质量安全检验监测数字化水平。运用大数据、物联网、区块链等信息技术，实现质量安全检验监测信息化，进一步提高检验监测结果的可靠性、及时性，确保粮食质量安全数据的真实性、代表性。做好与国家及省级平台的对接，确保互联互通、信息共享，避免重复建设和资源浪费。

（五）加强粮油标准体系建设。

修订发布一批国家标准。推动发布小麦、大豆、稻谷等强制性国家标准，守住质量安全底线。制定"好粮油"系列标准，制修订"中国好粮油"系列大米、小麦粉、花生、油菜籽、葵花籽、杂粮等标准和全谷物标准，引领粮食产业高质量发展。

出台口粮适度加工和节粮减损标准。制修订小麦粉、大豆油、菜籽油等口粮适度加工技术规程，完善高标准粮仓建设、绿色储粮、节粮减损相关标准，有效减少粮食和"好粮油"产品损失浪费。

鼓励支持地方、社会团体、企业标准制修订。鼓励地方、社会团体制定具有地方特色、服务于团体会员高质量发展的粮油地方标准或团体标准。支持企业制定优于国家标准、行业标准相关技术要求的企业"好粮油"等产品标准。

（六）提升粮食质量安全检验监测体系能力。

强化粮食质量安全检验监测体系建设。进一步统筹发挥现有粮食质量安全检验监测机构和企业检、化验室，以及其他粮食质量安全检验机构作用，合理高效使用原有和新配置仪器设备，通过深化改革转型发展，全面提升粮食质量安全检验监测能力。国家级和省级粮食质量安全检验监测机构注重发挥示范带动和公益性服务作用；市县级机构注重发挥基础性作用，服务粮食质量安全第三方检验监测；企业检化验室注重发挥内部质量管控作用，共同为粮食产品从生产到销售各环节提供检验服务，全方位服务"好粮油"产品质量追溯。

提高粮食检验监测专业化能力。强化粮食质量安全检验监测人才队伍建设，加大技能培训力度，着力提高专业素养，不断提升服务粮食质量特别是"好粮油"产品质量、储存品质及食品安全指标检验化验、快速检测能力和水平。

依托具备条件的各级粮食质量安全检验监测机构积极开展粮食质量安全第三方检验监测。在政策性粮食入库平仓验收、储存、销售出库等环节开展第三方检验监测；同时，为种粮农民、粮食交易双方等提供方便快捷灵活的质量安全检验服务。

积极开展风险监测工作。省级粮食和物资储备部门根据本地主要粮食种植品种、商品量、库存量、消费量、消费方式等实际情况，制订并实施粮食质量安全风险监测计划，做好收获环节质量调查、品质测报等工作，科学设定样品数量，确保样品代表性，为服务粮食质量追溯提供基础数据。

（七）建立"好粮油"产品追溯技术规范和管理制度。

制定"好粮油"产品追溯技术规范。以落实主体责任、保障质量安全和服务追溯管理为核心，制定数据采集指标、传输格式、接口和编码规则等技术规范，为实现"好粮油"产品追溯提供技术基础。

建立"好粮油"产品追溯标签标识制度。针对不同"好粮油"产品生产流通特性，结合"中国好粮油"和省级"好粮油"系列标准，制定追溯标签标识制度，涵盖原料来源、生产过程、产品检验、销售流向等内容，确保全链条各环节信息通查通识。

制定"好粮油"产品追溯管理办法。以强化"好粮油"产品生产企业主体责任为核心，制定"好粮油"产品追溯管理办法，明确追溯要求，规范追溯流程，健全管理规则，建立整改、退出和责任追究机制。

（八）开展"好粮油"产品追溯。

依托"好粮油"企业联盟等组织，推动企业开展"好粮油"产品追溯试点。支持"中国好粮油"示范企业和市县级"好粮油"龙头骨干企业完善必要追溯条件，先行先试，确保原粮来源可查询、产品去向可追溯、事故责任可追究。省级粮食和物资储备部门要及时总结试点经验，形成可推广、可复制的模式，鼓励其他具备条件的粮食企业参照"好粮油"做法，积极开展质量追溯。

### 三、保障措施

（九）加强组织领导。各地要明确目标任务，完善工作机制，细化职责分工，强化协调配合，层层压实责任，确保落地见效。省级粮食和物资储备部门要加强统筹协调，及时解决实施中出现的问题，督促指导"好粮油"产品企业严格落实"好粮油"产品追溯主体责任，建立健全追溯制度，确保"好粮油"产品质量安全。

（十）加大科技创新力度。充分发挥各级粮食质量安全检验监测机构、科研院所、大专院校以及粮食企业优势和技术特长，促进检学研用结合，提升追溯技术基础研究和实际需求相结合的能力。加快粮食质量安全评价与检测技术开发、科技成果转化和推广应用，服务粮食质量追溯。

（十一）强化人才队伍建设。各地要加快完善涉及粮食质量追溯的人才培养培育机制，组织相关人员开展质量追溯、检验检测技术特别是实操能力等培训，深入学习掌握粮食质量安全法律法规、政策规定，为粮食质量追溯提供强有力的人才支撑。

（十二）落实经费保障。各地要认真落实《意见》要求，加强对中央财政安排的产粮大县奖励资金和粮食风险基金等资金统筹，积极支持开展粮食质量追溯提升行动。地方粮食和物资储备部门要主动加强与同级财政、市场监管等部门的沟通协调，以开展粮食质量追溯提升行动为契机，落实粮食质量安全检验机构经费保障，为提升质量追溯能力创造条件。

## 14.6 上海市市场监督管理局关于增加上海市食品安全信息追溯管理品种的公告

根据《上海市人民代表大会常务委员会关于促进和保障长江流域禁捕工作若干问题的决定》《上海市食品安全信息追溯管理办法》的规定，上海市市场监督管理局、上海市农业农村委员会、上海市商务委员会、上海市卫生健康委员会等部门研究，并报经上海市食品药品安全委员会批准同意，决定将刀鲚（刀鱼）、凤鲚（凤尾鱼）、长吻鮠（鮰鱼）、鲫鱼、中华绒螯蟹（大闸蟹）等5种水产品新增为上海市实施食品安全信息追溯管理的具体品种。

本公告自2021年9月17日起执行。

2021年8月16日